婴幼儿早期教育与训练

主　编　周　南

副主编　王克平　谢增辉

编著者　姚　雯　张红爱　汪　东

王　路　罗兴育　于淑群

金盾出版社

内容提要

本书由西安市儿童医院副院长、儿科专家周南主编。全书分八部分，以问答形式，就年轻父母所关心的婴幼儿如何能健康成长、营养科学、智力开发、优秀品质和良好习惯培养、运动技能锻炼、增智游戏及如何抓住“敏感期”进行早期教育等知识给予详细介绍。其内容丰富，图文并茂，生动活泼，是进行早期教育，培养体魄健康、智力聪慧过人宝宝的好教材。

图书在版编目(CIP)数据

婴幼儿早期教育与训练/周南主编. -- 北京：金盾出版社，2011.3
ISBN 978-7-5082-6700-5

Ⅰ.①婴… Ⅱ.①周… Ⅲ.①婴幼儿—早期教育 Ⅳ.①G61

中国版本图书馆 CIP 数据核字(2010)第 210120 号

金盾出版社出版、总发行
北京太平路 5 号(地铁万寿路站往南)
邮政编码:100036 电话:68214039 83219215
传真:68276683 网址:www.jdcbs.cn
封面印刷:北京印刷一厂
正文印刷:北京天宇星印刷厂
装订:北京天宇星印刷厂
各地新华书店经销

开本:705×1000 1/16 印张:17.5 字数:182 千字
2011 年 3 月第 1 版第 1 次印刷
印数:1～8 000 册 定价:38.00 元

前言

孩子是父母的希望，祖国的未来。随着科学和社会的发展，一些年轻父母越来越清醒地认识到，0～3岁是人生发展的奠基时期，但他们对如何帮助孩子打好人生发展基础却茫然不知所措。目前，我国对3岁前婴幼儿教育也存在许多不足之处：重养轻教；重智力轻品德；缺乏教育孩子的基础知识和技能；忙于工作，无暇照顾孩子；对孩子的期望值过高；认为孩子不听话，动不动就予以斥责等。童年只有一次，成长不能重来。父母是孩子人生道路上的第一位启蒙老师，为此我们编写了《婴幼儿早期教育与训练》这本小册子，希望能对年轻的父母有所指导，帮助孩子初步完成从“自然人”向“社会人”的过渡。

本书较系统地介绍了婴幼儿早期教育的理论、训练指导、婴幼儿营养和喂养等方面的知识。充分利用日常的现象、简单的玩具，全方位开发孩子的运动、语言、认知、情感、创造、社会交往等多种能力，在玩中教，在教中学，让婴幼儿在不知不觉中学到知识。本书语言通俗，内容丰富，适合广大年轻父母阅读。

作者一直从事儿科工作，书中一些问题和解答均来自于临床工作实践。在编写过程中，曾参阅了一些书籍、报刊和网络资料，由于来源繁杂，未能一一加以注明，谨向有关作者深表歉意和谢意。

由于水平有限，本书有不当之处，敬请读者批评指正。

编　者

一、婴幼儿早期教育的内容和计划

二、婴幼儿生长发育特点

三、婴幼儿科学营养和喂养

四、婴幼儿优秀品质及良好习惯培养

五、婴幼儿智力发展规律

六、婴幼儿智力开发

七、婴幼儿游戏

八、婴幼儿运动训练方案

一、婴幼儿早期教育的内容和计划

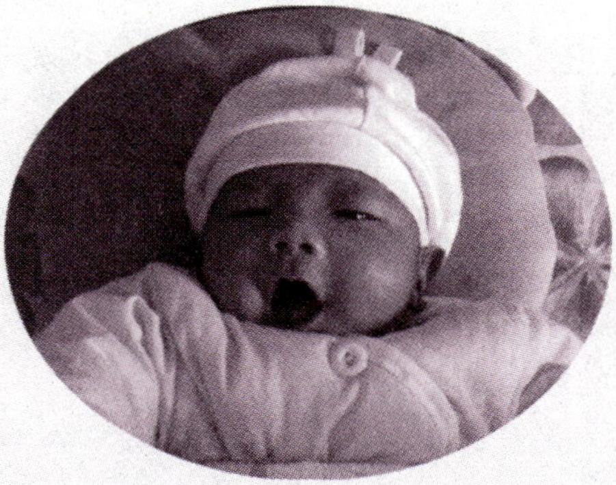

1. 什么是婴幼儿早期教育？

婴幼儿早期教育是指0～3岁（严格说来，早期教育应从胎儿期开始，即胎教）这个阶段，对婴幼儿进行一定的有目的、有计划的教育。即在婴幼儿发展的适当时期内，给他们提供恰如其分的刺激，以加速他们的先天潜能变为现实的能力，以便为婴幼儿身心健康成长打下良好的基础。早期的潜能开发可以提高婴幼儿终身学习能力。

2. 婴幼儿早期教育包括哪些方面？

首先，要保证婴幼儿必需的营养，既要婴幼儿长身体、发育大脑，又要发展他们的基本动作，培养他们对体育活动的兴趣，切不可片面追求智力开发，而培养出“心有余而力不足的病弱天才”。其次，要教给婴幼儿生活中粗浅的知识技能，初步发展他们对艺术的感受力、表现力、创造力，培养求知的欲望和良好的学习习惯。再次，要对婴幼儿进行品德教育，培养他们团结、友爱、诚实、勇敢、克服困难、有礼貌、守纪律的优良品德，活泼开朗的性格和较强的独立能力。只有把握了婴幼儿早期教育的内容，比较准确地解释婴幼儿早期教育，才能培养出健康聪慧的宝宝。

3. 婴幼儿早期教育为什么可促进智力发育？

人脑同其他器官一样，用则灵，不用则笨。人的智力，是伴随着大脑的生长发育，在勤奋学习中发展起来的。在婴幼儿时期，大脑发育很快，此时好好用脑，积累知识，多学、多看、多记、多听、多想、多用，就能够促使智力发展。

(1)人脑功能的潜力很大，脑子越用越灵。实验研究证明，用脑可使脑皮质内酶的活性增高，神经细胞的体积增大，功能增强。

(2)记忆是指人体感官系统把外界的各种刺激变为信息输入大脑，经过强化使其储存起来的过程，是大脑的特有功能之一，是用脑的必然结果。记忆力是衡量宝宝聪明是否的重要尺度，它决定着宝宝智力才能的大小。记忆分为“暂时记忆”和“长时记忆”两个阶段。人的婴幼儿时期是智力发育的黄金时代，也是记忆的黄金时代。在这个时期看到的、听到的、经历过的许多事情，到了成年还可以清晰地回忆起来。婴幼儿时期大脑记忆细胞正处在形成与发展阶段，也是人的一生中锻炼记忆的最佳时期。在这个时期中所形成的记忆能力，将会影响人的一生。抓紧这一时期让宝宝充分用脑，就可开发他的记忆能力。此外，宝宝的记忆有强有弱，记忆也可以通过教育和训练来发展和提高。

(3)婴幼儿智力是不断发展的，但在每一个时期发展速度是不一样的，不但有快慢之分，甚至有一个质的飞跃期。如果能抓住这个飞跃期对婴幼儿进行教育，就可以收到事半功倍的效果。从2岁开始到入学前后婴幼儿智力有较快的发展，掌握词汇的能力在5～6岁发展很快。如果在这个年龄没有学会说话，以后再学就比较困难，因此必须在这个时期里，有目的地对幼儿加强口语教育。

4. 早期教育对婴幼儿身心有害吗？

如果遵循婴幼儿心理发展的规律和心理的年龄特征，进行早期教育，不仅不会损害婴幼儿身心健康，而且会有利于宝宝生理和心理的发展。我们知道，愉快和满足最有利于身体和心理的健康发展。

有人说，每日笑几笑，比吃补药还有效，就是这个道理。一般说，早期教育要有成效，必须有两条保证：父母善教，儿童乐学。许多古今中外的天才儿童、智力超常儿童，他们的童年时代大多数非常健康、活泼。这些人在他们的长辈为自己创造的良好学习环境中生活，自己带着很浓厚的兴趣从事学习。长大后又抱着异常的探索精神，和以创作为乐的心情从事工作与研究，每当有所发现、有所发明时，快乐无穷，整个生活充满了希望和乐趣。怎么会不使身心健康、长命百岁呢！

生命在于运动，这是生物界的一个普遍规律。人的机体，用则灵，不用则衰；脑子用得勤的人，肯定聪明。因为这些勤于用脑的人，脑血管经常处于舒展的状态，脑神经细胞会得到很好的保养，从而使大脑更加发达，避免了大脑的早衰。相反，那些懒于用脑思考的人，由于大脑受到的信息刺激比较少，甚至没有，大脑很可能就会早衰。这跟一架机器一样，搁在那儿不用就要生锈，经常运转就很润滑。国外就有过这样的研究，科学家观察了一定数量的20～70岁的人，发现长期从事脑力劳动的人，到了60岁时仍能保持敏捷的思维能力，而在那些终日无所事事、得过且过的懒人中，大脑早衰的比例大大高于前者。让我们从小养成勤于用脑、善于用脑的良好习惯。处理事越多，经验越多，脑子越灵。

5. 早期教育应采取哪些方法？

对婴幼儿的教育要适应他们的心理过程，使他们有兴趣去学习，掌握知识，发展智力。教育家们认为比较好的教育方法是：

(1)做游戏：游戏是促进婴幼儿智力发展的一种最好的活动形式。婴幼儿大部分时间是在游戏中度过的。有些父母认为，宝宝成

天玩“没出息”，常加以限制或者反对，这是非常错误的。游戏有助于发展婴幼儿的想象力和创造力。例如，搭积木游戏，不仅可以按图纸搭建筑物，而且能在这些形状的基础上，发挥创造性再搭出新的建筑物来，从而发挥了想象力和创造力。游戏还有助于婴幼儿快速反应判断能力的形成。游戏中常需及时作出反应判断，这种反应判断方式十分生动活泼，使婴幼儿在快乐中不知不觉养成敏捷的思考反应能力，对脑功能的发育极有帮助。游戏还有助于培养积极向上的自信心和努力达到目的的意志力，这是成才极其重要的心理品质。

(2)讲故事：故事形象生动，有内容，有情节，婴幼儿从中能获得知识，开阔眼界，学习语言词汇，对其连贯性语言的发展有很大启发作用。1～3岁是幼儿学习口语，掌握词汇，用连贯性的语言和别人交往的时期。讲故事不但对婴幼儿连贯性语言的发展有很大启发作用，而且还能使其从故事中学习到丰富的语言、词汇。词汇掌握得越多，越丰富，语言表达就越准确，思维就越敏捷。父母讲故事时，语言要明白、通俗，要符合宝宝的理解水平，语调要亲切生动，表情要丰富，如讲到百货商店商品多，“有衣服、鞋子、杯子、碗……”就可以说成“有身上穿的衣服，脚上穿的鞋子，喝水的杯子，吃饭的碗……”。另外，故事内容要适应宝宝的知识和智力水平，要把新知识和宝宝已有的知识及他们的生活经验结合起来。在讲故事时要不断提出问题，启发宝宝多思多想，讲完后让宝宝再重复故事内容。这样，有助于提高记忆力，发展宝宝的语言表达能力。

(3)让宝宝多看、多听、多动手：这是宝宝认识事物，发展智力的重要途径和方法。宝宝在看、听，摆弄各种事物的过程中，从多方面感知事物特性——大与小、多与少、香与臭、甜与苦、硬与软、轻与重、湿与干、光滑与粗糙等。

有些家长怕宝宝衣服脏了不让摸这碰那，家中买了电动玩具，怕

宝宝玩坏，便束之高阁。宝宝想拨弄一下玩具上的发条，家长就慌忙阻止等。这样会抑制宝宝智力发展。

(4)认真耐心地对待，想方设法满足宝宝的提问：宝宝喜欢好奇、好问，这是他们好奇心和求知欲望的表现。宝宝的求知欲是十分可贵的，它是智慧的火花，成人要珍惜它。这是启发宝宝智慧，增长知识，培养宝宝良好品德习惯的好机会，决不可泼冷水或置之不理。不然，他们的好奇心会逐渐淡漠下来，甚至变得畏缩、麻木，渴求知识的热情会受到挫伤，智力发展会受到遏制。

回答宝宝问题应该简单明了，通俗易懂，如果对宝宝提出的问题不能立即作出准确的回答，可待把问题弄清楚后，再告诉宝宝正确答案。如果是复杂的问题，家长一时不好作答，那么，应当或转移宝宝的兴趣，或告诉宝宝“你长大后会明白的”，切不可训斥，也不可不懂装懂。家长不仅要回答宝宝提问，告诉他们是什么，而且要启发他们多问几个“为什么”和“怎么办”，并引导他们通过自己的观察和思考找出答案。

(5)广泛开展观察活动：这可以丰富知识，扩大眼界。培养宝宝的观察力，首先要激起宝宝的积极观察愿望。这就要求观察对象要有吸引力，观察对象要有一定的新奇性、复杂性，观察对象不能过于简单、熟悉，这会使宝宝厌倦。但也不能太陌生、复杂，因为这样不能引起他们的兴趣。在观察的过程中要教给宝宝初步的观察方法。不仅要观察表面的、显眼的特征，还要注意隐蔽的、内部的特征，找出观察对象的各种特点，比较和对照不同的对象，以及它们不同的方面，考察它们彼此间的联系和相互作用。

(6)带宝宝去旅游、逛公园，到大自然中去学习：大千世界气象万千，那里有宝宝们取之不尽的知识，把他们带进这千姿百态的世界之中，锻炼他们的感官，引导他们去观察、去思考、去探索，培养他们对事物的浓厚兴趣，为宝宝今后的学习打下良好的基础。

(7)用音乐和绘画等艺术手段来陶冶宝宝的心灵：以此发展他们的智力。宝宝生来爱唱歌，爱画涂鸦画，家长们要因势利导，培养他们某一方面的兴趣，宝宝在从事某项艺术活动中，身心得到了很好的锻炼。

(8)在劳动中培养意志和乐于助人：让宝宝在劳动中养成顽强的精神、坚强的意志，关心他人、乐于助人的品质。劳动中会遇到各种困难，自己会遇到，同伴会遇到，宝宝在克服自己所遇到困难的同时，培养了顽强的精神和坚强的意志；在帮助同伴克服困难的同时则养成了关心他人、乐于助人的优良品格。另外，劳动过程也是宝宝学会自己管理自己的过程。通过劳动使他们懂得劳动果实来之不易，从而培养他们艰苦朴素的精神风貌。当然，宝宝也在劳动中锻炼了强壮的体格。

6. 早期教育应注意哪些问题？

对宝宝进行早期教育，要根据不同的年龄(月龄)，结合日常生活进行。早期教育中应注意以下几个问题：

(1)要因势利导：对宝宝要助兴，不要扫兴。要顺着宝宝的兴趣及爱好，在情绪高涨时进行教育。因为宝宝兴趣高，注意力集中，教育的效果也会好。如看到一头羊，他的兴趣在羊身上，会提出许多关于羊的问题，大人就可以羊为主题，进行教育。否则，如果去讲别的事物，宝宝不爱听，则达不到教育的效果。

(2)要珍惜宝宝的求知欲：婴幼儿时期的宝宝，对周围的一切都感到新奇，尤其在他们刚学会走路和说话的时候，求知欲和好奇心很旺盛。他们经常是见到什么问什么，大人应珍惜宝宝的这种求知欲

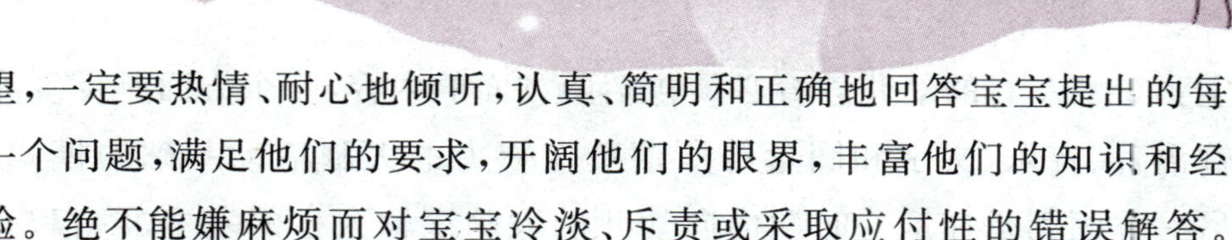

望，一定要热情、耐心地倾听，认真、简明和正确地回答宝宝提出的每一个问题，满足他们的要求，开阔他们的眼界，丰富他们的知识和经验。绝不能嫌麻烦而对宝宝冷淡、斥责或采取应付性的错误解答。否则将会对宝宝的心理及智力发展产生不良的后果。

(3)要循序渐进，因人施教：在教育上并不存在惟一有效或放之四海而皆准的方式方法。除了遵循最基本的教育原则外，必须根据宝宝的特点、兴趣和已有知识的数量与质量等因素进行调整。如何才算把宝宝养育得好，这是非常困难的问题。对某一些宝宝适合的教养方法，对另一些宝宝则未必适合。因此，在教育孩子的过程中，必须采用各种各样的方式方法，“因人施教”。

(4)要耐心，多鼓励：不要填鸭式，更不可采取命令、打骂、处罚等形式来强制宝宝学习，这样会伤害宝宝的自尊心，阻碍宝宝求知欲的发展。

(5)要及早训练婴幼儿的语言和思维：宝宝的语言学习，一般要经过三个阶段：从出生到1岁，是语言前期；从1岁到1岁半，是语言理解阶段；从1岁半到3岁末，是语言表达阶段。科学研究证实，宝宝2岁左右是学习口语的最佳时期。此时，宝宝学说话最容易而且学得也快。所以，爸爸妈妈要及早与宝宝说话。尽管当时宝宝还听不懂话，但是可以引起他的“嗯，啊”等反应。不断和宝宝进行语言交往，可以诱导启发和促进宝宝的语言发展。可以先从看得见，摸得着和听得到的日常生活中的实物名词学起。

(6)早期教育必须重视非智力因素：爸爸妈妈对宝宝进行早期教育，一般都很重视智力因素的培养和知识的灌输，这当然是必要的；但是人们往往忽视了情感、意志、性格、思想品德、行为习惯等非智力因素，这种现象值得注意。古往今来，国内外许多教育家都很重视智力因素和非智力因素并重的幼儿培养原则。国外对幼儿教育，也是

主张3岁左右的幼儿教育必须包括两方面的内容，一个方面是反复灌输语言、音乐、文字和图形等所谓奠定智力的大脑活动基础的模式；另一方面则是在这一时期内向幼儿的大脑灌输人生的基本准则和态度。我们在对宝宝进行教育时，如果忽视非智力因素的培养，智力因素最终也得不到真正的发展。现在，有些宝宝任性自私，不爱惜东西，自理的能力很差，连铅笔也要大人削，家庭作业要大人陪着做，大人如果不在，他就不做或不认真做等，这都是忽视非智力因素教育的结果。

(7)教育必须坚持一贯要求：因为一种良好行为习惯的形成，不是短期或通过一两件事情就能成功的，而是要经常地、反复多次地进行教育。坚持一贯要求，就是要宝宝自始至终按正确的行为标准去做，不能时紧时松。

(8)家长观点要一致：爸爸妈妈及其他家庭成员在教育宝宝问题上，要保持一致性。不要爸爸妈妈严格，奶奶娇纵，或父紧母松。例如，宝宝拿了别人的东西，父母坚持要将东西送还于人，并赔礼道歉，但奶奶就包庇宝宝，认为拿了一点东西没什么大不了的。两个人两种态度，对宝宝的要求不一致，以致宝宝没有从这件事中受到深刻教育。所以，培养宝宝的好品行，必须坚持一致的原则。

7. 婴幼儿早期教育的内容有哪些？

早期教育应该根据婴幼儿的心理发展规律和年龄特性，把重点放在发展小儿的智力和个性品质培养上。

(1)锻炼孩子的感知觉：婴幼儿感知觉器官的功能，需有相当的刺激输入和锻炼，才能得以发展。因此，应从新生儿开始，利用声音、语言玩具、实物等刺激其听、视、触、嗅觉等，促使他们在看、听、闻、

摸、尝的过程中，获得各种印象，这是人对客观世界认识的第一步，对婴幼儿智力发展有着重要意义。当小儿会走路时，我们就应带他外出游玩，让孩子认识大自然和各种社会生活现象，帮助他们获得简单的知识，积累感情经验，发展知觉，培养其敏锐的观察力。

(2)训练语言和思维：科学研究证实，婴幼儿1岁半左右是学习语言的最佳时期。此时，小儿学说话最容易而且学得快，故应及早与孩子说话，不断与小儿进行语言交往，可以诱导、启发和促进孩子的语言发展。

(3)珍惜宝宝的求知欲：婴幼儿时期的小儿，对周围的一切都感到新奇，尤其是他们刚学会走路和说话的时候，求知欲和好奇心很旺盛，父母应珍惜小儿的这种求知欲望，一定要耐心而热情地倾听，认真、简要而正确地回答小儿提出的每一个问题，从而满足他们的要求，开阔他们的眼界，丰富他们的知识和经验。此时，绝不能嫌麻烦而对孩子冷淡，甚至斥责或单纯应付性地解答，否则将对小儿心理及智力发展产生不良后果。

对小儿的早期教育，要根据小儿不同年龄的生理心理特点和发展规律，循序渐进，并且考虑到婴幼儿的个体差异，因人施教，不能千篇一律。在具体实施早期教育时，可采取启蒙式或游戏式的方法让孩子在生动活泼的气氛中发展智力，切不可命令、包办和灌输。

8. 1岁以内宝宝早期教育的主要内容是什么？

1岁以内的宝宝，主要是感知觉的训练。如喂奶的同时，抚摸宝宝的皮肤，在宝宝眼前放有色或有声的玩具，但声音不能刺耳，以促进感觉器官的发育。同时，可以不断地和宝宝说话，并做出各种表情，用语言和表情的信息刺激大脑的发育，促进语言的形成。如果可

能，应在说话的同时把着宝宝的手，去抚摸所说的物品，如图画、水、大人的手指、皮肤等，这样能增强感知能力。

9. 1～2岁宝宝早期教育的主要内容是什么？

1～2岁时，以语言训练为主，主要要求发音清楚。先单音、后词组，然后是较长的句子，最好能对词意作适当的交代，虽然孩子当时并不一定能理解，但告诉他们并没有坏处。让宝宝自己表达的语言词汇量逐渐增多，并连贯起来，首先以清楚为主，可不考虑速度，清楚之后再慢慢加快。语言能力是智力发展的重要标志之一，在初教时一定要准确，不要使用不正确的概念，以免造成宝宝的误解。如把汽车称作"笛笛"，把电灯称作"亮亮"，应当告诉宝宝汽车的喇叭声"笛笛"，电灯的光很亮等。要教宝宝拿取力所能及的物品，如鞋、帽、手帕等，并给予表扬和鼓励。这样可促进运动能力和认识能力，以及听力的提高。

10. 2～3岁宝宝早期教育的主要内容是什么？

2～3岁主要是认识能力的培养，因此要让宝宝多接触各种事物以丰富其感性认识。这时，宝宝的语言能力在继续发展深化之中，对外界事物有新鲜感，经常会提出这样或那样的问题，充满好奇心。家长要利用他们增长知识的大好时机进行培养，不要轻易放过宝宝感兴趣的事，因为此时是最容易记忆的。对于宝宝提出的疑问，尽量给予正确的回答，不要随意推脱，或不耐烦，更不要应付地说"你现在还不懂"，"以后就知道"等。这样容易挫伤宝宝的好奇心和兴趣，养成

不动脑子的习惯。只要正确地回答孩子提出的疑问，无论宝宝是否记得住，他总有一种新鲜的感觉，有一种求知得到满足的收获感。这能启发他们的思维，动脑筋去思考。

11. 如何抓住“敏感期”进行教育？

儿童在不同年龄，存在着接受某种教育的最佳时期，即学习或获得某种能力或行为的最佳、最易的时期，也称“敏感期”。据研究表明，在敏感期实施某种教育，可以收到事半功倍的效果。如果错过这个年龄阶段，再进行某种教育，效果就差多了。家长要抓住宝宝“敏感期”进行教育。

(1)0～5 岁是感知觉发展的敏感期：研究表明，出生后最初 6 个月是宝宝视力发展的关键时期。

(2)婴儿期是大肌肉运动如坐、爬、走、跑等学习的敏感期：1～2 岁宝宝的运动功能发展最为显著。

(3)1～6 岁是宝宝口语发展的敏感期：美国著名语言学家帕特夏指出，幼儿的脑部在出生后的最初几个月里，对声音的接受程度最高，在最初的几年里，最能接受语言的刺激。1～6 岁是宝宝学习语言的敏感期。

(4)0～3 岁是宝宝个性品质、情绪情感和良好习惯养成的基础性敏感期：1 岁以上的幼儿，对外在世界的接触逐渐增加，开始发展与社会接触与情绪控制的能力。同时，这个时期也是孩子养成良好习惯，如生活习惯、学习习惯、卫生习惯的关键期。3 岁前养成的行为习惯、态度和性格倾向性等几乎贯穿于人的一生，是将来发展的基础。

(5)0～3 岁是孩子智力、学习能力发展非常重要的时期：胚胎学研究发现，胎儿末期已有记忆，婴儿期是记忆发展的第一个高峰期和

关键期，记忆的发展直接影响宝宝语言、思维、情感等的发展，是宝宝的智力和学习能力发展的必要准备。

婴幼儿存在着极大的学习潜能，关键在于如何进行正确的早期教育。不少望子成龙的父母常陷入误区，反而抑制了婴幼儿心智的发展。美国心理学家根据对近千名儿童多年的观察研究提出：人类智力的发展从0～17岁已接近完成，大约50%的智力发展是在从出生到4岁内完成的，30%在4～8岁内完成的。学龄前阶段的智力发展几乎占80%，而出生后的最初4年发展速度更为惊人，几乎等于随后13年的总和。根据“才能递减法则”，即越是早期开始教育的宝宝其才能增长的可能性越大；婴幼儿期宝宝的发展潜力如果受到忽视或被压抑，将使他们的智力等各方面发展受到阻滞，甚至逐年减退。

12. 什么是婴幼儿的关键期？

关键期概念源于奥地利生态学家劳伦兹在研究小动物发育的过程中提出的“印刻现象”，即小动物在出生后一个短时期，具有很容易形成的一种本能的反应，其中包括：出生后最先看见或听见的对象似乎是印入它的感觉中，因而对该对象产生追随反应，不但追随该对象，而且喜欢接近它；在印刻的对象消失后，发出悲鸣等。印刻只在小动物出生后一个短时期内发生，劳伦兹把这段时间称为“关键期”，关键期的时间是有限的。

关键期的概念应用于婴幼儿心理的发展上，是指婴幼儿在某个时期最容易学习某种知识技能或形成某种心理特性，但是过了这个时期，发展的障碍就难以弥补。从整个人生的心理发展来说，学前期是心理发展的关键期；2～4岁是语音学习的关键期；0～4岁是形状知觉关键期；4岁前智力发展最为迅速。婴幼儿心理发展的关键期现

象主要表现在智力发展和语言发展方面。

还有的科学家根据一般动物都有“印刻期”（动物把出生后第一眼看到或经常接触的动物当做自己母亲的特性）和“发展期”（动物某种能力得到发展的时期）的特性，加以推论，认为人的智能发展也有不同年龄的最佳期，如1岁左右的婴儿不怕水，是学习游泳的最佳期；2岁左右是学习音乐的最佳期；2～3岁的宝宝，即使无人在场的情况下，也常会喃喃自语，这是学习口语和外语的最佳期。

又有人根据婴儿整体认知（把客观事物当做模式整体一并吸收）的特点，认为婴幼儿不仅可吸收图形模式，还可吸收道德模式，人格模式。这些模式一旦进入宝宝的脑里，就会一生中都留下痕迹。

在宝宝成长过程中，某种关键期应视每个宝宝的实际情况而定，有的宝宝可能出现得早些，有的可能出现得晚些。因此，爸爸妈妈要观察宝宝发展的关键期是否已经到来，并及时抓住宝宝发展的关键期，运用恰当的教育方式进行教育和技能上的训练，给宝宝发展提供支持环境，以促进宝宝的发展。

13. 关键期对孩子全面发展有何重要性？

0～6岁是儿童多项智能发展的关键期，宝宝在语言、数理逻辑、空间思维、人际交往、肢体动作、艺术等方面智能成长都处于一个发展的关键期，在关键期内，只要给予良好的环境、刺激和训练，宝宝就能轻松高效，不知不觉、毫无困难地获得各项智能；相反，一旦错失良好的环境、训练和刺激，以后宝宝的各项智能将很难恢复或者难以达到最好的效果，即使以后花大量的时间和精力去弥补由于早期没有得到适当的刺激而造成的影响，收益也是甚微的，或者说，根本就没有效果。幼儿的生命发展是一次性的，教育没有第二次，关键期一旦

错失，将永不再来，所以重视宝宝关键期的教育，对宝宝一生智能的成长非常重要！

在宝宝智能成长的关键期内，爸爸妈妈要用各种科学的手段和方法，全面开启儿童“多元智能”。寓教于乐，让宝宝在玩中学，学中玩，在不知不觉中各项智能得到训练和开发，不失为一种有效的手段。

14. 为什么说早教不仅是教育孩子，而且还要教育家长？

要把孩子培养成全面发展的人，早期教育极为重要，但在重视早期教育的同时，请别忘了家长的言传身教。爸爸妈妈是宝宝的第一任老师，家长的一言一行将对宝宝的成长产生至关重要的作用。所以，作为宝宝的爸爸妈妈，首先要注意提高自身的品格修养和思想修养，并努力提高自己的文化素养，以自己的高尚品格和丰富的知识培养教育宝宝，使他们早日成为国家的栋梁之材。如果家庭教育仅限于如何培养宝宝，而忽略爸爸妈妈的素质提高，那么这样的家庭教育很难取得预期的效果。爸爸妈妈素质不高，怎能拥有一个良好的家庭教育氛围，又怎能培养出身心健康的下一代呢？

教育的最终目标是宝宝获得发展，从宝宝一出生起，就离不开家庭和家长，家庭是宝宝首先接触与长期生活的场所，宝宝在每日每时的各种生活活动中受到家庭成员潜移默化的影响，0～3 岁的宝宝更是一刻都离不开家庭。但是，复杂的人类社会生活使为人父母者仅仅靠天性所赋予的爱去关心、照料下一代已远远不够。正是在这个意义上说，人类社会中的父母是需要不断学习的。父母应了解孩子成长的秘密，认识宝宝不同于成人的身心发展规律，掌握宝宝所特有

的言行、思维、情感方式，获得与其相处并打交道的特殊技能、技巧，成为孩子喜欢亲近，并能对孩子的健康、幸福成长产生有效影响的人。正如前苏联杰出的教育家、作家马卡连柯对家长所说的：“不要以为只有你们和儿童谈话的时候，才执行了教育儿童的工作。在你们生活的每一瞬间，都教育着儿童，甚至当你们不在家里的时候。……你们如何穿衣服，如何与另外的人谈话，如何谈论其他的人，你们如何欢乐和不快，如何对待朋友和仇敌，如何笑，如何读报纸……所有这些，对宝宝都有很大的意义。”我们可以这样认为，提高父母的早期教育理念与教育水平就是提高早期教育水平。家庭教育是一门科学，做父母是非常复杂的工程。没有拥有教育知识的时候，最好不要去做父母。因为，没有成功的家庭教育就没有成功的学校教育。

15. 婴幼儿早期教育三忌是指什么？

一忌对婴幼儿的早期教育采用“填鸭式”的方法。因为，这样会使宝宝完全处于被动地位，从而缺乏独立思考能力。另外，要善于启发和诱导宝宝，如讲故事，不一定要把故事讲完，可以有意识地留下一些情节，让宝宝自己去发挥想象力，只有这样才有助于开发宝宝的智力。

二忌操之过急。宝宝的好奇心非常强，有求知的欲望，对什么都爱追根问底，爱问一个为什么，这为爸爸妈妈引导宝宝学习提供了很好的条件。但有的爸爸妈妈求成心切，希望宝宝“一口吃成个胖子”，于是不考虑宝宝的接受能力强弱，强制宝宝认字、算题，这不仅不能引起宝宝的兴趣，反而使宝宝对学习产生畏惧厌恶的心理。

三忌恐吓和体罚。有些爸爸妈妈不仅强制宝宝学习，而且动不动就是骂、体罚、关黑屋子等，这样对于宝宝的身心健康发育极为有害。婴幼儿的早期学习，即使不能做到像吃糖一样甜蜜，起码也不要像吞苦果那样难咽，做爸爸妈妈的要注意自己的教育方法。

16. 为什么说早期教育不等于早期定向？

何为早期定向？所谓早期定向是指对儿童未来发展成才类型作定向引导，重点培养。早期定向教育的对象应该是少数在某一方面有发展前途并显露出相应天赋的儿童。早期定向教育的内容应主要是技能技巧方面的，又必须是在幼儿时期打基础的科目，如舞蹈、杂技、体操等。至于哪些幼儿适合早期定向发展则有赖于教师、父母发现，专家的科学判断。当确认某一幼儿确有某种特殊天赋或在某一领域将大有发展前途时，就应毫不犹豫地创造条件实施科学的早期定向培养。

心理学研究表明，少儿时代是一个人的“外界获得”时代，这时的孩子对外界的一切都感兴趣。作为父母应满足其心理需求，积极创造条件让他们广闻博览，发展多方面的兴趣爱好，引导孩子在兼收并蓄中形成良好的智力背景和宽阔的思维空间。

著名物理学家杨振宁谈及自己的成长道路时回忆，当父亲发现他在数学方面有些天赋时，特地请来一位教师为他补习《孟子》而不是强化数学。杨振宁说：“一个父亲发现自己的孩子在某一方面有才能时，最容易发生的事情是极力把孩子朝这方面推。”这样，孩子过早“定向”，很可能造成知识面狭窄，兴趣单一，将来恐怕很难有所成就。

时下，有些家长把早期教育直接理解为早期定向，培养孩子的一技之长。于是，家长往往只抓住孩子的某一特点悉心加以培养训练，

而当孩子未明显表现出某方面的特长时，家长就马上为孩子选定一个方向迫使他“成才”，如强迫孩子发展为钢琴家、画家、翻译家、科学家等。在这种急功近利的定向教育下，孩子虽然在某一方面技能上有所发展，但因为忽视了孩子的全面发展，忽视了孩子基础知识和良好个性品质的培养，其结果却使孩子变成了能力与心理发展上的畸形儿，如有的孩子会弹琴，却不会穿衣服。由于婴幼儿时期正处于生理、心理及个性品质等发展的关键时期，而且其身心发展是一个完整的统一过程，所以只有从德、智、体、美几方面综合全面培养，才能真正促进孩子健康、和谐的发展，为孩子以后的全面发展打好基础。因此，那种过早定向的单一教育对婴幼儿来说是不合适的。

17. 为什么说早期教育不是早期知识传授？

不少爸爸妈妈认为早期教育就是让宝宝读书、写字、算算术。因此，硬是让两三岁的宝宝背唐诗，趴在桌子上认字、识数、写字。有些爸爸妈妈对幼儿园教得好坏的评价就是宝宝认了多少字，会数几个数。其实，这样理解早期教育就太简单和片面化了。因为，早期教育主要是培养宝宝的智力，智力包括观察力、思维力、记忆力、注意力、想象力和创造力。这六大要素相互促进，构成一个完整的能力系统，共同影响人的活动。所以，在开发宝宝的智力时，不能偏重于单个能力的培养。在日常生活中，有人把宝宝的记忆力强弱作为衡量智力的惟一标准，认为宝宝能背几首唐诗，识两三个字就聪明，智力就好，从而不断要求宝宝死记硬背，使宝宝养成不动脑子的习惯。有的人知识虽不算多，但头脑灵活，智力水平也就较高，而有的人知识好像很多，但机械呆板，不会运用，智力水平也就不高。如大家熟悉的司马光砸缸救小朋友，曹冲秤象等，他们都是靠自己独特的智力活动，

做出令人赞叹的事。而像英国有个叫亚克敦的，他嗜书如命、终日背诵，藏书7万余卷，但一生毫无成就。

早期智力开发，应是通过一些有计划、有目的的指导活动，如引导宝宝做游戏、讲故事、听音乐、学动作、设计、劳动等来培养和促进宝宝的注意力、观察力、记忆力、思维力、想象力和创造力的发展。让宝宝在日常生活或游戏中学习百科知识，如在吃饭时可以问宝宝，馒头是怎么来的，并给宝宝讲讲做成馒头需要多少工序，对宝宝进行爱惜粮食，尊敬他人劳动的教育。也可扩展到哪些农作物是粮食，哪些是干果、水果等，它们离开水、空气、阳光就不能生存，也可以和宝宝一起做小实验。在看到鸭子游水时，讲讲鸭子的生活习性和与人们的关系。当烧水做饭时给宝宝讲讲水蒸气，让宝宝想想，利用水蒸气能干什么。在某种意义上可以说开发宝宝的智力是不分学科、不讲系统、不计深浅、不求一次巩固的。多数事例证明，对婴幼儿来说关键在于开发智力，培养兴趣，使他们产生求知的欲望，并伴有想象、创造的活动。至于识字、背唐诗、算算术也可以教，但要本着不强迫的原则，也不能小学化，“填鸭式”，而应在丰富多彩的活动中，利用生动活泼的游戏形式，点拨式的提问和风趣幽默的语言，使宝宝自然而愉快地吸收知识，而不是灌输。总之，早期教育是能力的培养，而不是单纯的知识积累，是启蒙，而不是系统教育。

18. 早期教育中常见的误区有哪些？

(1)只重视身体发展，忽视心理的全面发展：有的爸爸妈妈在孩子0～3岁时，重喂养轻教养，只注意孩子的身体发育指标，如长多高，长多重，长了几颗牙了或什么时候会走等，而忽视了他们心理的全面发展。研究证明，新生儿一出生就有兴趣、痛苦、厌恶和微笑四种表

情。如果爸爸妈妈能对婴幼儿情绪及时反应和满足，就有助于婴幼儿学习使用情绪作为适当工具与成年人进行交流沟通。如果婴幼儿长期压抑情绪或者不适当的表达情绪，就会使他们产生消极的心理体验，从而影响身心的正常发育。

(2)早期教育只限于智力开发和知识灌输：早期教育应该是促进宝宝身心全面和谐发展的教育。它并不只是尽早教会宝宝识字、数数、背唐诗、学英文等，而是教育引导孩子早期养成良好个性人格、习惯、健康情绪情感，是一种全面的教育。由于我国的特殊情况，独生子女成了一个特殊群体，他们中一些人从小就被爸爸妈妈照顾得无微不至，养尊处优，一切全不用自己费劲，使得孩子从小就缺乏爱心，不懂得关心和尊重别人，更不懂得应该同情别人。他们不爱别人，更不懂得与别人分享。他们稍一碰到挫折，就觉得自己委屈得不得了；不能认真地对待困难；一切从自己方面着想，不了解别人，也不想去了解别人是怎么想的，变得自私、霸道、冷酷无情。我们常常听有的父母说：某某的孩子又学会了说什么唐诗、宋词；会算什么数学题。但是很少听到：我的孩子吃任何食品，都知道把好的先让大人吃；我的孩子知道和小朋友玩时，让着小的弟弟妹妹；我的孩子知道制止别人破坏公园的花木。

(3)盲目攀比或期望过高：很多家长喜欢拿自己的宝宝和邻居的宝宝、同事的宝宝或朋友的宝宝相比。若别人的宝宝会认字、会弹钢琴，也要强迫自己的宝宝会认字、会弹钢琴。而不管自己的宝宝是否喜欢或是否有音乐天赋。这样盲目攀比、对宝宝期望过高，就会使宝宝从小蒙上惧学、厌学的阴影，效果将适得其反。因此，应从小因材施教，既应及时发现宝宝的天赋才能，及时强化培养，但又不可拔苗助长，操之过急。

(4)忽视父母自身的教育作用：爸爸妈妈是孩子最重要的启蒙老

师，在宝宝的成长过程中起着独一无二的、不可替代的作用。宝宝经常模仿爸爸妈妈的一言一行，所以爸爸妈妈的行为不可避免地影响到了宝宝，在宝宝面前应格外注意自己的言行举止，起到榜样作用。

19. 0～6个月宝宝早期教育计划如何制订？

0～6个月宝宝早期教育的计划制订中应遵循训练感观灵敏，发展运动能力，提高认知水平的原则。

(1)多听优美的高雅音乐、儿童歌曲、古典乐曲；听风声、雨声、虫鸣、鸟叫等和谐音响；听亲人的细语和吟唱，训练听音与节奏感，接收优美旋律。

(2)看20厘米远(距离逐步拉远)的黑白图画，如粗条纹状、斑马状、棋盘状等。

(3)看红、黄、蓝(逐步增加白、绿、黑)的大块颜色，开发视觉能力。

(4)看色彩鲜艳，并带悦耳响声的玩具，逗他视力跟踪，逗他伸手抓握，开发视、听、触觉和抓握能力。

(5)常拥抱亲吻，并按摩宝宝全身皮肤，用光滑的、柔软的、温暖的、凉爽的、粗糙的等物品接触身体，特别是手和脚，开发触觉能力。

(6)常常轻捏婴儿的10个手指和指尖，捏时告诉他手指名称(听不懂不要紧)；可用系铃的绳子套住一只手(或脚)让他注意手脚动作与铃声的关系；常让宝宝握住玩具小棒、铃鼓，让他能丢掉一物再取一物或在两手间传递等。

(7)常常嗅各种气味，如食品香、化妆品味、各种植物香和其他无害气味等，开发嗅觉能力。

(8)用勺子、筷子轻蘸各种食品、水果、调料的汁水，让婴儿尝各

种味道，酸、甜、苦、辣、咸和怪味都让宝宝尝到，开发味觉能力。

(9)满月前后训练俯卧时能抬头看物，找玩具，数月后能用双手撑胸；3～4 个月开始训练仰卧抬腿，仰卧转身侧卧，仰卧左翻身和右翻身到俯卧位；仰卧时训练拉住大人手指坐起。

(10)2～3 个月时开始做被动婴儿操。宝宝仰卧，抓住宝宝两手，上举、平举、前举、放下等，妈妈嘴里配合喊"一、二、三、四，五、六、七、八，二、二、三、四……"，然后分别一条腿一条腿做下肢操，再后来从头按摩到脚。

(11)4 个月训练他拍打吊在前方的小球，接着双手或单手取球。

(12)5 个月靠垫扶着坐片刻，6 个月训练独坐玩玩具。

20. 6个月～1 岁宝宝早期教育计划如何制订？

(1)多看较远处的事物，如树、花、云、楼房、汽车和各种小动物，并告诉他事物名称；指宝宝和妈妈的头、眼、鼻、口、耳、手等，告诉宝宝名称，近 1 岁时要看圆形、正方形、三角形图并告诉名称，抓住宝宝食指按按钮，开 CD 机播放音乐，让宝宝两手敲碰铃，发出悦耳的声音；逐步训练按节奏碰打，培养节奏感。每天看电视儿童节目、动物世界、天气预报和某些广告数分钟，让宝宝抓握各种色彩鲜艳、声音悦耳的玩具，换手玩，摔打玩，抛开又抓回；常玩触摸球(塑料球上带刺的那种)，让婴儿撕纸玩，训练独坐、睡下、翻滚、坐起、匍行、学爬、学扶物站立、学走、学用手足爬上台阶、独站片刻；玩水、学游泳(让宝宝从小不怕水)等。训练揭开遮盖物取玩具，双手指拨弄小珠，盒(瓶)中取出小球，又一粒一粒装入盒(瓶)中，训练左右手捏取米饭粒、葡萄干、爆米花(家长一定注意监护，避免误吸)；训练取物开盖、装物盖盖；能识别大小瓶盖的正确搭配，训练用蜡笔空中涂画，到纸上涂画。

(2)抱着宝宝到室内外看世界，多看各种小动物和会动的东西，“对牛弹琴”地与宝宝说话，指认事物(抱时多用一手托宝宝屁股，一手扶胸，孩子脸朝外便于看世界)，宝宝8个月以后，爸爸妈妈态度要“爱而少露”，不要拥抱亲吻没完，多以亲切、和蔼、平静、理智的爱态、表情和语言面对宝宝。宝宝哭闹时仍然平平静静，不慌张，不娇惯，宝宝要吃要喝，急不可耐而大哭大叫时，爸爸妈妈应表现出很“不在意”，慢慢说“不急！水没凉，等一等，等妈妈空出手来给你，真乖!”等话语，转移他的情绪和注意力，让他平静地等待，增强宝宝自控能力；会坐并添加辅食以后，学会捧杯子喝水，会坐在固定位置上认真吃饭，不许抱来抱去吃或边玩边吃；1岁左右坐在家人吃饭的饭桌固定的位置上(给他一把特制的高椅子)，与大家一起认真快乐地用小勺自己吃饭，6～7个月开始鼓励宝宝与熟人、生人、小朋友打招呼：招手、欢迎、点头、笑、摇身子、跺脚、飞吻、尖叫、再见等；8～9个月以后示范教他给娃娃盖被，会拍娃娃睡觉，会给娃娃洗澡等，培养爱心；示范让他学会戴帽，会配合家人给他穿衣，学习自己穿裤子，脱鞋袜；让他喜欢看识字图片，养成看图后翻过来看反面的字的习惯，培养读出声来；1岁左右可问宝宝物和字。例如：锅在哪里？窗子在哪里？花盆在哪里？花字在哪里？让宝宝用手指，嘴里“嗯，嗯”地回答，还可让宝宝把许多字卡中某个字拿出来给妈妈，鼓励他爬过去正确拿过来递给妈妈或其他人，拿正确了要好好表扬，拿错了鼓励他再来，大人也可爬过去帮他；常给宝宝念儿歌、背古诗、唱童谣；9个月学会称呼家人，会做你好、谢谢、再见、握手、鼓掌、亲亲、虫虫飞、小鸟飞、点头同意、摇头不要等动作；别人叫自己名字时会转头看，会爬过来，或积极应答。1岁左右教他会用语言或手指头回答“你几岁了?”，宝宝学走路以后，由牵手到放手走；宝宝摔倒了，大人不要慌张，不要去扶

他抱他，应当平平静静、笑嘻嘻鼓励他自己爬起来；宝宝哭了也表现毫不经意；宝宝遇到突然的惊吓时（如闪电雷鸣、狂风暴雨、动物小虫、见人争吵等）爸爸妈妈要在宝宝面前表现得若无其事，这就是给宝宝安全感和胆量。

21. 1～2岁孩子早期教育计划如何制订？

(1)不断提高宝宝各感觉器官的灵敏性，对音乐的敏感，对颜色的敏感，动作的灵活，并培养他独坐摆弄玩具的注意力和与人做游戏、认物的快乐情绪。

(2)爱态要亲切、耐心、冷静、沉着，多多鼓励宝宝，表扬良好行为，不允许的事就不允许，宝宝哭闹时转移注意，多加安慰；大人情绪要不急不躁，行动要不紧不慢，坚持这般爱态，宝宝就听话。训练宝宝：爱爬行、爱运动、爱玩水、爱游泳、爱听音乐，模仿哼歌、模仿跳舞，爱画画涂鸦、玩米玩沙，多玩推动、拉动（如拉小鸭走、翅膀扇动）摇动的玩具，看爸爸做不倒翁，看妈妈吹肥皂泡，坚持培养认物问物，认字问字，常到公园玩认树、认花、认动物，常到商店认商品，爱说话也说英语单词，爱听故事、念儿歌、背古诗。

(3)逐步增加认多种颜色，如灰色、浅蓝、深蓝、粉红等；增加认多种图形，如长方形、半圆形等；将不同形体积木嵌入相应形状的孔内，将牌整齐摆放进盒内。

(4)带宝宝到室外、到超市玩，认事物、认商品，宝宝注意什么认什么，不断启发宝宝提问：这是什么，那是什么，有什么用，逐步增加认识周围事物，如玩具、餐具、家具、电器、水果、蔬菜、花草、树木、动物、建筑、气象、交通工具等（其中一部分与识字宝宝结合起来）。

(5)多鼓励、多表扬宝宝跟家人一起吃饭，饭桌上家人的谈话应

多选择对宝宝有益的轻松话题，使之耳濡目染不知不觉地吸收。每餐都把大家特别喜欢吃的菜名写在餐桌旁的小白板上，每个人都高兴地读一读、认一认。成年人要说每一种菜都好吃，不要说不爱吃。家中一面墙上可设一个“某某（小名）好孩子第一”的记载表扬栏，凡是孩子第一次学会做的事都要记载并缀上一颗小星星（如某年某月某日，学会帮妈妈做事，某月某日，会讲故事），培养宝宝上进心、自信心，建立良好的自我意识，直到以后一面墙上“星星满天”。

(6)茶余饭后常抱宝宝到邻居家串门聊天，也欢迎邻居来串门。大家对宝宝都要亲切礼貌，但不宜过分关注，尤其不要强迫宝宝叫人，强迫宝宝表演节目，宝宝不愿意时更不可强迫抱他，还要严禁把宝宝当玩具、当笑料。要尊重宝宝，给他友爱（如有时送他一个小玩具，一朵花、一张图片等），让宝宝顺其自然，逐步适应人际交往，增长勇气和胆量。

(7)让宝宝指路。例如，到公园怎么走，到超市怎么走，回家怎么走，到姥姥家怎么走等。

(8)给宝宝洗澡时指问他“眼睛是干什么的?”、“耳朵是干什么的?”、“嘴巴有什么用?”、“小手有什么用?”、“小脚丫是干什么的?”等，启发他动脑子想。

(9)玩玩具、看水果时告诉宝宝哪个大，哪个小，哪个长，哪个短，哪个粗，哪个细等。

(10)逐步训练扶栏走台阶，上下楼梯，攀高爬低，走走跑跑，倒退走步，足尖走步，单脚独立，双脚跳动，单脚跳跃等。

(11)学习踢球、投球，开始学习溜冰，走双线（地上画两条直线在中间走，不踩线）。

(12)学习翻书、翻页、合上，搭积木高楼和火车，会串珠子，训练大口瓶来回倒水。

(13)1 岁半开始，家人常带宝宝去亲子园玩亲子游戏，让宝宝去接触许多大人和孩子一起玩游戏的新世界，可让宝宝大开眼界，逐步融入人群，吸收大量信息，激发游戏兴趣，提高语言交流能力，也培养宝宝在群体活动中的表现力和胆量。

(14)给鸟画眼睛，给人画头发，画太阳、月亮、气球、窗户、鸡蛋等，发展手指握笔小肌肉动作。

(15)布袋里摸各种积木、玩具、物品，猜是什么；录音机录下熟人的朗诵或说话，猜是谁的声音。

(16)看各种照片认人，看各种图片认物、认风景，读图片反面的词和句。

22. 2～3 岁孩子早期教育计划如何制订？

(1)要在实际生活中逐步知道什么是黎明、清晨、早上、上午、中午、下午、晚上、夜里、昨天、今天、明天。

(2)这个年龄阶段的孩子特别喜欢与大人或孩子捉迷藏，要选择丰富而安全的环境让他想方设法躲藏或寻找。喜欢做“石头、剪子、布”的游戏。喜欢集体唱歌、跳舞，发言答题，喜欢与父母(成人)一起唱歌。

(3)鼓励孩子帮大人做事，如拿拖鞋，递伞，送帽子、上衣、公文包，东西不能拿多；开始学做家里的整洁、卫生、杂活，如摆餐桌上的餐具，叠晾干的衣服等，能准确找出常用物品，如眼镜、手套、词典、老虎钳等，学会使用电视机、CD 机。3 岁学会自己洗脸、刷牙、洗脚，会认路牌、门牌，记住家的地址及门牌号码，能到隔壁小商店购小物品；带孩子外出迷路时鼓励孩子去问警察叔叔或路人。

(4)学捏橡皮泥、油石灰、面团做几种喜欢的物品，会折纸做飞

机、风车等。

(5)学会解和扣各种纽扣,会剥熟鸡蛋,学习沿线条剪下简单的图片。

(6)学双足和单足跳跃、骑摇马、学童车、钻矮洞、滑滑梯。

(7)接住地面滚来的球到接住抛来的球,学习用沙包或球投进筐(投的距离逐步拉长)。

(8)每周带孩子去书店买一本适合他阅读又特别喜欢的书(一次不要多买,才能让孩子更加珍爱),教育他每次读后就珍藏起来。博览群书的生活从这里开始,但要养成良好习惯,控制好读书时间、读书姿势、读书光线,确保眼睛健康。

23. 婴幼儿期家庭教育的要点是什么?

(1)爸爸妈妈要起榜样作用。父母的言行对宝宝潜移默化,应互敬互爱,创造一个和睦的家庭气氛。

(2)爸爸妈妈要与宝宝交朋友,以平等态度对待宝宝,沟通感情,发挥宝宝的作用,培养他们的责任感。

(3)防止过分保护和溺爱,应当多让宝宝自己做事,培养他们的自尊心和自信心,锻炼坚强意志。

(4)正确对待宝宝的过失和错误,引导宝宝认识错误,鼓励宝宝心情舒畅地改正错误,培养是非观念。

(5)支持宝宝们在一起做游戏。游戏是婴幼儿教育的重要方式,可以培养学习能力和人际交往能力。

二、婴幼儿生长发育特点

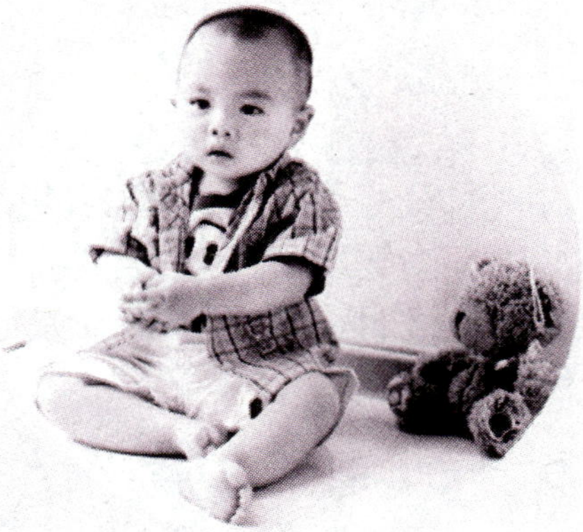

1. 婴幼儿年龄段怎样分期及生理特点是什么?

婴幼儿年龄可以划分为新生儿期、婴儿期和幼儿期。

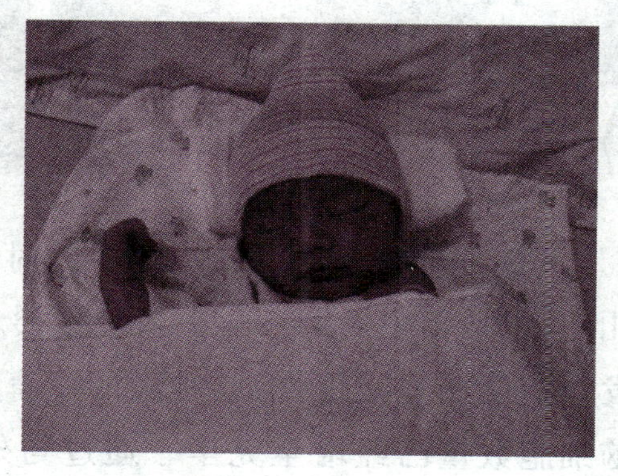

(1)新生儿期:从出生到28天日龄,这个时期的宝宝被称为新生儿。新生儿从母体温暖安静的小环境中突然进入寒冷嘈杂的大环境中,是十月怀胎的第一场人生考验,对于宝宝来说就需要全身心的投入和机体的动员来适应母体外的新环境。由于内外环境的突然巨变,小宝宝机体内尚未建立完整和健全的调节能力,需要包括保持室温、精心喂养、防治感染等在内的精心呵护。

(2)婴儿期:是指从出生后28天到1岁的时期,这个时期的宝宝称为婴儿。由于这个时期的宝宝主要以乳制品为主要食物,也有人称为乳儿期。婴儿期宝宝的体格发育和智能发育的速度是最快的,1周岁时的体重为出生时的3倍,身长为1.5倍,脑重量的发育从400克可增加到1 000克左右(成年人的脑重量为1 400克),各个器官已经具有了初步的调节功能和适应能力。宝宝从每天单一枯燥的仰卧姿势发展到能够随意爬行,独自站立和迈步等运动形式。已经学会用手势表达自己的愿望,并发出单节音表示喜怒哀乐,此阶段是大脑早期开发的最佳时期,家长不要忘记哦。

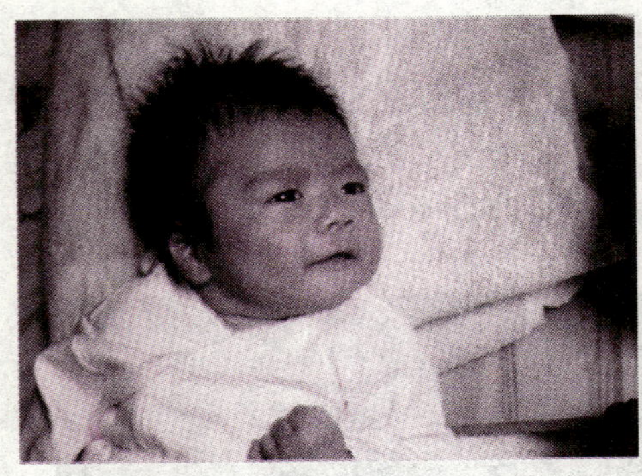

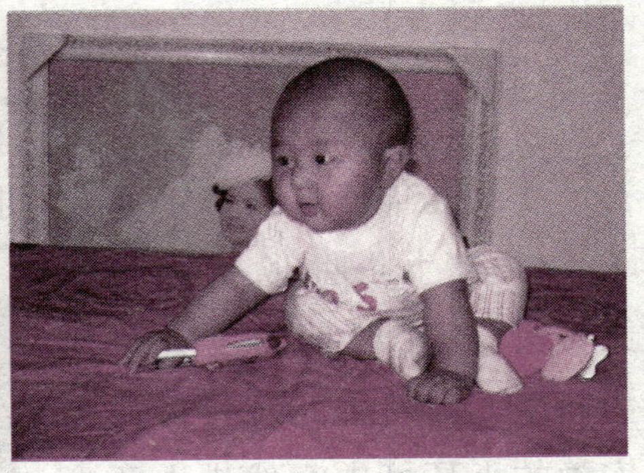

(3)幼儿期:是指从1～3岁的时期,这个时期内的宝宝被称为幼儿期(包括出生后第一年在内统称婴幼儿期)。在此期间宝宝的体格发育速度明显减慢,但脑神经的发育仍在快速发展,到2岁时宝宝的脑细胞数量已经增至完毕。通过与外界的接触和交流,宝宝的认知能力、语言和思维能力、分析和判断能力明显增强。所以,幼儿时期要增加与外界的交流,触及大量的与人类有关的事物,是开发宝宝智力的关键时间。

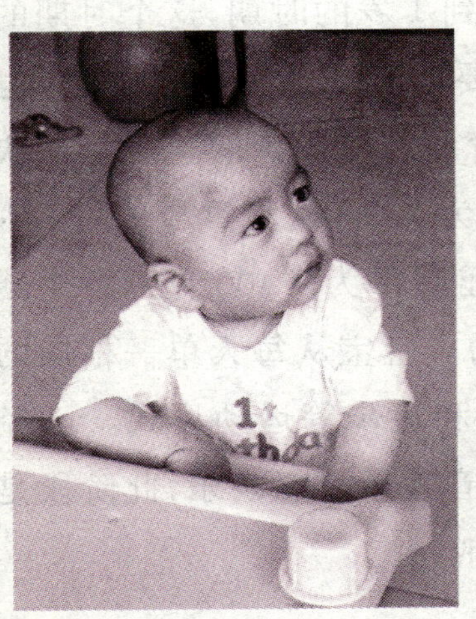

2. 什么叫小儿生长发育?

人体的生长发育是指从受精卵到成人期的整个过程,生长发育是儿童不同于成年人的重要特点。

生长是指随着儿童年龄的增加,细胞繁殖和增大、细胞间质增加,表现为身体各器官、各系统的长大和形态变化,可以用测量方法表示其量的变化。

发育是指细胞、组织、器官的分化完善与功能上的成熟,表现为体力、智力、心理、情绪和行为的发展完善。

成熟是指生长和发育达到完备,机体在形态、生理、心理上全面达到成年人水平。

生长和发育概念不同,但两者紧密相关,生长是发育的物质基础,而身体、器官、系统的发育成熟状况又反映在生长的量的变化上。即一个器官在形态变化、重量增加的同时,功能逐渐增强;反过来,器官的功能演进只有在生长到一定水平才出现。所以说,生长发育是一个由量变到质变的复杂过程。

3. 儿童生长发育规律如何?

儿童的生长发育速度和顺序都遵循一定规律进行的。

(1)生长发育是一连续过程,但又有阶段性:生长发育在整个儿童期不断进行,但不是等速进行的,各年龄阶段生长发育有一定的特点。所谓阶段性是指每个发育阶段都有鲜明的特点,而连续性则是指前后发育阶段间规律地交替衔接,前一阶段为后一阶段奠定基础,后一阶段是前一阶段的必然趋势。例如,体重和身长在出生后第一年，尤其在前3个月增长速度很快，为出生后的第一个生长高峰，以后生长速度逐渐减慢，至青春期生长速度又加快，出现第二个生长高峰。

(2)各系统器官发育不平衡：儿童各器官、脏器的发育速度是不均衡的，遵循一定的规律。最早发育的是神经系统，脑在生后2年内发育较快；最晚发育的是生殖系统；淋巴系统在儿童期生长迅速，于青春期前达高峰，以后降达成年人水平；心、肝、肾、肌肉等系统的发育和增长基本与体格生长相平行。

(3)生长发育的一般规律：生长发育遵循由上而下、由远而近、由粗糙到精细、由简单到复杂、由低级到高级的规律。例如，孩子出生后运动发育规律是先抬头、后抬胸，再会坐、立、行走，这是由上到下；先会挥动手臂，然后才会做手指的运动，这是由近而远；先会抓东西，然后才会用拇指和食指捏取东西，这是由粗糙到精细；先会发单音，后是词组、句子，这是由简单到复杂；先会看、听、感觉事物，认识事物，再发展到有记忆、思维、分析和判断，这是由低级到高级。

(4)每个儿童的生长发育有其自身的特点：儿童生长发育有许多共性，但由于先天遗传以及先天、后天环境条件的差异，个体发育不可能一致，必然呈现高矮、胖瘦、强弱以及智力高低的不同。有些孩子是先会说，后会走，有些孩子刚好相反，先会走，后会说；有些孩子生性活泼、好动，有些孩子则比较内向；有些孩子生来和别人好相处，有些孩子则比较难接近，存在相当大的差异，每个人生长的“轨道”不会完全相同。因此，儿童的生长发育水平有一定的正常范围，所谓的正常值不是绝对的，评价时必须考虑个体的不同影响因素，才能作出正确的判断。

4. 影响孩子生长发育的因素有哪些？

儿童生长发育受多方面因素影响，最主要与遗传及环境因素有关。

（1）遗传：小儿生长发育的特征、潜力、趋向等都受父母双方遗传因素的影响。种族和家族的遗传信息影响深远，如皮肤、头发的颜色、面型特征、身材高矮、性成熟的迟早等；遗传性疾病与染色体畸变或代谢缺陷对生长发育均有显著影响。另据对单卵双胎的研究，成年后，单卵双胎两个人身高的差别较小，而体重的差别则较大。说明骨骼系统发育受遗传因素的影响较大。

（2）性别：男女孩生长发育各有特点，如女孩的青春期开始约较男孩早 2 年，但其最终身高、体重则不如男孩，这是因为男孩青春期虽然开始较晚，但其延续的时间比女孩子长，故最终体格发育超过女孩；女孩的骨化中心出现较早，骨盆较宽，骨骼较轻，皮下脂肪较发达，而肌肉则不如男孩发达；又如女孩的语言、运动发育略早于男孩等。因此，在评价小儿生长发育时男女标准要分开。

（3）营养：合理的营养是小儿生长发育的物质基础，营养素供给比例恰当与适宜的生活环境，可使生长潜力得到最好的发挥。据儿童营养调查资料证实，营养丰富且平衡的膳食能促进生长发育；反之，营养缺乏的膳食不仅会影响发育，而且会导致疾病。长期营养不良，则会影响骨骼的增长，致使身材矮小。宫内营养不良的胎儿不仅体格生长落后，严重时还影响脑的发育。出生后营养不良，特别是 1～2 岁的严重营养不良，可影响体重、身长及智能的发育，使机体免疫、内分泌、神经调节等功能低下。

（4）疾病：疾病对生长发育的干扰作用十分明显，急性感染常使

体重减轻，慢性病影响体重和身高的增长；内分泌疾病常引起骨骼生长和神经系统发育迟缓；先天性疾病如21-三体综合征、软骨发育不良等，更是影响体格和神经精神发育。

(5)母亲情况：胎儿在宫内的发育受孕母生活环境、营养、情绪、疾病等各种因素的影响。妊娠早期的病毒感染可致胎儿先天畸形；妊娠期严重营养不良可引起流产、早产和胎儿体格生长以及脑的发育迟缓；母亲妊娠早期受药物、X线照射、毒素污染和精神创伤等，均可使胎儿发育受阻。

(6)生活环境：随着社会的进步，生命质量的提高，生活环境的好坏在一定程度上决定儿童生长发育的状况。良好的居住环境、卫生条件，如阳光充足、空气新鲜、水源清洁、无噪声、居住条件舒适，配合良好的生活习惯及体格锻炼等能促进生长发育，反之，则带来不良影响。

5. 正常儿童体格生长发育常用哪些指标衡量？

(1)身高的增长：出生时身长50厘米左右；1～6个月平均每月增长2.5厘米；7～12个月平均每月增长1.2厘米；1岁时身长75厘米，约为出生时身长1.5倍；第二年身长增长速度减慢，年增长10厘米左右。2岁以后身高每年增长5～7厘米，可按下列公式计算：年龄×7厘米＋70厘米。

(2)体重的增长：出生时体重3.5千克左右，出生后最初几天稍有下降，10天左右可恢复到出生时体重，3个月时体重约等于出生时体重的2倍，12个月时婴儿体重约为出生时的3倍，2岁月时体重约为出生时的4倍。

正常体重计算公式

1～6 个月龄婴儿体重:出生时体重(千克)+月龄×0.7(千克)

7～12 个月龄婴儿体重:6(千克)+月龄×0.25(千克)

2 岁至青春期儿童体重:年龄×2(千克)+7(或 8 千克)。

(3)头围的增长:出生时头围 33～34 厘米,1 岁为 44～46 厘米,2 岁 46～48 厘米,10 岁 50～52 厘米。头围过小,多为小头畸形或小脑发育不全;头围过大,多是脑积水、佝偻病等均不正常。

(4)胸围的增长:出生时胸围 32 厘米,1 岁时 44～46 厘米,与头围相等。

6. 健康新生儿有哪些指标?

一般认为胎龄满 37～42 周出生的为正常新生儿,胎龄未满 37 周的新生儿为早产儿,胎龄超过 42 周的新生儿为过期产儿。小宝宝出生时体重至少在 2 500 克以上,低于 2 500 克属于未成熟儿。身长超过 46 厘米,头围男婴平均为 34 厘米,女婴为 33.6 厘米,颅骨已有相当硬度,可以隐约辨认颅缝,前囟斜径 2 厘米×2 厘米至 2.5 厘米×2.5 厘米,后囟已闭或尚开放。

健康新生儿皮肤红润,皮下脂肪丰富,毳毛比较稀少,头发粗细、稀密、浓淡各不相同,但是应清晰可见,分条清楚;耳壳软骨发育好、耳舟成形和直挺;四肢多保持在胎内的姿势,呈屈曲状,肌肉紧张度好,手柔软,手心略外旋,小腿略内旋,膝盖向外,指(趾)甲达到或超过指、趾端。男婴睾丸已下降,女婴的大阴唇覆盖小阴唇。

健康的新生儿反应灵敏,哭声响亮,能吃能睡。体温在 37℃～37.5℃,出生后数小时内排尿,24 小时内排出黑绿色黏稠胎便,2～4 日后转为棕黑色正常粪便。多数新生儿出生后第 2～3 天皮肤轻微发黄,若在出生后黄疸不退或加深为病态。

新生儿出生后有觅食、吸允、伸舌、吞咽及拥抱等反射。给小宝宝照射光可引起眼的反射。出生后3～7天听觉逐渐增强，听见响声可引起眨眼等动作。

7. 新生儿有哪些能力？

年轻的父母是否知道宝宝每天除了吃、睡、哭以外还有什么本事。科学家研究发现，新生儿具有视觉、听觉、触觉、味觉、嗅觉、模仿以及运动能力等，这些称为新生儿行为能力。这些与生俱来的能力，是新生儿探索世界，接受早期教育的基础和条件。

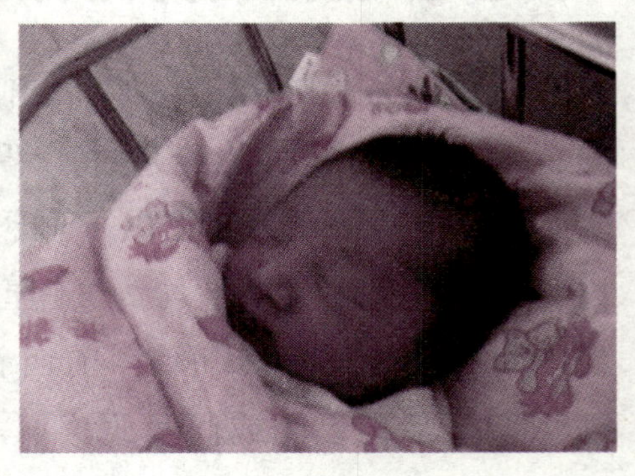

(1)视觉：正常新生儿在觉醒状态时能注视物体，并且能追随物体移动的方向，尤其对颜色鲜艳的物体，如红球和黑白对比大的物品，更容易表现出兴趣，可能这种图形对视网膜的刺激更大。但由于新生儿眼肌调节能力差，物体太远或太近时都看不清楚，当我们给小宝宝看或悬挂玩具时不要离小宝宝太近或太远，最佳视物距离约19厘米。例如，在小宝宝的头顶上挂上一个红色的气球，他就会用眼睛追随气球移动的方向，有时还会专注地注视着某一个物体。经常这样做，宝宝会很机敏。同时，新生儿对光也比较敏感，遇到强光刺激时就会闭眼。

(2)听觉：新生儿出生时听力发育就很好了，能区别不同的声音，知道声音发出的方向。如果在他们的耳边轻声呼唤，小家伙会把头转向发声的方向。可以准备一些带响声的玩具，经常在距宝宝耳边

15 厘米的地方摇动，让宝宝听声寻物。也可以放一些舒缓的音乐、和宝宝说话，这都是锻炼宝宝听力的好方法。

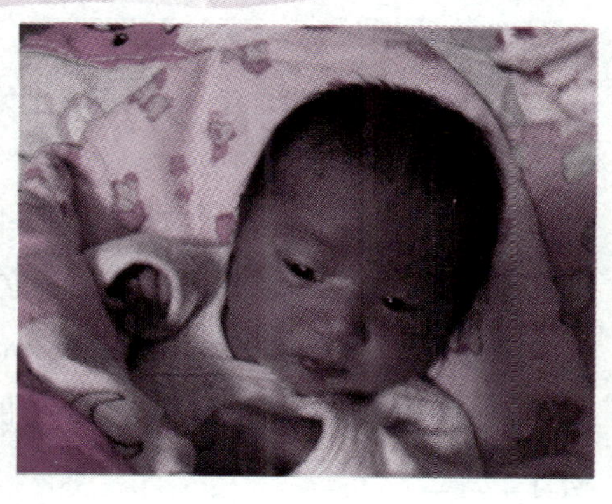

(3)味觉和嗅觉：新生儿出生时，味觉和嗅觉已经基本发育完善，能精细地辨别溶液的味道，对不同的味道会有不同的反应，大人想骗他们还真不容易。新生儿接触的第一种食物是略带甜味的母乳，因此小宝宝对于甜的东西是非常敏感的。如果给他们喂糖水，他们会欣然接受；如果把黄连素放入他们的口中，他们会做出咧嘴的样子，或者吐出表示抗拒。新生儿对母乳的香味比较敏感，哺乳时闻到奶香味就会把头扎到母亲怀里，去寻找母亲的乳头，而当闻到不愉快的气味时则转过头去。这些小家伙，甚至还能区分出自已的母亲与其他母亲的不同气味。因此，可以适当给小宝宝嗅一些有味道的东西，以利于小宝宝嗅觉的发展。

(4)皮肤感觉：新生儿的触觉很灵敏，尤其在眼、口周、手掌、足底等部位，触之即有反应，出现眨眼、张口、缩回手足等动作。出生后的新生儿身体喜欢紧贴着温暖的环境，因此在怀抱小宝宝时，他会紧贴在抱者的怀里。如果大人们把手放在哭着的宝宝腹部，或者轻轻握住他们的双手，常常可以使他们慢慢平静下来。宝宝的触觉需要靠妈妈的刻意培养，1～3 个月是培养宝宝触觉的最佳时期，抚触要按照头、胸、腹、四肢、背部的顺序进行，每日 2～3 次，时间从 5 分钟开始，渐增至 15 分钟。由于小宝宝骨骼发育未完全，妈妈抚触宝宝的动作一定要轻柔。

8. 新生儿的运动发育如何？

新生儿的运动多属无意识和不协调的。接近满月的小宝宝被抱起时，头部可维持极短时间的直立位，如果把他直立抱起，使他的小脚与床面接触时，他就会把一条小腿伸直，另一条小腿抬起。当大人把手指或者玩具放入他的手掌心时，他们会抓得紧紧的，绝不肯轻易松手。

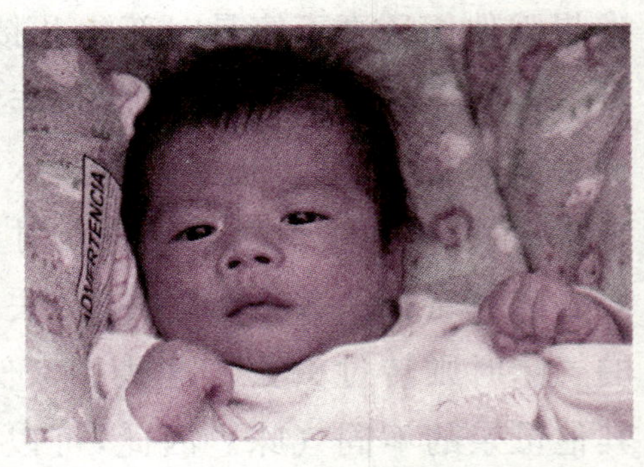

新生儿出生后就具有与环境互动、与成人互动的能力和模仿能力。他们会追随大人说话或者微笑着的脸，会用哭叫的方式唤起大人们的注意，以使自己的要求得到满足。心理学家研究发现，宝宝呱呱坠地时他就能模仿成人的行为。只要反复做同一个动作，如张嘴、伸舌、生气、微笑、撅嘴等，宝宝就会蠕动小嘴，模仿大人的动作。模仿能力是促进爸爸妈妈和宝宝早期交往、发展良好关系的前提和条件。

9. 刚出生的新生儿有哪些动作不教自会？

新生儿出生时就具有一些先天性反射，如觅食反射。如用手指轻轻触一触小宝宝的面颊，正常情况下他们会反射性地把头转向被触及的一侧。如果触他们的口唇，他们会撅起小嘴，样子好似小鸟觅食，所以叫做觅食反射。

(1)拥抱反射：大人们可在小宝宝仰卧位时轻轻拉起他们的双

手，使他们的身体慢慢抬高，当肩部略微离开床面时突然松手，这时，正常的新生儿会出现两臂外展、伸直、继而内收并向胸前做屈曲类似于拥抱的动作，这是拥抱反射。这种检查动作要轻柔，千万别吓着小宝宝，更要注意别伤着他们。

(2)握持反射：这种反射做起来比较简单，大人们可把手指放入小宝宝的手掌中，他们会立即握住。

(3)交叉伸腿反射：大人们可用一只手按住小宝宝的一侧膝关节，另一只手划一下该侧的足底。这时，可见到他的对侧下肢上缩、伸直，然后内收，触及受刺激的下肢或与之交叉。

新生儿出生时就具有这些反射，一般在出生后 3～4 个月消失，这些不教自会的动作消失的早或迟，可反映脑或神经系统的病变。当神经系统有损伤或颅内出血时，这些反射就可能消失。而脑发育落后，或脊髓运动区有病变时，这些反射往往延迟消失。因此，大人们可以试着检查一下自己的小宝宝是否具有这些反射，这对早期发现一些疾病是有益的。

10. 婴儿的感知觉发育是怎样的？

婴儿是通过看、听、吃、触摸及接触各种各样的东西来体验和认识外界事物的。

(1)视感知：婴儿出生 2 个月内，颜色视觉有很大发展。2 个月时已能对某些不同的波长作出区分。3 个月时头眼协调好，眼的调节范围扩大，能看见 8 毫米大小的物体；3～4 个月时颜色视觉基本功能已接近成年人，对颜色的反应虽然和成人一样，但却表现出对某些颜色的偏爱，他们偏爱的颜色依次为红、黄、绿、橙、蓝等，这就是我们经常要用红色的玩具来逗引婴儿的依据。6 个月时目光跟随水平或垂直

方向移动的物体转动 180°，并能改变体位以协调视觉；9 个月时能较长时间地看 300～350 米内的人物活动，12 个月时对展示的图片有兴趣。

(2)听感知：婴儿时期，听感知在不断地精细化。2 个月时已能辨别不同人说话的声音及同一人不同情绪的语调；3 个月时就已能静静地躺在那儿倾听音乐，在听到声音后，把头转向声源；4 个月时不但头转向声响侧，而且眼睛也朝着发声方向看，6 个月时喜欢玩具发出的声音，对母亲的语音有反应，能模仿声音，8 个月时能把头转向一侧上方或下方发出的声音，能区别语音的意义；9～12 个月时能听懂几个字，如自己的名字或物品名称等。

(3)嗅觉和味觉：3～4 个月的婴儿能稳定地区别愉快和不愉快的气味。起初婴儿对特殊刺激性气味有类似轻微的受到惊吓的反应，以后渐渐地变为有目的地回避，表现为翻身或扭头等，说明对嗅觉变得更加敏锐。7～8 个月已开始分辨出芳香的刺激，这样灵敏的嗅觉可保护婴儿免受有害物质的伤害。在味觉方面，婴儿的发育也比较好，4～5 个月时对食物的任何改变都会表现出非常敏锐的反应，因此在添加辅食时，要保持相对的一致性，不要每天改变辅食品种，以致婴儿因害怕而拒食。

11. 婴儿的运动发育(大运动)是怎样的？

运动发育是视、听、感知及情感发育的综合反应。每个宝宝的身体运动都遵循从抬头、翻身、坐、爬、站、走、跑、跳的顺序出现，也就是俗话中说的“三翻、六坐、八爬”。最早是头部的动作，先会抬头，再会转头，以后开始翻身。2 个月时，俯卧位时，婴儿开始用前臂做支撑，把头抬高离床水平面 45°。从仰卧位拉起婴儿坐起时，其头部往后仰;若把他垂直抱起来,头部稍能挺直,并能随视线转动90°。3个月时,婴儿头部控制能力开始成熟,仰卧时能转动头部,寻找声源。头能随视线转动180°,在俯卧时能用上肢把上身支撑起来,且能抬头,在仰卧时也能把头抬起来。4个月时,头部控制渐趋成熟,抬头稳,并与身体成一条直线,坐位时能稳定地平视和灵活地向两边转动,观察四周。扶着腋下可以站片刻;仰卧时自己能将身体翻向一侧;在帮助下可以仰卧翻身。并尝试伸手向前玩耍。婴儿5个月被扶抱站立时已能用双脚受力,支撑部分身体的重量,背部及腹部肌肉的发展使他能保持直立的姿势。6个月时能靠双手支撑,稳坐片刻;7个月可以举起双手做一些活动,如伸手向前取物,也开始发展向前伸手保护性反应。8～9个月能坐稳,自由地运用双手,并向不同方向伸展,当身体向侧面倾斜失去平衡时,手会向旁伸出,保护自己不倒。9～12个月在坐位时能自由伸直及弯曲双脚,灵活地转成侧坐、盘膝坐或伸直腿坐等。

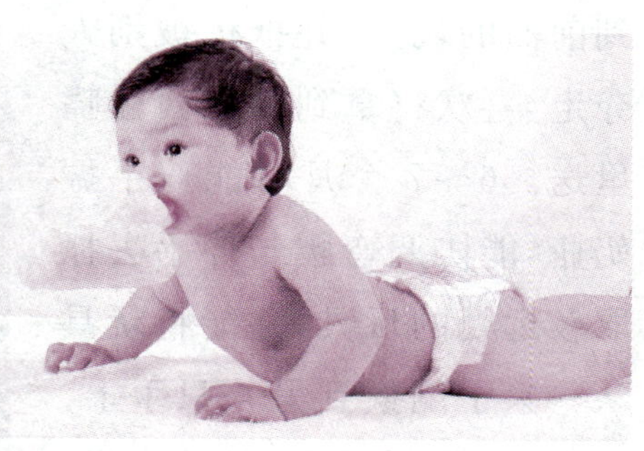

12. 婴儿精细运动的发育是怎样的?

细运动又称为小肌肉控制,是指有效地和准确地协调或调节手、眼运用的能力。

婴儿精细动作的发育主要表现为手的动作的发育。1个月以内的婴儿常常是双手握拳,手指很少张开。1～1.5个月时会把拳头放到嘴里。3个月时不再紧紧握拳,而是经常半张着手,当手碰到东西时会紧紧抓住,常在胸前玩手或捏弄玩具,看到东西时全身乱动,并

企图抓扒桌上或悬挂着的物体。4个月开始有目的地去抓东西，但因手眼协调不好，距离往往判断不准而拿不到。5～6个月时能伸手抓到前面的玩具，并抵抗被别人夺走，喜欢将拿到的东西往嘴里送。6～7个月时能双手握奶瓶，能协调弯腰与伸手去抓取较远处的玩具，并能将玩具从一只手倒换到另一只手上。8～9个月时开始能用拇指、食指夹取较小的东西，如纽扣，会从抽屉里取出玩具。出现偏用右手或左手的现象，能将手中的玩具随意放掉或扔下，并以此为乐。10～11个月时能将一个玩具放入另一个玩具中，会用两个手指捏起很小的东西，如药片等。12个月时会将一个东西放在另一个东西上，或用一个东西去推另一个东西，并开始学用匙，喜欢用蜡笔乱涂乱画。

13. 婴儿社会交往能力发育是怎样的？

儿童社会交往发育的第一步是对成年人态度和反应的认识。婴儿已能够分辨人的声音和容貌，对他人的高兴或发怒做出适当的反应。初生至1～2个月的婴儿，身体感到舒适，生理需求得到满足的情况下会表现开心的样子，如饥饿时喂奶作出反应，立即停止哭叫。3个月左右，开始对照顾者的笑容和亲切的声音做出微笑的反应。6～7个月的婴儿，开始对熟悉的人产生依恋，最初依恋的多为母亲，以后逐渐扩展到父亲和其他家人。对亲切和蔼的声音表示欢迎，愿意亲

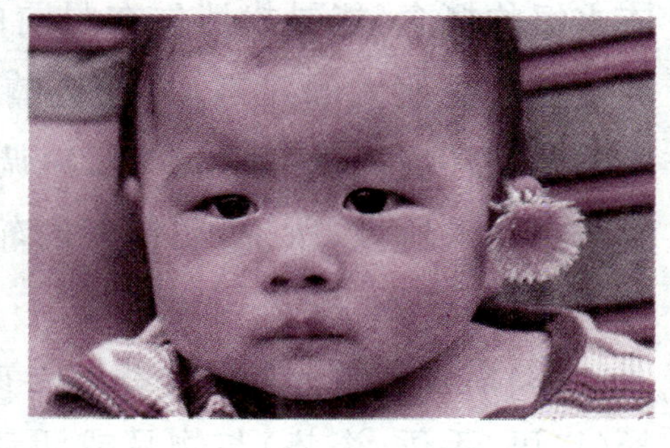

近并以微笑来回答。对严肃愤怒的声音会做出惶惶不安的表情，不愿亲近并立即避开，并以哭声来表示。7～8个月的婴儿对陌生人产生焦虑和害怕，只要照顾者出现，婴儿显得很兴奋和感到安全。若见不到这个人，婴儿便会不开心。尤其当陌生人主动地接触他时，他更会害怕得大哭起来。说明他能敏锐地辨认熟人和生人。9个月的婴儿喜欢受表扬，会为家人表演游戏，如听到喝彩称赞，就会重复原来的语言和动作，这是他能初次体验成功欢乐的表现。至1岁左右，与人相处的兴趣增加，喜欢模仿成年人的简单动作和游戏活动。

14. 婴儿的语言发育是怎样的？

婴儿时期是早期语言的发展阶段，包括语言前技能、语言理解和语言表达三个方面。

(1)语言前技能：是学习说话的基础，也是日后与他人说话时所必有的技能。这项技能包括：对声音的反应和辨别、模仿能力、发声能力，注意、轮流和等待，概念建立及对说话声调、节奏、情境的理解和正确的反应。0～2个月：发出与生理需求有关的声音如哭、打呵欠、咳嗽等，辨别人声。2～3个月：发出与生理需求无关的声音如咕咕声、高兴的声音，辨别成年人说话的语调。3～4个月：无意中能发出一些语音，先是元音（如a、o、e），然后有辅音（如n、g）。4～8个月：对成年人的逗乐声有愉快的反应，能发出一些重复的音节如da-da，也可以重复自己能发出的声音或能做的动作。8～10个月：开始有物

体永恒的概念，能寻找消失在眼前的物品。能模仿动作，也能以相似的声音模仿他人的发声，自己会喃喃自语并且有一些声调。这时期的婴儿在环境提示下（如手势、声调等）开始明白成年人的说话，而且能留意他人所做、所说，明白何时轮自己也学做和说。1 岁可以模仿新的语音，开始说第一个词汇。

（2）语言理解：这是指婴儿凭着经验和对事物的印象，将语言符号（口语、手语、姿势）与物品或活动联系的能力。婴儿时期到 6～10 个月，才能理解词汇，这时候开始对熟悉的人的称呼（如爸爸、妈妈等）有理解，听到时会做出反应。当婴儿在玩玩具或看电视时，成年人叫他的名字，他会停止活动或看电视，转过头来望着成年人。在游戏中当成年人要求他“给妈妈”，他会把物品交给妈妈。对“不”的指示有应答，如婴儿拿起地上的脏东西放入口中时，大人说“不可以”，他会立即放下。

（3）语言表达：婴儿时期的语言表达十分有限，一般 9 个月至 1 岁能使用一些十分简单的早期词汇，如看见狗说“汪汪”，通常是单音节或双音节，而词汇的内容是婴儿经常接触的人、事、物，这个时期词汇的数量非常有限。

15. 幼儿的语言发育是怎样的？

幼儿语言的发育是一个连续的、有规律的过程。婴幼儿学语言，先理解而后表达，先会发语音后会应用词和句。在词的理解和应用上，先名词后动词、形容词、介词等。

先学发音。例如，2～3 个月的婴儿，当大人“啊”、“哦”地和他说话时，就会咿呀学语，逗他时会大笑。进而是理解语言阶段，如 7～8 个月的婴儿，已能理解简单的语言，如问他灯在哪儿呢，婴儿就会指灯或看灯。常常听到1岁左右孩子的妈妈说："这孩子什么都懂就是不会说。"这是因为婴儿仍处于理解语言阶段。1岁以后说单字句如睡、吃、走等，能用手势、表情辅助语言来表达需要；15个月后可以说出自己的名字，1岁半时能讲单句，能用语言表达自己的要求，如吃饭；能以动物的声音来代替其名；会模仿自己听到的声音，如问：你几岁？他会鹦鹉式复述：几岁。1岁半～2岁，这个时期的幼儿开始知道"物各有名"，喜欢问其名称，字句迅速增加。2岁左右的幼儿语言进入一个蓬勃发展的时期，语言发育迅速，模仿性强，语言发育较完善，这时已会说3～4个字组成的词，知道常见物品的名称，很喜欢和成年人学说话。已能朗诵及唱歌，这时应重视语言训练及正确发音。2～2岁半时能说短句，会用代词你、我、他，开始接受"母语"所表现独特的语法习惯，如用感叹句来表示感情，用疑问句询问等。2岁半～3岁这个阶段会使用复杂句，喜欢提问。

16. 婴幼儿早期语言的健康评估指标是什么？

2个月：哭声分化，有应答性微笑，能发"咿"、"哑"、"呜"等单个元音。

3个月：自发"咕咕"声。

4个月：应答性发声。

5个月：发"ah-ge"、"ah-go"、"哑"音。

6～7个月：唇辅音加a或双元音，如"ma ba ai"。

8个月：能发"ma ma"、"ba ba"音，并能辨别问句与叙述句的语调。

10个月：会学成年人的发音。

12个月：叫"妈妈、爸爸"，会说一个字的音，如"拿"、"好"、"坏"

等。能听懂伴有手势的吩咐，如挥手再见。

15 个月：用手势表达需要，开始说没有语法，别人听不懂的话。

18 个月：能指出自己及亲人的眼、鼻、口、头、发、手、脚等。最少能指出碗、杯、匙 3 件中的 1 件。

21 个月：说出碗、鞋、袜 3 件中的 1 件。

2 岁：说“我的”、“我”，会说有主语及谓语的字句（电报式）。至少说出碗、鞋、袜、帽、剪刀、车六件中的三件。

2 岁半：懂“大”和“小”的含义，说出自己的姓名。

3 岁：懂得“里面”、“上边”、“旁边”等介词的意义，复读三位数。

17. 小儿说话迟有哪些原因？

如果一个 2 岁半的小儿目前只会叫爸爸、妈妈，家长就要重视起来，找找原因，孩子为什么说话迟？小儿的言语有一定的发育规律，一般在 1 岁至 1 岁半开始会叫人并说一些简单的词汇，2 岁时可以讲一些简单的短语，“吃饭”、“上班”等。但每个孩子开口说话的时间并不完全一样，有的早一些，不到 1 岁就开口了，有的晚到 2 岁以后才开口。正常情况下，一般有 4～6 个月的差异，如果超过这个时限，就要考虑言语发育迟缓。

孩子言语发育迟缓有环境和病理的因素。

(1)环境因素：家庭中用多种方言与小孩说话，如孩子的父亲说普通话、母亲说上海话、奶奶说宁波话、保姆说四川话，那么这个孩子学说话时就会感到无所适从。解决办法是等到孩子掌握了一种语言再引进第二种语言。家长与孩子交流过少，有些家长忙于自己的事或是自己少言寡语，忽视与孩子的言语交流，使孩子一生下来就生活在很寂静的环境中，没有机会与大人说话，说话也会延迟。还有父母

在教养方法上有问题，对孩子要求过严，造成心理压力；家庭气氛紧张；精神受过刺激，不愿开口。

(2)病理因素：一些疾病，如智能发育落后、脑性瘫痪、听力障碍、婴儿孤独症、中枢神经系统受损或功能失调等，可导致说话延迟，同时也存在其他相应的异常表现。轻度智能发育落后的小儿，开始说话的年龄要比正常迟1～3年。另外，有的小儿在学走路阶段(从扶走到独走)，言语的发育可能暂时性延迟，会走路后言语会很快发展起来。

不管是什么原因导致的迟缓，在面对语言发育迟缓的宝宝时，我们有必要重申宝宝的学习特点：具体化及操作性；多重感官的接受方式；重复策略；立即性。除把握上述原则外，更要注意把步骤变少，时间拉长，一步步地引导，并以孩子现有能力为基础，逐渐提升。

18. 幼儿的感知觉发育是怎样的？

在视感知方面，12～18个月的幼儿能区别各种形状，对展示的图片有兴趣。18～24个月时两眼调节作用好，视力为0.5。2岁后的幼儿，两眼辐辏调节较好，能够注视小物体及图画达50秒钟，并能区别垂直线与水平线，目光跟随落地物体而转移。在听感知方面，18个月的幼儿开始粗略地区别高度不同的声音如犬吠声与汽车喇叭声，2岁时，对声音的区别更为精细，这是语言发展的基本条件之一。

19. 幼儿的运动发育(大运动)是怎样的？

小儿动作与小儿神经系统发育成熟程度有直接关系，同时也与教育有关。在一般情况下，小儿长到1岁时，被人拉着手能行走，自己

扶墙或栏杆也能行走。由于这个阶段的幼儿平衡能力尚未完全成熟，步行时双手会紧张地向两旁张开，并且很容易跌倒。大约到 15 个月后，幼儿能稳妥掌握转换身体姿势，因此他能站稳，然后蹲下拾物品及站起身，而且能比较安全地四处行走，跌倒的机会也在减少。1 岁半时行走自如，会爬台阶。2 岁时会快跑，上下台阶时单步迈进，一步一停。2 岁半时会两脚交替上、下台阶或楼梯，用一只脚会独立片刻。此时能坐在三轮车上，把双脚放在三轮车脚踏上，在成年人推动下，双脚能保持在脚踏板上。站立时，弯腰向前，双手将有弹性的球放在胸前掷出。

20. 幼儿精细动作的发育是怎样的？

幼儿的精细运动主要通过一系列的手部活动反映出来，在日常生活中可以从幼儿对玩具的操作、插棍游戏、拼图板、搭积木、穿珠子、用笔等游戏活动中进行观察。

1 岁要东西时会用手指，一只手会拿两块小物品，用蜡笔在纸上乱涂，会用勺吃食物，能认出图画书上的小动物，能几页几页地翻书。12～15 个月，能把东西往上扔，替他捡起来后，再继续扔。15 个月，可

将2块或3块积木搭成一个"塔",不跌倒。18个月,可搭3～4块积木的"塔"。会拉脱手套、袜子。2岁,会搭6或7块的"塔",模仿搭"火车",但没有"烟囱"。能握杯喝水,用筷子进餐,一页一页地翻书,用匙姿势正确,会转动门把,旋转圆盖子。穿鞋、袜子和裤子。2岁半时,会搭8块积木的塔,模仿搭"火车",可将"烟囱"搭出。会将铅笔握在手中,会模仿画直线和圆圈。3岁时会叠10块积木,在别人帮助下会穿衣服,喜欢玩玩具中的精细操作,能临摹圆形。

21. 幼儿的社会交往能力发育是怎样的?

1～1岁半的幼儿在成人的要求下,可把物品给予他人。例如,在喝完奶后,妈妈伸手说:"把奶瓶给我,"幼儿会把奶瓶递给妈妈。在吃食物时,有时会递给妈妈吃一口,然后马上放回自己口中,过一会儿再递给妈妈,表示主动与成年人在游戏形式下分享。

1岁半～2岁的幼儿与年龄相仿的幼儿同在一个地方玩耍,各自玩手上的玩具,互不干扰,有时会观察一下别人。在成年人的提示下,用动作来安慰"受伤"或不高兴的同伴,如伸手拍拍或亲吻同伴。对别人的情绪有回答,如看见成年人高兴,尽管不明白原因,但会跟成年人一起笑,甚至笑得更厉害;当发现成年人忧愁时,幼儿会注视成年人的脸,静静坐在一旁不做声;当成年人发怒时,幼儿会停止活动,远离成年人,甚至大哭。2～2岁半的幼儿在成年人的口头指示下,懂得轮流的规则。例如,在公园里,看见其他幼儿在玩秋千,他吵着也要玩。当成年人教他排从等候,幼儿会乖乖地在旁轮候。

1～1岁半的幼儿能根据玩具的特性来玩。例如,会弹玩具琴、按电话铃、拍打小鼓或拉小车,自己能独自玩10分钟左右的时间。听到音乐时,会摆动小身体,学跳舞的样子。会推小车子在家中到处走

动，能按两种玩具的特性而组合起来玩，如把茶壶水倒入茶杯，把积木放在盒里，把娃娃放在小推车上，此时的幼儿很好动，喜欢在沙发上蹦跳，又爱到处爬高。1岁半～2岁的幼儿还是独自玩耍，但能与成年人玩简单的轮流游戏，如与成年人推球玩。自己还随意握着笔在墙上、桌上或纸上画线画圈。会模仿成年人扫地、抹桌子或丢垃圾。会把玩具、杂物放在手推车上，到处推动。还有一些想象，如把布娃娃放在身上，说是带娃娃去街上，并与娃娃对话。2～2岁半的幼儿能将一件物品想象为其他物品，如把小椅子比作车，木棒当做枪。这时的幼儿还会使用衣物把自己扮演成妈妈、警察或其他角色。2岁半～3岁的幼儿会用剪刀做小手工，骑着三轮车到处走，扮演父母、家人、老师、医生、司机等多种角色。

22. 幼儿的情绪发育是怎样的？

2岁左右的幼儿渐渐变为主动的幼儿。但由于能力的发展还没有完全成熟，因此在成长中常常会遇到很多挫败，于是在基本的情绪反应中会产生沮丧和愤怒。2岁的幼儿常把沮丧的感觉和愤怒的感觉混在一起，然后不能自我控制地发泄出来，经常表现为发脾气和攻击人。很多时候，这种发脾气的目的是为了得到别人的注意和重新对环境的控制。另外，2岁左右的幼儿不再只流露出高兴、伤心、愤怒的感觉，他开始在意其他人的反应和判断，这种警觉使幼儿出现自觉和自省的情绪，如洋洋得意、内疚、羞愧和自豪等感觉。

23. 幼儿的日常生活技能发育是怎样的？

在进食技能上，1～1 岁半的幼儿能闭住嘴唇，固定吸管啜饮，能将匙中的食物送进口中，会吃香蕉、面包、瓜果和肉类。1 岁半～2 岁的幼儿自己拿着杯子，在喝水时下唇紧贴杯子边，舌头保持在口中，颌部只有轻微动作，因此喝水时不会弄洒在外面。会用手指或拇、食、中三个手指握匙自行舀饭，会剥去一些包装简单的糖纸。能咀嚼软的固体食物，进食时用门牙或磨牙咬食物，颌部上、下、左右回旋转动咀嚼食物。2～3 岁的幼儿会用双手捧碗，能自己揭开水壶盖，双唇紧贴饮管饮水。还会用筷子扒食物送入口中。所吃的食物质地已比较硬，会吃菜茎、鸡肉等。1 岁半～2 岁的幼儿，尿道与直肠的神经及肌肉发育较健全，可以感到有便意，排尿及排便的时间开始有规律。2 岁以后，大多数幼儿已有坐厕的习惯，并会自己拉上裤子，男孩懂得站着排尿。2 岁的幼儿能拉脱袜子和手套，会脱掉短裤和长裤，也能在鞋子或鞋扣已解开的情况下用手推鞋跟将鞋子脱掉。3 岁的幼儿能穿袜子，能穿上已解开带的鞋子，会解开鞋带、穿上短裤和长裤，脱下外套和衬衫，解开和扣上大的纽扣，能戴上帽子。

1～2 岁的幼儿能将垃圾放进垃圾桶内，模仿成年人做简单家务，如用扫帚扫地，用布抹地和桌子。2～3 岁幼儿会把玩具放回玩具箱里，将鞋子放在鞋架上等一些简单地收拾和整理活动；当家里电话铃响时，幼儿会拿起听筒，但不能回答和交谈；这个年龄的幼儿还会自己搬椅子攀高，自行开关电灯。

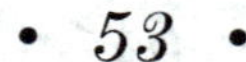

24. 婴儿口腔有什么特点？

新生儿口腔小，舌体短宽，两颊有厚厚的脂肪垫，齿槽上有堤状隆起，咀嚼肌发育良好。这种解剖结构适合哺母乳。新生儿唾液腺发育不好，唾液分泌少，口腔黏膜干燥，加之口腔黏膜柔嫩，血管丰富，容易发生黏膜损伤。3～6 个月时，唾液分泌明显增多，婴儿口腔容量小，又不会及时下咽，唾液常从口角流出，这种现象叫生理性流涎。此时唾液中淀粉酶分泌增多，所以 4 个月时可以添加淀粉类食物。

25. 儿童牙齿发育的规律如何？

牙齿发育从牙胚出现开始，经过各种组织的形成、钙化，直至牙尖完全闭合，有一个连续的成熟过程。乳牙的钙化始于胚胎 3 个月而在 3 岁时完成；新生儿期恒牙开始骨化，18～24 个月龄第三恒臼齿已骨化。小儿乳牙一般多于 7～8 个月龄时开始萌出，也可早于 4 个月时萌出，迟至 10 个月萌出。若 12 个月后未出牙为乳牙萌出延迟，视为异常，应查明原因。乳牙共 20 颗，最迟 2 岁半出齐，若 2 岁半乳牙仍未出齐也属异常。2 岁以内乳牙数目＝月龄－6。

出牙顺序一般为下颌先于上颌、自前向后萌出，1 岁时出 6～8 颗，1 岁半时出 12～14 颗，约于 2 岁半时乳牙出齐。6～7 岁时开始换牙，乳牙逐渐脱落，又生出恒牙来，恒牙共 32 只。

26. 小儿萌牙时应注意什么?

“宝宝长牙了”,这是令年轻父母们高兴一阵子的事情,这大概也算得上是孩子生长中的第一座“里程碑”吧。然而,年轻的爸爸妈妈可知道,在宝宝出牙时要注意什么呢?出牙为生理现象,一般不伴随任何症状,在大多数情况下是不知不觉地自然萌出。但部分宝宝在这生理过程中伴有局部发红、痒痒、流口水、低热、睡眠不安、烦躁等现象,一般不必处理。在宝宝4个月左右时可以给他一些饼干、干馒头片之类食物咀嚼,有利于牙齿生长。在乳牙萌出的时候,宝宝常喜欢咬玩具等硬物,这时要多加小心看护,以免因乱咬硬物等锐器而损伤牙龈黏膜。另外,在萌牙时期,要注意宝宝的营养,长牙需要与骨骼发育有关的蛋白质、钙、磷、氟、维生素C、维生素D等,这时期要注意饮食中钙的不断补充,同时一定要注意加维生素D。牙齿生长异常可见于外胚层生长不良、甲状腺功能低下等疾病。

27. 为什么牙齿萌出有迟有早?

牙齿萌出有迟有早,除了个体差异外,还受到地区、环境、种族、遗传、饮食成分等若干方面的影响。婴儿生后不久就长牙,叫乳牙过早萌出。到1岁左右还未长一颗牙,就要重视检查。若有牙胚存在,应想到是否患有佝偻病或甲状腺素分泌缺乏。前者由于缺少维生素D和钙等使牙胚发育迟缓,到1岁以后才长第一颗牙;后者由于内分泌失调妨碍了牙胚的形成。全身发育成熟过早,恒牙可以较早萌出,乳牙有慢性炎症也可妨碍恒牙萌出。乳前牙的早期丧失会使局部牙龈因咀嚼而增生肥厚,阻碍恒牙的萌出。个别恒牙过晚萌出,也可能

是乳牙丧失后间隙狭窄引起。全口恒牙的晚出则与全身因素如疾病、营养等有关。

28. 如何预防宝宝的牙列不齐?

牙列不齐的形成原因是颌骨在发育过程中因种种因素的作用而导致颌骨畸形,进而形成牙列不齐。预防牙列不齐的有效方法,就是在避免种种不利因素的同时,应从孩子乳牙萌出开始就注意采取一些方法促进颌骨发育。促进颌骨发育的方法多而简便,一个行之有效并且很简单的方法就是让磨牙有更多的机会得到锻炼。在宝宝乳磨牙萌出后,经常给他们吃一些粗硬的食物,如面包干,到了换牙期可以给孩子吃些甘蔗、五香豆等。当然要注意安全,不要吃变质的食品,如霉变花生等,以免得不偿失,造成其他的不良后果。

由于当今社会人类的饮食正向精细方面发展,使得颌骨缺乏应有的刺激,很易导致颌骨发育不良,进而形成牙列不齐等。所以,吃这些粗制食品很有必要。不过,吃时一定要注意用两侧磨牙一起咀嚼,否则一侧锻炼过多,另一侧锻炼过少,也会造成颌骨因受刺激不均而致颌骨畸形和牙列不齐,并且由于偏侧咀嚼会导致面部的不对称发育。粗硬的食物一次不宜多吃,可以每天定时定量吃一些,家长还应进行指导,以免形成不良习惯。

29. 2个月的婴儿生长发育有哪些特点?

2个月的宝宝体重每周增加180～200克,身高1个月内增长3～3.5厘米。俯卧时可抬头片刻,垂直位时抬起头来,但不平衡,头转动自如。宝宝的视力比较集中,能随着视野内的物体移动,能把头转向

有声音的方向。2个半月时，在正常情况下会经常对人微笑，并且明显地表示高兴和不高兴，看见大人或大人用玩具逗引他时，能欢快地笑，不高兴时会大哭起来，发出咿呀咿呀的喉音，能拿住放在手里的东西，会吸吮拇指。

30. 3个月的婴儿生长发育有哪些特点？

3个月的宝宝身高全月可增加2.5厘米，体重的增长速度和2个月时相同。俯卧位时，宝宝的头可以自由抬起，并能用手支起上半身，可由仰卧位转为侧卧位。3个半月到4个月时，手能抓住摸到的东西（衣服、头发、脸），视线能从一个物体转到另一个物体，开始区别一些物体和现象，追随活动的人和物。能认识自己的妈妈。听到优美的音乐和成年人的谈话声时很高兴，能向有声音的方向寻找，并能注意地听。当他吃饱、睡好、身上感到舒服时，会发出啊——啊、依——依、呵——呵的声音，逗他玩时能笑出声音。

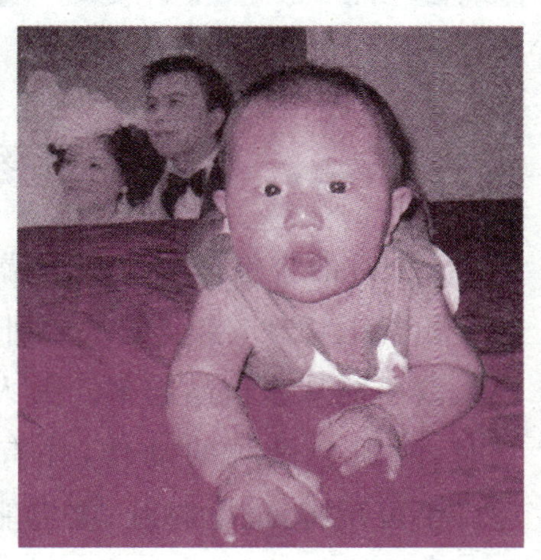

31. 4个月的婴儿生长发育有哪些特点？

4个月的宝宝体重每月可增加150～180克，身高可增加2厘米。由成人扶着髋部能坐稳，俯卧时宝宝上身可完全抬起，与床垂直；可用双手扶住奶瓶喝奶，能较长时间地玩弄挂在胸前的玩具，玩自己的

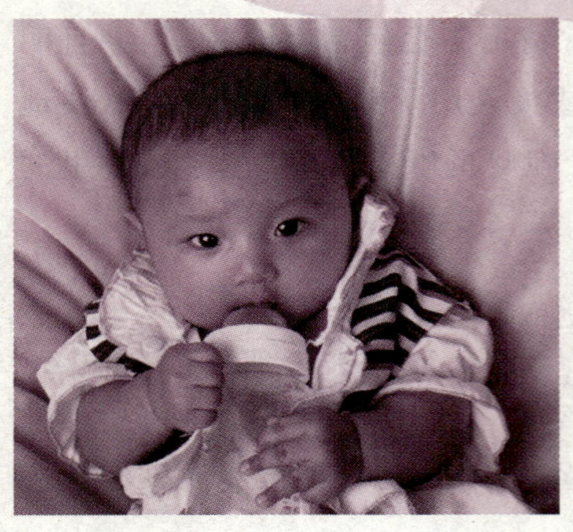

手和衣服；腿能抬高踢去衣被及踢吊起的玩具。4 个半月到 5 个月时，能从成年人手中拿玩具，能用眼睛寻找玩具、能摇动发响的玩具，抓面前的物件。对周围事物开始注意，喜欢听音乐，头能转向声源，牙牙学语，用声音回答大人的逗引；见食物表示喜悦，有意识的哭和笑。

32. 6 个月的婴儿生长发育有哪些特点？

6 个月的宝宝体重每周可增加 150～180 克，身高可增加 2 厘米，并开始长上切牙，宝宝能从俯卧位翻到仰卧位，能独坐一会儿，握住成人双手能从坐位站起来。大人扶着站立时，两腿会做跳的动作，并有爬的愿望。手可玩脚，能吃脚趾；宝宝能学会自如地去拿身边的玩具，会换手玩，会用一物敲打另一物，能对不同的声音表示不同的反应，能区别亲近人的声音，对亲切温和的语言表示微笑，若对他大声斥责能表现恐惧。照镜子时会笑，用手摸镜中人；对周围环境的兴趣明显提高，能注视周围更多的人和物，会寻找当着他的面藏起来的东西，喜欢常接近的人，开始认生。会自己拿饼干吃，会咀嚼。

33. 9 个月的婴儿生长发育有哪些特点?

9 个月的宝宝体重每周可增加 90～120 克,身高增加 1 厘米。乳牙已有 4～6 个萌出。宝宝试着独站,抓住栏杆能站起来,并能从站立姿势坐下,从坐位躺下和卧位坐起,能灵活地爬行。会用食指和拇指捏起细小的东西,知道寻找掉在地上的东西。嘴里不停地发出声音,能听懂几个较复杂的词句,如"再见"等。听到禁止的声音便停止运动。看见熟人会把手伸出来要人抱,喜欢和成年人"藏猫儿"。

34. 12 个月的婴儿生长发育有哪些特点?

满 1 岁的宝宝体重可达 9 千克,身高增加为出生时的 50%。前囟缩小,乳牙已有 6～8 个萌出。宝宝开始学会独立行走,会弯腰拾东西,自己坐下,会将圆圈套在木棍上。会用杯子喝水,穿衣时能与家长合作。能执行简单任务,如让他把玩具拿来,他会拿来。对人和物有爱憎的表示;会用个别单词表达要求,如想出去时说"外",要东西时会说"拿",会明确地叫妈妈、爸爸等常用的 10 个左右的词。

35. 18 个月的幼儿生长发育有哪些特点?

1 岁半幼儿的体重可达 10～11 千克,身高可达 80 厘米左右,乳牙可萌出 12～14 个,囟门闭合。宝宝逐渐学会了独立行走,不用扶能蹲、能坐,能扶着栏杆爬台阶,能试着踢球、滚球,有目标地扔皮球,能说出自己的名字,能认识和指出身体的各部分。会搬运东西走,能绕过小障碍物走。会表示大小便,懂命令,会自己进食。

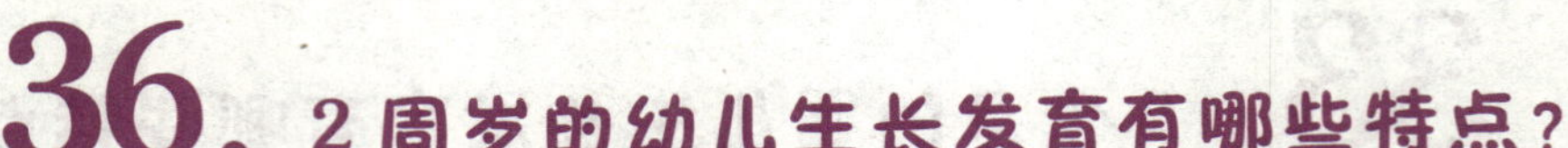

36. 2周岁的幼儿生长发育有哪些特点？

2周岁宝宝的体重可达12千克，身高可增至85厘米，萌出乳牙18～20个。宝宝可自己迈上小滑梯然后滑下，能迈过20厘米高的绳子，会迈门槛，会低头钻进矮门，能双脚跳，手的动作更准确，会用勺子吃饭。会说2～3个字构成的句子，能完成简单的动作，如拾起地上的物品，搬运小凳子。能表达喜、怒、怕，懂简单的歌谣。会握笔在纸上随意画，会穿木珠，能搭4～8块积木。

37. 2岁半的幼儿生长发育有哪些特点？

这个年龄的宝宝，身长、体重均处于衡速生长阶段，但身长增长的速度相对高于体重增长的速度，即使原来是胖乎乎的孩子，到了现在也开始“苗条”起来。体重平均为13千克，身高可增至88厘米。能自由地行走，跑、跳、攀登台阶等，能够比较灵活地运用物体，如握笔、搭积木、自己拿勺子吃饭，甚至学会了使用筷子等。

这阶段的宝宝进入了口语发展的最佳阶段，说话的积极性很高，爱提问，学话快，语言能力迅速发展，可以用语言与人交往。

38. 3周岁的幼儿生长发育有哪些特点？

3岁幼儿的体重可达14千克，身高可增至90厘米。可整天蹦蹦跳跳，活泼、灵巧、说话流利。此时宝宝能跑，能从高处向下跳，可踮着脚尖走几步。会双脚交替上下楼梯，能迈过不太高的障碍物，会骑儿童三轮车，会洗手、洗脸、脱穿衣服，能用纸折长方形，三角形，用积

木搭简单的形状，会画横竖线和圆圈，能认识画上的东西，表现自尊心、同情心、怕羞，会做模仿操。

另一个特点是脚掌心明显内凹。在此之前，宝宝的脚掌心不明显，被称为生理性平足底。3 岁以后，那些连接小骨的韧带和肌肉等发达起来以后，长时间走路时脚就不会感到累和痛了。

39. 怎样算是一个健康的儿童？

每个做父母的都不惜一切代价使自己的宝宝能健康成长。但宝宝怎样才算健康呢？一般人认为，只要宝宝体重增长快，长得高，少生病就是健康。其实这种认识不完全，只注意到生长，而忽略了发育。所谓发育，就是指小儿神经、精神的发展，包括动作发育、语言发育、认识能力的发育，以及与成人和小朋友相处关系良好、有良好的文化修养和卫生习惯等。

1985 年世界卫生组织（WHO）提出健康不只限于生理上没有疾病，而是生理、心理及社会适应性各方面达到完美。

一个健康儿童，应达到以下几条标准：

一是身体形态发育 包括体重、身长符合相应年龄标准，或略高于年龄水平，身体各种器官发育正常、功能正常。

二是运动动作发展 包括头、颈、胸、背、四肢的发育和动作发展均达到年龄正常标准。

三是儿童智力发展水平 一般通过观察日常生活中儿童的反应是机敏、灵活，还是迟钝或不起反应，从而判定其智力情况。心理学上有智力测验或智商检查，到儿童期韦克斯勒的智力测验分数在 90 分以上，则为正常水平。

四是适应环境能力 儿童能够在现实生活环境中正常生活，没有困难。

现以2岁半的幼儿为例说明健康的标准。

(1)成长方面:根据1985年全国儿童生长发育调查标准,2岁半的男孩身高平均值为91.3厘米,标准差为2.6;体重平均值为12.96千克,标准差为1.3。身长、体重在平均值加减两个标准差范围之内的均属正常。

(2)发育方面

①动作发育。2岁半小儿可以自由地跑、跳、踢球,弯腰捡东西不跌跤,能玩各种玩具,能拿匙准确地吃饭,能拿笔“画画”,学会用小毛巾擦脸,穿袜、穿鞋,但不知反正。这是人开始使用工具的年龄。

②语言发育。此时期是语言发育的关键时期。能基本掌握语言,用4~5个词组织一句话,表达自己意思,能唱几支儿歌、背小诗,可数1~20个数,重复故事的简单内容。

(3)认识能力:2岁半的孩子已经逐步懂得什么是对,什么是不对,什么是好,什么是不好,愿意听故事,看“看画识字”,玩积木、铲土、折纸等。已有自尊心。当其有微小进步受到表扬时,会很高兴。

(4)相互关系:喜欢与人交往,尤其是喜欢与小朋友交往,互相谦让,互换玩具。

(5)生活习惯:已养成良好的睡眠习惯,睡前不用拍、无须唱催眠曲,要培养睡醒立即起床、醒后不啼哭的习惯。已能自食,不用人喂可吃好。排便习惯已养成:自己能上厕所,不尿湿裤子,夜里不尿床。

(6)整洁习惯:自己能洗手、擦手,饭前、便后洗手习惯已养成。

(7)有爱劳动的习惯:擦桌椅、洗手帕等简单劳动习惯已养成。

三、婴幼儿科学营养和喂养

1. 什么叫营养？人体需要哪些营养素？

人体为了维持生命活动的需要，从食物中摄取、吸收、利用营养物质的过程，就称营养。

营养素是维持身体健康，使生理功能正常运作所必需的物质，人体所需要的营养素主要有蛋白质、脂肪、糖类、无机盐、维生素和水，只有全面、充足的营养素供给，才能保证拥有健康的身体。

2. 婴幼儿营养需求有何特点？

小儿生长发育的规律是年龄越小，生长发育越快，需要的营养物质越多。他们既要从食物中得到修补身体组织的原料，还要得到生长发育的原料。因此，小儿所需要的营养量相对要比成年人多。以蛋白质为例，成年人每日每千克体重需要1克，而小儿每日每千克体重则需要2.5克；又如钙，小儿每日需要1克，而成年人只需要0.8克。

婴幼儿新陈代谢比成年人旺盛，需要的热能也相对比成年人多，如呼吸，成年人每分钟呼吸15～16次，而小儿每分钟要呼吸30次左右；心脏跳动，成年人每分钟75次左右，而婴幼儿为120次左右。1岁时对各种维生素的需要量是成年人量的一半，到10岁时就基本上等于成年人的需要量。维生素的种类很多，存在于各种食物中。所以，孩子的饮食一定要做到多样化。

3. 怎样评价婴幼儿健康状况？

对小儿健康的评价，一般可从以下几方面衡量：

(1)体格发育是否符合年龄标准的要求,包括身高、体重、胸围、出牙顺序、皮下脂肪、皮肤等。

(2)智力发育情况,2～3 岁小儿已能说简单句子,模仿唱歌,会搭积木、折叠纸张等。

(3)动作发育是否按正常时间出现,坐、爬、站、走、跪,并能做一些精细的动作和一些日常的自我服务劳动。

(4)精神状态是否愉快、活泼、天真;有无偏食,食欲正常与否;适应环境的能力是否强;是否很少有病。

(5)生理指标是否正常,如血压、血红蛋白、心率等。

总之,评价婴幼儿是否健康,必须从身心发育两个方面来衡量,不能单从高矮、胖瘦来衡量。

4. 为什么说早期营养会影响婴儿终身健康?

以前婴儿营养的重点是强调满足营养需求,预防营养素缺乏。近年来由于认识到早期的营养对于婴儿终身的健康都具有影响,由此引出一个更广泛的概念——“营养规划”。英国 Alan Lucas 教授运用营养干预的药物试验模式,通过 25 个随机试验(有些随访研究到成人期),显示了婴儿期的营养状况不仅对其今后的血压、脂肪代谢、胰岛素抵抗有极大影响,还对其认知能力、骨骼健康和特应性有重要影响。研究显示,早期较慢的生长和母乳喂养,是降低成年后心血管疾病危险因素的重要原因;早期快速的生长发育,对于脑部发育有益。母乳喂养对于心血管疾病的初级预防、促进认知发育等具有重要影响。

因此,为了保证小儿身体健康发育,除必须供给足够的营养素外,还应采取科学、合理的喂养方法,保证营养均衡。

5. 营养不良对婴幼儿智力发育有什么影响？

营养是脑发育的物质条件，而脑又是智力发育的物质基础。脑发育的最快时期一是在胎儿期，再就是2岁左右。脑的重量出生时约390克，1岁左右约925克，到了3岁达1 100克，为成年人脑重量的2/3。这一时期脑发育是很迅速的，为日后的智力活动、记忆、行为的发展打下基础。而这一时期的营养状况又是构筑一个完好健全的脑的保证。

生长中的脑对营养特别敏感，在脑发育最快的关键时期，如果营养不良，将影响脑的体积和化学组成，使脑的重量减轻，磷脂减少，会影响甚至造成脑的发育障碍。表现为想象力、知觉、语言和动作能力落后，智力低下。1岁左右的孩子因营养不良而患贫血，会造成智力迟钝，并终身难以弥补。

另外，一些微量元素如锌和铜，对脑的发育也有很大的作用。因此，务必保证小儿大脑发育所必需的糖类、蛋白质以及含锌和铜的食物的供应，重视小儿的饮食营养，这样不仅使小儿体格健壮，智力也得到高度的发展，因此既健康又聪明。

6. 为什么说母乳喂养好？

母乳喂养对于小婴儿来说有着任何食物都不可替代的优点，母乳有着完全的营养素，也就是说母乳能够满足出生最初4～6个月婴儿生长发育所需的全部营养素。其中的蛋白质、脂肪和糖类等物质之间有着合适的比例和相对稳定的浓度以及最好的吸收率。

（1）母乳能供给婴儿全部的营养：母乳喂养，对出生最初4～6个月

的婴儿来说，是最理想的营养品。母乳含有婴儿所需要的全部营养素，而且搭配合理。只要母婴身体状况许可，就应尽可能实行母乳喂养。

①母乳中的钙、磷比例适宜，吸收、利用率高，有利于婴儿牙齿和骨骼的发育。

②母乳中的蛋白质和脂肪颗粒小，容易被消化。

③母乳中所含的乳糖比其他乳类多。

④因直接喂哺，不需加热，故母乳中的维生素 C 和维生素 B_1 等营养素不会被破坏，优于喂其他需加热消毒的乳类。

⑤母乳中所含水分可满足婴儿的需要，喂母乳解饥还能解渴。

(2)母乳含有抗体，可增强婴儿的抗病能力

①特别是初乳(产后 4～5 天的乳汁)，含有较多蛋白质(主要是免疫球蛋白)，使新生儿有了抵抗病菌侵袭的“盾牌”。因此，发生肺炎、腹泻等疾病的危险相应减少。初乳中还含有抑制细菌繁殖的溶菌酶，也对新生儿起着保护作用。传统观念认为初乳不是真正的乳汁，不宜喂新生儿，应该挤掉，是毫无道理的。

②健康的母亲所分泌的乳汁干净无菌，且喂哺简便，不会受环境中病菌的污染。

③母乳喂养的婴儿不易患过敏性疾病，如婴儿湿疹。

(3)母乳的成分更有利于脑的发育

①母乳含有丰富的牛黄酸，牛黄酸是促使脑细胞发育的重要物质。

②母乳含有较多的乳糖，脑细胞需要利用乳糖所提供的热能，母乳喂养，能提供较多的热能。

(4)母乳喂养可给予婴儿更多的母爱：婴儿与母亲肌肤相贴、目光交流，会倍感温暖、舒适、安全。婴儿情绪好，是心理正常发展的条件。

(5)母乳喂养对母亲也有益

①婴儿吸吮乳汁，可促使母亲子宫收缩，有利于子宫复原，减少产后出血。

②哺乳的母亲，日后患乳腺癌的几率较未哺乳的母亲低。

③哺乳是只有母亲才能享受的天伦之乐。

④哺乳可消耗母体多余的脂肪，有利于产后体形的健美。

7. 如何正确哺乳？

正确的哺乳姿势可刺激宝宝的口腔动力，有利于吸吮。正确的喂哺技巧包括如何唤起宝宝的最佳进奶状态，如喂哺前让宝宝用鼻推压或舔妈妈的乳房，哺乳时宝宝的气味、身体的接触都可刺激乳母的射乳反射，待哺乳的宝宝应该是清醒状态、有饥饿感、已经更换干净的尿布。

每次哺乳先让宝宝的唇触及乳头，诱发觅食反射，使宝宝的嘴张得足够大，含住乳头和大部分乳晕。当宝宝嘴张大，舌向下的瞬间，即将宝宝靠向母亲，使其能大口地把乳晕也吸入口内，吸吮时宝宝两颊向外鼓起，嘴唇凸起，两侧乳房应交替哺乳，以免两侧乳房不对称，影响将来的美观。

对于乳头凹陷或较短者，应避免在口腔负压下拉出乳头，以防止引起乳头疼痛和损伤。哺乳结束后，可挤少量的乳汁均匀地涂抹在乳头上，以保护乳头表皮。喂饱宝宝后，乳头应及时脱离宝宝口腔。

8. 婴儿哺乳应注意什么？

在哺乳期喂宝宝的时候，要注意一些保养乳房的知识，这样可以

更有利于喂养，也可以保养自己的乳房，避免患一些乳房疾病。

妈妈们在给自己的宝宝哺乳前，要先揉一揉乳房或用热毛巾敷一下乳房，有利刺激排乳，可以避免宝宝过长时间的吸吮；哺乳前不能用肥皂、酒精等刺激性强的东西擦乳头，以免乳头被损伤。

哺乳时，一定要将乳头及乳晕的大部分放入宝宝口腔中，这样吸吮对妈妈乳房的牵扯较小，宝宝也容易很快吃饱。

哺乳期间，妈妈最好每天用温水洗浴乳房1～2次；每天坚持做胸前肌肉的运动，如俯卧撑、扩胸等，可以加强前胸部肌肉的力量，从而增强对乳房的支撑。

9. 什么叫换乳期喂养？

人类不同于动物，不会从吃奶直接过渡到吃固体食物，因此换乳期是人类不可逾越的一个阶段。给一直靠吃液体食物（单纯母乳）生存的婴儿渐渐喂一些泥糊状食品，让他逐渐习惯并最终接受固体食物（成年人食品）的过程，就叫换乳期，也就是我们通常所说的断奶期。

但是，一个“断”字将不少父母引入断掉所有奶和奶制品的误区；其间也有人称之为“转奶期”，而“转”字又有由奶转向非奶之嫌。提出换乳期的概念就是为了清楚地指出：换奶并不是断掉所有的奶和奶制品。婴幼儿从离开妈妈的乳房到能跟家庭成员一样吃饭需要8～9个月的时间，这是一个学习和成长的过程。在这一阶段中，乳类（母乳＋配方奶或牛奶）仍是供应能量的主要来源，泥糊状食品是必须添加的食物，是基本的过渡载体。奶和奶制品仍然是3岁以下婴幼儿的主要食品，“中国人一生不断奶（牛奶）”应该是我们努力的目标。

10. 什么叫泥糊状食物？

泥糊状食物是含液量介于液体食物和固体食物之间的食物。它比液体食物干，比固体食物稀，类似稠粥般。任何一种食物，无论是动物性食物，还是植物性食物都可以做成泥糊状，如烂米粥、蛋黄粥、猪肝泥、鱼肉松粥、肉末泥、各种营养米粉、青菜粥等。

11. 如何添加换乳期泥糊状食物？

泥糊状食品添加原则是：从一种到多种，从少量到多量，从细到粗，从稀到稠，少盐不甜，忌油腻。例如，从做菜水、果汁→菜泥、果泥、肉泥（鱼泥、肝泥等）→菜末、肉末→碎菜、碎肉等；从米汤→稀粥、米糊→粥、烂面→稠粥、面条等。一般初次只能从一种少量开始，少量仅为1～2茶匙，可分2～3次食入，连续3～5天宝宝乐于接受，且大便正常才可逐渐加量或变换、增加品种。

值得注意的是，年轻的妈妈应使用小调羹或小匙给宝宝喂泥糊状食物，不要用奶瓶喂养。喂食时要有耐心，不能强迫。一次喂某种食物不成功也不能就此认为宝宝不喜欢或不适应，可过些时候再给试吃。如果宝宝连续两天拒绝同种食物，就不应勉强他进食，可待日后再作尝试。添加新的食物一定要在宝宝健康、消化功能正常的时候添加；从细到粗，增加食物种类也要从习惯了一样再加一样，不能1～2天内增加2～3种。宝宝患病时最好暂缓添加。此外，由于泥糊状食物能量和各种营养素均不足，不宜长期给宝宝喂食。6个月以上的宝宝牙齿开始萌出，胃的容量增加，可增加蛋黄饼干、烘馒头片、肉末等辅食，有利于咀嚼功能训练，为过渡到吃固体食物做准备。

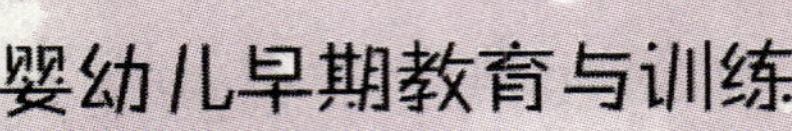

12. 什么时候是添加辅食的最佳时间？

世界卫生组织（WHO）建议：为了保证最佳的成长、发育和健康，婴儿在出生后头6个月应该进行纯母乳喂养。

中国卫生部2007年印发的《婴幼儿喂养策略》也明确指出：母乳是0～6个月婴儿最合理的“营养配餐”，能提供6个月内婴儿所需的全部营养。但同时专家也指出，在具体实施辅食添加时，往往视宝宝的情况掌握在4～6个月，此时母乳分泌也相对不足。

13. 6个月宝宝的喂养重点是什么？

随着宝宝日渐成长，对热能及营养素的需求不断增加，单靠奶类食品已不能满足营养上的需要，这时候就应该为宝宝添加辅食。6个月的宝宝的食物是以乳类为主，泥糊状食物为辅。6个月宝宝的辅食任务是以乳品为主要食物，少量添加流质、半流质的食物，如果蔬汁或果蔬米粉，以便让宝宝适应从流质食物向半流质食物的过渡；并从这些辅食中摄入足量的热能、蛋白质、铁以及各种维生素和纤维素，供宝宝在这个阶段生长的需要。添加方法可从宝宝的晚餐开始，先给宝宝吃辅食，之后再喂乳品。营养专家建议6个月的宝宝一天的餐数可以由5顿奶加1顿辅食构成，辅食可以放在晚餐。辅食包括蛋黄、各种水果、胡萝卜、马铃薯、青豆、南瓜等蔬菜。同时，营养专家还指出，由于这个时期宝宝的肠胃特别的娇嫩，像酸味重的水果（如橙子、柠檬）等，则暂时不给宝宝食用，等到宝宝1岁之后，消化系统得到一定发育和功能成熟的时候才让宝宝食用。

14. 为什么要重视宝宝咀嚼功能的锻炼？

在婴儿5～6个月开始出乳牙的时候，爸爸妈妈就应为宝宝添加烂粥、肉末、菜泥等食物，及时锻炼咀嚼功能，刺激宝宝乳牙萌出，待多数乳牙萌出以后，逐渐给孩子添加饼干、瘦肉、豆类等较硬韧而耐咀嚼的食物，进一步促进牙齿与颌骨的发育。咀嚼可以更好地消化食物，因为咀嚼使用下颚和口腔的所有器官以及肌肉，嚼碎后的食物到胃里，接触胃液面积会增大，易消化，咀嚼的同时唾液和消化液会增多，更能促进消化。咀嚼还可以保护口腔卫生。由于咀嚼能分泌大量唾液，促进口腔的血液和淋巴循环，加速口腔的新陈代谢。口腔的唾液有杀菌作用。由于新陈代谢加快，便产生了良好的抗菌效果。因此，可以说咀嚼对口腔的卫生有保护作用。咀嚼会使牙齿整齐，脸蛋漂亮。婴儿吃奶时，口腔形状适于吃奶。由于咀嚼食物，不断地发育，下腭会逐渐变大。与此同时，下腭及下腭的关节也逐渐长成适于咀嚼的形状，而且越嚼越结实。下腭形状是脸形的重要特征，如果总是一侧咀嚼食物，脸形也会朝一方倾斜。

15. 为什么说注重早期营养孩子更聪明？

智商高低与遗传、营养状况和脑的使用有一定关系。但相对而言，脑发育期间的营养状况，往往具有更为重要的地位。如果希望宝宝更聪明，就要注意婴幼儿时期的营养。

大脑活动与神经胶质细胞及髓磷脂鞘有密切关系，早期营养不良，会影响神经胶质细胞的增生和髓磷脂鞘的健全，因而脑的功能也随之降低。科学家研究认为，大脑中的脱氧核糖核酸分子(DNA)的合成和脑细胞分裂的停止时间，要比脑本身的发育停止的时间更早，一般来说，当婴幼儿出生后12～15个月，DNA的合成和脑细胞的分裂已经完成，以后脑细胞的数量不再增加，而只是体积的增大。如果在出生到断乳期间营养不良，细胞分裂便会减少减缓，从而使一生中的脑细胞数目，永远低于正常水平，当然就更会影响到以后智力的发育。

对营养不良小儿的大脑和正常儿的大脑的发育过程进行比较研究，结果显示，脑细胞数目减少的比例大致是：如果胚胎时期营养不良，大脑细胞总数可以减少17%；如果断奶以后营养不良，大脑细胞总数也会减少18%；如果出生前、后都营养不良，则大脑细胞总数可减少40%，并且DNA数量与重量相应下降。如果营养不良状况持续下去，则不仅是细胞数目减少，细胞体积也缩小，每个细胞内所含的脂类也减少。而如果从怀孕初期到出生后2岁，这一段时间的营养状况还可以，而以后发生营养不良时，DNA和脑细胞数目都会正常，仅仅是细胞的形状较小，只要营养状况得到改善，智力很快会恢复正常。

要使婴幼儿的大脑发育良好，婴幼儿、孕妇、乳母都必须十分重视营养成分的摄取。

16. 什么食物能益智？

大脑的发育是婴儿智力发育的物质基础，也就是说大脑发育得越好，智力越高，而大脑的发育与营养有密切关系。因为，大脑本身也是由细胞构成的，需要各种营养物质。首先需要蛋白质，以供给脑细胞的合成，也需要脂肪，以供给神经髓鞘的生长，还需要葡萄糖，以供给脑细胞活动的能量，各种维生素、无机盐、水等都是大脑发育不

可缺少的营养物质。

(1)脂类食物是儿童智力的物质基础:富含“记忆素”乙酰胆碱的食物有动物的肝、脑、蛋黄及鱼类和大豆等。

(2)蛋白质是儿童智力的源泉:富含优质蛋白的食物主要有肉类、蛋类、鱼类、乳类和豆类。但是,考虑到婴幼儿对蛋白质的消化率和利用率等因素,应以乳类、蛋类和鱼类蛋白为首选。

(3)糖类是儿童智力的能源:含糖类的食物除面粉、米饭外,对儿童来说,适当吃些糖果等甜食还是有益的,但也不宜多食。

(4)维生素是儿童智力的强化剂:在常见食品中,富含维生素 E 的有玉米油、棉籽油、鱼油及莴苣叶和柑橘皮;富含维生素 B_1 的有谷物皮、豆类、芹菜、大豆、瘦肉、动物内脏、发酵食品;富含维生素 A 的有动物肝脏、胡萝卜;富含维生素 PP 的有谷类、花生、酵母、动物肝和脑。

(5)无机盐是儿童智力的催化剂:对婴幼儿智力起着催化作用的有铁、锌、铜、硒、钙等,其中铁是大脑需氧的运输车辆,锌是大脑思维的火花(60 多种酶的激活剂),铜是大脑动作的调剂员,硒是大脑的安全卫士,钙使大脑才思敏捷。

以上各种食物对儿童脑组织的发育是必需的食物,并且也是身体发育的重要食物。特别是刚断奶的婴儿,为了促进脑组织的良好发育,保持各种营养素之间的平衡,应根据家庭经济条件和市场供应情况适当安排,以满足儿童对营养的需要。

17. 什么食物能提高免疫力?

小儿免疫力不佳,就会经常生病:别人无病,他有病;别人小病,他大病。想要宝宝不生病,除了加强运动外,妈妈还要给宝宝多吃提

升免疫力的食物调理体质。只有健全的免疫系统，才能帮助宝宝抵抗致病的细菌和病毒，远离疾病。

可提高小儿免疫力的食物有以下几类。

(1)水：人体最重要的成分是什么？不是硬邦邦的骨头，而是柔柔软软的水。婴幼儿体表面积相对于体重比成年人更高，水分蒸散流失多，更需要补充水分。水分充沛，新陈代谢旺盛，免疫力自然提高。

(2)黄、绿色果蔬：天天五份果蔬，不只是成年人饮食的信条，也适合推广到婴幼儿身上。果蔬中的纤维素可预防便秘，提供肠道通畅良好的吸收环境。水果的果糖帮助肠道益生菌生长，就好像在小肠、大肠上铺了一层免疫地毯一般。宝宝若不喜欢蔬菜，可以将它剁碎，混合谷类或肉类做成丸子、饺子或馄饨，就容易接受了。

(3)菇类：最近 20 年来，欧美和日本提倡多吃菇类，因为它能预防及改善许多心血管系统的富贵病，如高血压、动脉硬化。菇类还能增强免疫力，预防及对抗癌症，还含有丰富 B 族维生素，能缓解压力，带来好心情。

(4)糙米、薏苡仁：全谷类含胚芽和多醣，维生素 B 和维生素 E 都丰富，这些抗氧化剂能增强免疫力，加强免疫细胞的功能。

(5)番茄：番茄可说是活力食品，含有多种抗氧化强效因子，如番茄红素、胡萝卜素、维生素 C 与维生素 E，可保护视力，保护细胞不受伤害，还能修补已经受损的细胞。生吃番茄或稍微烹煮都好，加入少量橄榄油，能溶解更多番茄红素，效果更佳。

(6)优酪乳：婴幼儿正值身体快速增长及大脑神经发育期，对蛋白质及钙质的需求量相当高。所以，乳类制品为婴幼儿期最佳的营养来源。优酪乳是乳制品中可以兼顾营养与改善肠道环境的饮品，很适合儿童期的需要，幼儿则要到满 1 岁以后才能喝。

若想提高宝宝的免疫力，不要给宝宝吃高脂、高糖的精细化加工食品，应多吃天然食品，多吃富含维生素和无机盐的蔬菜、水果。此外，不要让宝宝偏食而导致营养失调。

18. 什么是个人营养银行？

根据几十年的研究和观察发现，在婴幼儿时期，特别是出生后第一年，给予均衡的、充足的营养素，可使得机体对营养物质的调节和控制模式达到正常的生理水平，可以保证儿童期、青少年期，甚至中老年期营养素的丢失保持在正常的水平和速率内，防止提前出现一些该年龄组不该出现的疾病。这就相当于在银行里存了钱，等到需要钱的时候，就可以取出钱来使用，所以形象地比喻为“营养银行”。

营养有三个方面的含义：一个是大家很熟悉的各种营养素，一个是营养行为，再一个是营养气氛。它们统称为营养过程，是一种生命现象。这三个成分正确，营养的结局就好。所谓营养结局，是指儿童生长发育能力获得潜能发挥和健康状况保持。这一整套的过程，都相当于一个银行提供的不同的服务功能，因此称之为“营养银行”。

19. 什么是生长债？

宫内生长发育迟缓的胎儿，在出生后，会出现一个加速追赶的生长现象，学术上称作“追赶式生长”。“追赶式生长”的生物学意义，是保证生命生存的最基本的生理成熟度。如果在宫外生长时，不能追赶应有的生理成熟度，孩子就会死亡。

因此，小孩在出生后，如果在三类食物形态（液态、糊状、固态）喂养过程中，有一个阶段没有喂好，这个阶段所应该长的那部分生长潜

能就得不到发挥，在下一个阶段和日后也不能弥补，学术上把它叫做宫外生长迟缓，没有追赶式生长，就形成了生长债。

例如，小孩在泥糊状喂养阶段，应该有丰富的泥糊状食物，使得他身长的生长在正常的速率内达到一定的生长标准，在青春期的时候，身高会达到一个比较满意的程度。如果泥糊状食物喂养没有得到正确和及时的喂养，那么他身高的生长速率不够，就会影响到他的最终身高，这个身高上所欠缺的部分就是生长债。所以，为了避免生长债，就应当在出生后第一年，对三种形态的食物加强正确喂养。

20. 目前我国婴幼儿喂养中存在的问题有哪些？

目前，我国婴幼儿营养素的缺乏有个明显的特点，就是轻中度的营养不足，即没有表现出明显的缺乏症状，但身体内的营养素已不足以满足正常生理功能的需要。这种不足往往容易被人们视而不见。最为突出的是以下几个方面：

(1)铁的不足或缺乏：现在大多数缺乏铁的婴幼儿，其症状不是表现为脸色发青，而是验血的时候发现血红蛋白低。缺铁可影响婴幼儿智力发育，宝宝往往注意力不集中，记忆力降低。这一类孩子要补充的应该是铁质，特别是容易被身体吸收的三价铁。

(2)钙的不足：钙是建造骨骼的重要成分，婴幼儿缺钙易患佝偻病。正值生长旺盛时期的儿童，一直到青春期都需要摄入大量的钙质，以满足骨骼迅速发育的需要。营养调查反映，我国人民膳食的钙质摄入量明显低于推荐摄入量。儿童每天需要 800～1 000 毫克钙，其中从食物中摄入的总钙量只有 400～500 毫克。可以给孩子喝奶以补充一部分钙质，以促进孩子的全面发育，包括身高的发育。

(3)维生素的不足：不少人在营养问题的认识上存在偏差，以为

“吃好”就是营养好，米要白，面要精。实际上，大米、面粉越精越白，所含的B族维生素也就越少。膳食中，最容易在烹调、加工过程中丢失的物质是维生素，快餐中的维生素就更少得可怜。我们常常看一些孩子容易疲乏，懒于活动，相当一部分原因就是由于身体内维生素不足造成的。

由上述可以看到，要提高婴幼儿的健康水平，既要重视宝宝的日常饮食，注意各种营养素的合理配比，提高膳食的营养质量，也要适当补充宝宝容易不足或缺乏的营养素，才能全面促进宝宝的生长发育。

21. 蛋白质对婴幼儿健康有何益处？

蛋白质是由氨基酸组成的高分子含氮化合物。蛋白质参与一切身体组织细胞的构成，体内许多有重要生理作用的活性物质，如运输氧的血红蛋白、使肌肉收缩的纤维蛋白等都是由蛋白质构成的。蛋白质能促进生长发育。蛋白质更是脑细胞的重要组成成分，蛋白质占脑重的35%，蛋白质的供给量充足是保证大脑正常结构的先决条件。

人的智能活动是由脑细胞的兴奋和抑制来完成的，而蛋白质是构成神经细胞和神经胶质细胞的重要成分，在神经兴奋和抑制的过程中起着重要的作用。

在组成蛋白质的氨基酸中，亮氨酸的缺乏可导致大脑发育不全；而色氨酸、酪氨酸可转化为神经递质，对人脑的思维活动有重要帮助；谷氨酸能解除氨对脑的毒害，对保护脑组织起到很大作用。

22. 脂肪对婴幼儿健康有何益处？

与蛋白质一样，脂肪也是儿童青少年生长发育所必需的营养素。它产生的能量最多，在三大产能营养素中名列榜首。除此以外，它也是人体组织的重要组成部分；它还是机体吸收脂溶性维生素的必需条件。

（1）脂肪是健康的保证：食物中的脂肪，只有在人体内分解为脂肪酸才能被利用。各种食用脂肪中含有40多种脂肪酸，大多数可以互相转化，但有3种脂肪酸却不能由其他脂肪酸转化，必须直接由食物提供，称必需脂肪酸。缺乏时就要影响身体健康。在各种食物中脂肪提供的能量最多，脂溶性维生素必须在脂肪存在的情况下，才能被吸收利用；另外脂肪还是许多组织、器官的必要组成成分。

（2）脂肪是智力发育的基础：脑需要8种营养素——蛋白质、脂肪、糖类、维生素A、维生素B、维生素C、维生素E和钙，成年人和较大儿童膳食中脂肪所提供的能量应占25%～30%，6个月以下婴儿脂肪供能占总能量的45%～50%，因为婴儿的脑及智力发育需要更多脂肪。

（3）脂肪能促进视觉发育、皮肤健康：在视觉的发育过程中也离不开脂肪，缺乏必需脂肪酸会使视力发育受影响；如果缺乏脂肪，皮肤会变得干燥，容易发生湿疹和伤口不易愈合等；缺乏脂肪还会使儿童生长发育迟缓，免疫力低下，容易发生感染性疾病。

23. 糖类对婴幼儿健康有何益处？

糖类是由碳、氢、氧三种元素组成的一类化合物，其中氢和氧的比例与水分子中氢和氧的比例相同，因而又被称为碳水化合物。

(1)糖类能供给能量：糖类是供给人体能量的最主要、最经济的来源。它在体内可迅速氧化及时提供能量。1克糖类可产生16.7千焦(4千卡)能量。脑组织、心肌和骨骼肌的活动需要靠糖类提供能量。

(2)糖类构成一些重要生理物质：糖类是细胞膜的糖蛋白、神经组织的糖脂，以及传递遗传信息的脱氧核糖核酸(DNA)的重要组成成分。

(3)糖类能节约蛋白质：糖类摄入充足时，人体首先使用糖类作为能量来源，从而避免将宝贵的蛋白质用来提供能量。

(4)糖类有抗酮作用：脂肪代谢过程中必须有糖类存在才能完全氧化而不产生酮体。酮体是酸性物质，血液中酮体浓度过高会发生酸中毒。

(5)糖原有保肝、解毒作用：肝内糖原储备充足时，肝细胞对某些有毒的化学物质和各种致病微生物产生的毒素有较强的解毒能力。

(6)糖类是脑的重要能源：中枢神经系统所需的热能，完全靠葡萄糖来提供，脑的重量虽然仅为全身重量的2%，但脑所消耗的葡萄糖却是全身能量消耗总数的20%。要想大脑功能正常运转，必须用足够的糖来“喂”它，因为大脑喜欢“吃”糖。

24. 无机盐对婴幼儿健康有何益处？

无机盐是生命活动的调节剂、助长益智的营养素。无机盐(又称矿物质)是地壳中自然存在的化合物或天然元素，在人体中无法自我合成，必须由食物来提供。

无机盐在人体内有60多种，占人体体重的5%～6%。人体必需

的无机盐有钙、磷、钾、钠、氯等需要量较多的宏量元素,以及铁、锌、铜、锰、钴、钼、硒、碘、铬等需要量少的微量元素。它们在构成人体结构、调节机体代谢、促进生长发育等方面起着特有作用,可保持体内酸碱平衡、维持细胞间液的渗透压,参与脂肪、蛋白质、糖类的代谢,维持肌肉、神经和心脏的正常功能状态。

另外,锌、铬、钴等对大脑神经的兴奋与抑制也起着重要作用。

25. 维生素对婴幼儿健康有何益处?

维生素是人类为维持正常的生理功能而必须从食物中获得的一类微量有机物质,是维持机体正常生长必不可缺的化合物,在体内起催化作用,促进主要营养素的合成和降解。

(1)视觉保护神——维生素A:维生素A可以帮助维持正常的视觉。当儿童缺乏维生素A时,通常会感到眼睛干燥、怕光、疼痛,在黑夜或暗光下看不清物体,在弱光下视力减退,暗视觉适应时间延长,严重者还可导致“夜盲症”。

(2)强骨健齿之星——钙与维生素D:钙是人体内构成骨骼和牙齿的重要成分,对于正在“长高发牙”的孩子更是不可或缺,摄入充足的钙质可满足骨骼迅速发育的需要,帮助形成坚固的牙齿。维生素D向来有“钙质搬运工”之称,最重要的功能是促进身体对钙质的吸收,还负责参与维持细胞内外的钙浓度,并且可以调节细胞的分化、增殖和生长。长期缺乏钙和维生素D会令儿童的骨骼和牙齿矿物化异常,导致儿童容易产生龋齿,生长发育迟缓,造成骨骼软化、变形,严重者会导致“佝偻病”。

(3)健康多面手——维生素C与维生素E:维生素C、维生素E是促进儿童健康的多面手,如维生素C可促进组织中胶原形成,维护骨

骼与牙齿的正常发育和血管壁的通透性，促进铁质的吸收等。维生素 C 可以促进神经递质的产生，保护脑细胞不受自由基的破坏，具有防止脑细胞老化的功能。维生素 E 能促进红细胞的生成，提高血液中氧的利用率，维持组织正常的新陈代谢等。维生素 E 可以防止脑血管的阻塞和硬化，还具有避免大脑早衰和增强记忆力的功能。

当儿童缺乏维生素 C 时可引起"坏血病"，主要表现为毛细血管脆性增大，牙龈肿胀、出血，还可导致骨钙化不良及伤口愈合缓慢等。维生素 E 缺乏虽然较少见，但儿童一旦缺乏则可能出现皮疹等症状。

(4)抗脚气病的营养素——维生素 B_1：维生素 B_1 能够维持正常的神经功能，提高心脏工作能力，预防和治疗脚气病，增进食欲。动物肝脏中维生素 B_1 的含量较高，如牛、猪、羊等家畜的肝脏、心脏和肾脏等都是补充维生素 B_1 的良好食物来源。此外，谷类食物，包括大米、小麦粉及玉米等，只要不过分地加工磨白，均含有相当数量的维生素 B_1。

(5)健康的黄色卫士——维生素 B_2：维生素 B_2 可预防口角炎、舌炎，促进皮肤、指甲、毛发的生长，增进视力、减轻眼睛的疲劳，它还在防治缺铁性贫血方面起到重要的作用。维生素 B_2 广泛存在于植物和动物性食物中，动物的肝、肾、心、乳及蛋类食物中含量尤为丰富，豆类也含有较大量的维生素 B_2。

B 族维生素具有维持神经系统正常与健康的功能，可以增加神经递质，并影响其运转，还能促进脑部血液循环，对记忆力和智力都有帮助。

26. 为什么营养好的孩子还贫血？

随着社会经济的不断发展，人们的生活水平日益提高。可是，仍

有很多孩子被医生诊断为营养不良性贫血。其原因主要有以下几方面：

(1)食物搭配不合理：儿童每日需铁6～12毫克，以供造血之需。奶或奶制品吃得过多时，可使食欲降低，铁的摄入量势必减少。常言道：巧妇难为无米之炊。没有足够的铁作为造血原料，孩子怎能不贫血呢！

(2)常吃高热能食品：有些孩子偏食、挑食，如常吃巧克力、奶油点心等一类高热能食品，容易缺乏饥饿感。由于进食量过少，必需营养素摄入就会减少。所以，常吃巧克力等高热能食品会导致贫血。

(3)很少吃绿叶蔬菜：维生素C能促进机体对铁的吸收，而很多父母没注意给孩子搭配一定量的绿叶蔬菜，即使有蔬菜上桌，也不注意引导孩子多吃点蔬菜，以致维生素C供应不足，从而影响了铁的吸收。孩子缺乏维生素C时，体内叶酸和维生素B_{12}可代替维生素C参与核酸代谢。而叶酸和维生素B_{12}是细胞核中脱氧核糖核酸合成的必不可少的成分，若经常让叶酸和维生素B_{12}代替维生素C参与核酸代谢，就容易造成叶酸和维生素B_{12}缺乏，严重影响红细胞核的成熟，从而发生另一种大细胞性贫血。

(4)营养素摄入不足：婴幼儿身体发育较快，对各种营养素的需求较迫切，尤其是超重和身高增得快的孩子对营养素的需求更多。如果不适当地予以补充，发生营养性贫血也就不言而喻了。

所以，要想使孩子不发生营养性贫血，必须注意食物搭配、合理加工和烹调，特别要注意鼓励和引导孩子多吃绿叶蔬菜，纠正孩子的不良饮食习惯，使各类营养素摄入平衡，孩子就不易发生营养不良性贫血。

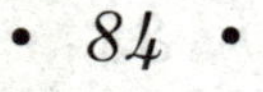

27. 什么叫微量元素？微量元素有什么重要生理作用？

微量元素是指在机体内含量不及体重万分之一的元素。它包括铁、铜、锌、铬、钴、锰、镍、锡、硅、硒、钼、碘、氟、钒等，这些微量元素在体内含量虽然微乎其微，但却能起到重要的生理作用。

(1)铁：铁是人体需要量最多的微量元素，铁在人体中的功能主要是参与血红蛋白的形成而促进造血。铁在血红蛋白中的含量约为72%。

(2)锌：锌是需要量较大的微量元素，仅次于铁，对人体多种生理功能起着重要作用。它参与多种酶的合成；加速生长发育；增强创伤组织再生能力；增强抵抗力；促进性功能。婴儿每天需锌量为3～5毫克，1～10岁儿童每天需锌量为10毫克。婴幼儿锌供给不足，影响生长和智力发育，也影响味觉和免疫功能，缺锌是厌食症的主要原因。

(3)碘：碘能调节体内热能代谢，是构成甲状腺素的重要成分。婴儿每天需碘量为0.045～0.15毫克。若碘不足会影响小儿生长发育，引起克汀病或地方性甲状腺肿；如果摄入过多，也可发生碘中毒。

(4)铜：铜在人体内含量很少，其主要功能是参与造血过程；增强抗病能力；参与色素的形成。人体缺铜时，可发生贫血、中性粒细胞减少、生长缓慢和情绪不稳。

(5)氟：是骨骼和牙齿的正常成分，可预防龋齿，防止老年人的骨质疏松。

(6)硒：硒具有抗氧化，保护红细胞及预防癌症的作用，对心血管及眼的健康有保护作用，是人体的肌代谢不可缺少的微量元素。

28. 什么叫奶瓶龋？

奶瓶龋是指已经长了牙齿，但还在用奶瓶吃奶的婴幼儿所患的一种龋病。日常生活中，看到一些宝宝，还不等乳牙出齐，已长出的牙却变成又黑又尖的烂牙根了，这种现象大都是奶瓶龋所致。奶瓶龋的发生往往是由于家长没有掌握正确的喂奶方法造成的。人工哺乳的婴幼儿，一般是使用奶瓶喂奶、喂水。

当喂奶时，奶嘴在宝宝的嘴里恰好放在上下门牙的中间，奶头顶在腭部，吮吸奶液时，几乎将所有门牙都浸泡在奶液里或糖水里，这样，在宝宝吸奶获得营养的同时，口腔的细菌也借有利条件而生长繁殖起来。如果喂奶不定时，无限延长牙齿在奶液里浸泡的时间；或为图省事，哄宝宝含着奶瓶入睡；或喂奶后，宝宝很快入睡，无法清理口腔，使口腔内腐蚀牙体的细菌大量繁殖，久而久之牙齿脱钙、牙冠剥脱，形成残根或牙渣。乳牙过早破坏，不但影响美观，更重要的是咀嚼功能不能得以完全发挥，影响头面部的正常发育。显而易见，奶瓶龋所带给机体的危害是极大的。

奶瓶龋最有效的预防办法就是做到科学喂养、搞好口腔卫生护理。首先，要科学地掌握喂奶时间和次数。每次喂奶时间一般限定在 15 分钟左右。可不能为图省事，让宝宝含着奶瓶入睡。喂奶后要注意保持口腔卫生，再适量地喂白开水，以起到清洁口腔的作用；喂奶后妈妈还可用消毒过的纱布蘸清水为宝宝擦洗牙面。对稍大点的宝宝尽快改用匙喂水、喂奶。逐步训练和培养宝宝饭后漱口，过渡到自己刷牙。

29. 什么叫膳食纤维？

膳食纤维是一种特殊的营养素，其本质是糖类中不能被人体消化酶所分解的多糖类物质。膳食纤维是食物中非营养成分，但是对人体健康有益，被称为第七营养素。纤维的类型有很多种，可分为两大类：不可溶纤维和可溶纤维。不可溶纤维的主要功能是膨胀，用来调节肠的功能，防止便秘，保持大肠健康。同时，不可溶纤维也常让我们有饱胀的感觉，这样对节食减肥的人很有用。不可溶纤维的主要来源有：全麦谷类食品、全麦面包、种子、坚果、水果和蔬菜。不同的是，可溶纤维能帮助减少血液中的胆固醇，调节血糖水平，从而降低心脏病的危险，改善糖尿病。可溶纤维的主要来源有水果、蔬菜、大豆和燕麦。

30. 膳食纤维对儿童健康有何益处？

膳食纤维主要来源于各种粗粮以及新鲜蔬菜和瓜果，儿童常吃粗粮、果蔬有9个好处。

(1)清洁体内环境：膳食纤维具有平衡膳食、改善消化吸收和排泄等重要生理功能，起着“体内清洁剂”的特殊作用。

(2)控制小儿肥胖：膳食纤维能在胃肠道内吸收比自身重数倍甚至数十倍的水分，使原有的体积和重量增大几十倍，并在胃肠道中形成凝胶状物质而产生饱腹感，减少进食，有利于控制体重。

(3)预防小儿糖尿病：膳食纤维可减慢肠道吸收糖的速度，可避免餐后出现高血糖现象，提高人体对糖的耐受程度，有利于血糖稳定。

(4)解除便秘之苦:在日常饮食中只吃细不吃粗的宝宝,因缺少植物纤维,容易引起便秘。因此,让宝宝每天适量吃点膳食纤维多的食物,可刺激肠道的蠕动,加速粪便排出,也解除了便秘带来的痛苦。

(5)有利于减少癌症:儿童中癌症发病率上升,与不良的饮食习惯密切相关。英国剑桥大学营养学家宾汉姆等曾分析研究,食用淀粉类食物越多,大肠癌的发病率越低。

(6)保护心血管:植物纤维可与肠道内的胆汁酸结合,降低血中胆固醇的浓度,起到预防动脉粥样硬化,保护心血管的作用。

(7)预防骨质疏松:宝宝吃肉类及甜食过多,可使体液由弱碱性变成弱酸性。为了维持人体内环境的酸碱平衡,就会消耗大量钙质,导致骨骼因脱钙而出现骨质疏松。因此,常吃些粗粮、瓜果蔬菜,可使骨骼健壮。

(8)有益于皮肤健美:宝宝如吃肉类及甜食过多,在胃肠道消化分解的过程中产生不少毒素,侵蚀皮肤。若常吃些粗粮蔬菜,能促使毒素排出,有益于皮肤的健美。

(9)维护牙齿健康:经常吃些粗粮,不仅能促进宝宝咀嚼肌和牙床的发育,而且可将牙缝内的污垢除掉,起到清洁口腔,预防龋齿,维护牙周健康的效果。

31. 适合婴儿的食物有哪些?

(1)成熟的香蕉:香蕉滑而软且是新鲜的,是婴幼儿喜欢的有营养的食物,它的营养丰富且不易引起过敏反应。

(2)婴儿用玉米谷片:婴儿用玉米谷片是细致的加工物,若不添加铁质及其他维生素便几乎没有营养。

(3)肉类及其他蛋白质食物:像炖肉、碎牛肉,或者容易撕成丝,

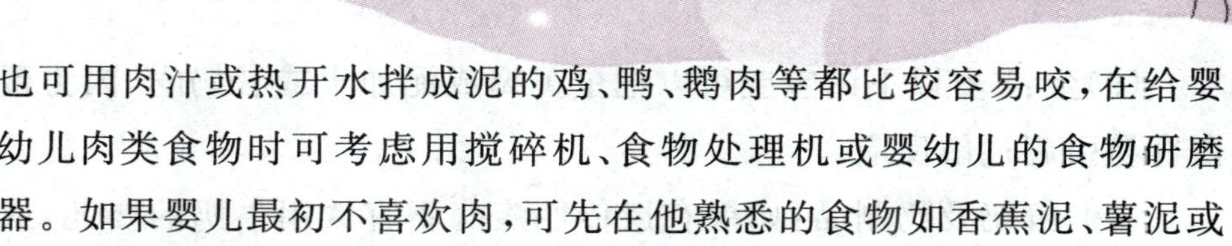

也可用肉汁或热开水拌成泥的鸡、鸭、鹅肉等都比较容易咬,在给婴幼儿肉类食物时可考虑用搅碎机、食物处理机或婴幼儿的食物研磨器。如果婴儿最初不喜欢肉,可先在他熟悉的食物如香蕉泥、薯泥或雪梨里掺一点让他尝试。

(4)全麦面包和麦粉:一小片的烤全麦面包在两餐之间或做晚饭的时候,可以很方便地递给婴儿吃,也很容易咬。烹调全麦谷片时尽量少加糖。

(5)鱼类:鱼是另一种极佳的蛋白质。它丰富的营养绝对适合婴儿。如果家庭饭桌上经常有鱼,也可以添加在婴儿食物中。但要小心鱼刺。

(6)马铃薯:地瓜和马铃薯很有营养,而且味道和松软的质地都是婴儿所喜爱的,把它整个的煮过或烤熟可保留维生素,然后弄成泥掺在开水里。如果婴儿较爱用手抓食物,可以把马铃薯切成小块。

(7)新鲜水果:生的削皮的苹果,可用汤匙刮成细块磨碎给婴儿吃或煮成不加糖的苹果酱,大一点的宝宝可以自己吃去心、削皮、切成小块的梨或水蜜桃、香瓜等水果。如婴儿已 8 个月以上了,可吃其他的水果,但须小心。较大婴儿喜欢葡萄,但是要切半去子。水果罐头过度加工,没有新鲜水果有营养。至于葡萄干、枣干、酸梅干、柿子干等晒晾的水果必须限量,因为这些食物虽有营养但糖分过高,而容易粘牙,宝宝吃了会蛀牙。

(8)蔬菜:磨成末的红萝卜对于婴儿来讲是很好的食物,因为它们富含维生素和钙质。但是不能剁成块或切成条给 3 岁以下的婴儿吃,因为那样会噎住或有细块易被吸入肺里。蔬菜是应该煮熟的,虽然生吃更有营养,但对婴儿来讲生菜有丝,不容易咬断也不容易消化,不过煮熟的蔬菜有时婴儿也难以消化,所以如果发现尿片上有未消化的蔬菜,不要惊慌,有时那是难免的。

(9)蛋:1 岁以下的宝宝可以把蛋黄捣成泥加水或者奶吃,因为蛋白容易引起过敏反应。

(10)鲜奶及奶制品:如果有遗传性疾病不宜饮用牛奶的婴儿,或对牛奶过敏时,不要喂牛奶。

32. 婴幼儿喂养中的三大误区是什么?

(1)鸡蛋代替主食:有的年轻爸爸妈妈为了使孩子长得健壮,几乎每餐都给宝宝吃鸡蛋类食品,结果宝宝出现消化不良性腹泻。因为婴幼儿胃肠道消化功能尚未成熟,各种消化酶分泌较少,过多地吃鸡蛋,会增加宝宝胃肠负担,甚至引起消化不良性腹泻。根据有关资料报道,婴儿最好只喂蛋黄,每天不超过 1 个,1～2 岁的幼儿每日或隔日吃 1 个鸡蛋。

(2)果汁代替水果:有些爸爸妈妈图省事,经常买橙汁、果味露或橘子汁等制品冲给宝宝喝,这种做法很不妥。因为新鲜水果不仅含有完善的营养成分,而且在孩子吃水果时,还可锻炼咀嚼肌或牙齿的功能,刺激唾液分泌,促进孩子的食欲,而各类果汁制品都是经过加工制成的,不仅会损失一些营养素,而且还会添加食用香精、色素等食品添加剂,宝宝长期过多地饮用会给健康带来危害。

(3)葡萄糖代替白糖:只要宝宝食欲正常,就不会缺乏葡萄糖。这是因为,各种食物中的淀粉和所含的糖分,在体内均可转化为葡萄糖,所以不宜多吃葡萄糖,更不可用它来代替白糖。如果常用葡萄糖代替其他糖类,肠道中的双糖酶和消化酶就会失去作用,使胃肠懒惰起来,时间长了就会造成消化酶分泌功能低下,消化功能减退,影响宝宝的生长发育。

33. 如何培养婴幼儿良好的饮食习惯？

好的习惯必须从小抓起，饮食习惯的好坏，直接影响幼儿身体健康。合理的饮食结构和良好的饮食习惯是婴幼儿健康成长的保证。

(1)为婴幼儿创造良好的进餐环境：每次进餐为幼儿提供一个清洁整齐、安静舒适的进餐环境，通过进餐时间和环境的“刺激”，使婴幼儿建立起固定的条件反射，为就餐做好心理准备，以利于胃液的分泌，促进消化和吸收。进餐的环境要安静、卫生、秩序良好，使幼儿心情愉快，思想集中，让婴幼儿从小养成专心进餐的习惯，切忌边吃边玩，成年人不要在进餐时训斥幼儿，应把问题放在其他时间处理。

(2)培养婴幼儿吃多种多样的食物：避免挑食、偏食及吃单一食物，在安排婴幼儿膳食时应注意粗细搭配，肉、鱼、奶类、豆制品及各类蔬菜均要安排食用，婴幼儿不喜欢吃的食物，可变换花样和烹调方法。平时可采取讲故事或歌谣形式教育婴幼儿，说明食物营养的重要性，对长身体有好处，并积极诱导婴幼儿喜欢吃各种食物，保证婴幼儿获得全面的营养。

(3)讲究餐前卫生：教育婴幼儿饭前洗手，人们常强调“病从口入”。手接触外界物品最多，最容易受到污染，洗手时用流动水，打上肥皂，边洗边搓，边洗边冲，时间不少于 15 秒钟。

(4)饮食要定时定量：根据婴幼儿年龄的需要量供给相应的食物。注意营养全面，数量充足，食物丰富多样，同时根据婴幼儿心理特征，教育幼儿学会一口饭一口菜，不暴饮暴食，要细嚼慢咽。婴幼儿胃肠道的消化酶和消化液也都有自身的固定量，如果食物量超过这些消化液消化能力的限量，就会打乱胃肠道自身的节律而影响消化系统的功能，对身体造成危害。另外，饭前不吃零食，尤其不要吃

糖果、巧克力等甜食，以免影响食欲。

34. 如何选择安全的食品？

为宝宝选择食品要掌握“三不能”的原则。

(1)多盐的食品不能买：营养专家认为，1 岁前的宝宝是不建议吃调味品的。吃含盐量过高食物的儿童有 11%～13%患了高血压。此外，食入盐分太多，还会导致体内的钾从尿中丧失，而钾对于人体活动时肌肉的收缩、放松是必需的，钾丧失过多，能引起心脏衰弱甚至死亡。

那么，给孩子吃多少盐合适呢？中国营养学会对 6 个月以内的婴儿钠的推荐量是 200 毫克，换算成食盐才 0.5 毫克，而食物中其他成分也含有一定量的钠，因此 6 个月内的宝宝辅食没有添加食盐的必要。6 个月以后，可以考虑适当添加一些。1～6 岁的儿童，食盐量不要超过每日 4 克，即成年人量的近一半。

(2)味道过分鲜美的食品不能买：爸爸妈妈在给宝宝购买副食的时候，如果食品过于鲜美，就应该在脑中打一个问号，是否含有味精？味精又名味素，化学名称谷氨酸钠。它不但可以给食品调出香味，而且营养也很丰富，是一种有益无害的安全可靠的食品剂。但是，过量使用味精，就会使味精所含的谷氨酸钠进入宝宝体内，同宝宝血液中的锌发生特异性结合，生成不能被机体吸收的谷氨酸锌，随尿排出体外。锌是宝宝生长发育必需而且有重要生理作用的微量元素，锌的损失，会导致宝宝缺锌而智力减退、厌食，以及生长发育迟缓、性晚熟。

(3)多糖的食品不能买：糖会损坏宝宝的牙齿，并且会养成宝宝爱吃糖的坏习惯，长大后更可能会引发肥胖症，糖尿病。

四、婴幼儿优秀品质及良好习惯培养

1. 培养婴幼儿德育有哪些基本方法？

教育婴幼儿，应根据他们的心理特点，施以正确的教育方法。

(1)教育宝宝，做爸爸妈妈的最好使用积极的暗示，不要使用消极的命令。这是因为鼓励可以激发小孩子做事情的兴趣，但激励法不可用得太滥，一滥恐失其效用。

(2)宝宝喜欢模仿，言传大于身教，做爸爸妈妈的一方面要以身作则，另一方面还需替他选择良好的环境以支配他的模仿，处处要留心宝宝所处的环境，使他所听的所看的都是好的事物。这样，他自然而然地受到了好的影响。

(3)尽量不使用命令式的语气，但命令一出，无论如何要宝宝服从，最好能使宝宝明白自己的用意。这样宝宝就不至无故违反父母的意思，而父母也不至于无故受累受气了。

(4)对于好的或坏的事情，爸爸妈妈应当明确表示出赞许或批评的意思，给小孩子听，给宝宝看。这是因为，宝宝生来无知，善恶是非的种种观念要慢慢在后天形成，平日爸爸妈妈对于善恶是非显出的态度，宝宝会受到无形的影响。

(5)对待宝宝不姑息也不严厉。一方面予以充分机会以发展自身的能力和健全的意志；一方面限以自由范围使他不得随意乱动，以免侵犯他人的权利。

(6)不要突然命令宝宝停止游戏。就拿成年人来说，正玩在兴头上，一般也不肯放弃有趣的游戏或将成的事情。例如，你正在那里打球打得很高兴的时候，忽然来了一个人怒气冲冲地叫你立刻回去吃饭，你不但不肯听他的话，恐怕还要埋怨他几句。成年人尚且如此，何况小孩子呢？

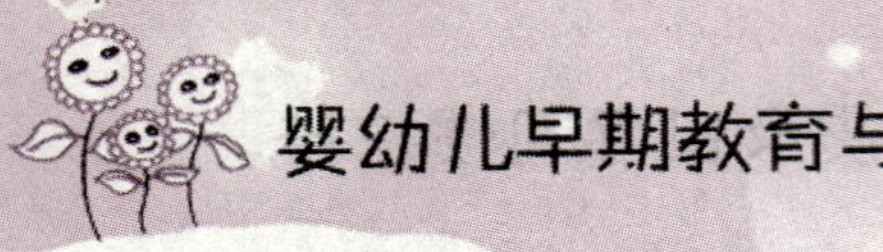

2. 婴幼儿的道德观念形成与发展的特点是什么?

当婴幼儿在日常生活中做出良好的行为时,父母及周围的人就要显出愉快的表情,并且用肯定的词,如“好”、“乖”等给予正强化;当宝宝做出不良的行为时,则显示出不愉快的表情,并且用“不好”、“不乖”的词给予负强化。婴幼儿就是在这样的过程中,不断做出合乎道德要求的行为,并形成各种道德习惯。若以后再遇到这种情况,宝宝便会毫不迟疑地做出合乎要求的行为来,对不合乎道德规范的行为,也会采取否定或克制的态度。当然,2～3岁婴幼儿的道德观念,还只是最初的表现,对他还不能提出过高的要求。

婴幼儿是在与成年人的交往中,逐渐学会道德判断,先学会评价他人的行为,进而学会评价自己的同伴,以后才逐步学会自我评价。在评价自己的行为时,先是模仿爸爸妈妈对自己的评价,以后才逐步学会自己评价自己的行为。但是,由于婴幼儿生活范围狭窄,生活经验缺乏,同时也由于认识和意识水平的限制,评价他人和自己的行为时,并非服从于一定的道德标准。

3. 为何要注意培养孩子的非智力品质?

智力因素(注意力、观察力、记忆力、想象力、思维力等)与非智力因素(兴趣、情感、意志、性格)是心理活动的两个方面,是互相联系、互相影响、相辅相成的。一个人具备浓厚的兴趣、强烈的情感、顽强的意志和坚强的性格等优秀的非智力品质,就能够充分调动人的主观能动性,加强智力结构过程,使智力活动显现积极的活跃状态。从而在学习和工作中产生出超乎寻常的高效率。美国心理学家对800

名男性进行了30年的追踪研究，结果表明：成就最大者与最小者之间最明显的差异不是智力上的差异，而是自信心、进取心、坚持性、不自卑、不屈不挠等良好的非智力品质上的差异。爱因斯坦说过："智力上的成功很大程度上依赖于性格的伟大。"因此，对孩子智力以外的心理素质、品性、生活习惯的培养，对孩子的一生将会产生重大影响。第一，要培养孩子独立生活能力，如1岁会拿勺、控制大小便；2岁会独立吃饭，脱衣服等。第二，要充分保护孩子的求知欲和好奇心，为孩子创造一个宽松安全的探索和应答环境。第三，要培养孩子的专注力，做事认真。第四，培养孩子阅读的兴趣和习惯，每天和孩子一起看书，讲故事，激发他对读书的兴趣。第五，学会控制自己的情绪，如等待、耐心、宽容、谅解、服从。第六，教孩子学会关心别人、尊重别人，愉快地与别人合作，好的东西要与大家分享。只有这样才能保证多出人才，出好人才，真正达到早期开发孩子智力的目的。

4. 怎样让宝宝懂得爱？

首先，要让宝宝理解爸爸妈妈对自己的爱心。爸爸妈妈对子女的舐犊之情难以言表，这种感情表现为爸爸妈妈对宝宝一片爱心。这种爱心如果只成为单方面的，那将是十分可悲的事情。这种爱心只有引起宝宝的共鸣，才能真正起到爱的效果。要让宝宝对爸爸妈妈的爱产生深刻的体验，就需要爱得有分寸，爱得适度。

有的爸爸妈妈对子女盲目施爱，高兴起来无限制地满足宝宝的要求，把对子女的爱单纯地理解为源源不断的物质供给。一旦生起气来就动辄打骂如疾风骤雨。这样的爱法，宝宝当然不会理解。宝宝不是小动物，不能任人喜则招之即来，怒则挥之即去。他们不仅需要物质的满足而且需要精神上的抚慰。要让宝宝在最需要的时候，爸爸妈妈能够来到他的身边，能够理解他，帮助他，体贴爱护他。此时宝宝才最能体验到爸爸妈妈的爱，爱也才能产生共鸣。互爱才是爱的真谛。宝宝只有懂得爱、理解爱，才会对生活、对他人充满爱。

其次，要对宝宝进行分清是非、善恶、美丑的教育。使他们良莠可辨、爱憎分明。最后，让宝宝把“爱”带到集体之中，发扬光大。

5. 如何对幼儿进行品德教育？

(1)激发幼儿对祖国的爱：对幼儿来说，培养他们对祖国的爱，要从身边做起。前苏联教育家苏霍姆林斯基说：“如果一个孩子连他妈妈也不爱，他还会爱别人、爱家乡、爱祖国吗?”爱自己的妈妈，容易懂，容易做，而且还会为日后进行爱国主义教育打下基础。

因此，家长要教育宝宝努力给爸爸妈妈、爷爷奶奶带来欢乐；关心、体贴、照顾生病的家人；有好吃的东西要知道先让长辈和弟弟妹妹。还可通过游览、参观、旅行让孩子领略到祖国大好河山的美丽风光，知道祖国有着辽阔的领土，丰富的物产，悠久的文化……这些都能对幼儿进行爱的熏陶，能萌发他们对祖国的爱。

(2)将孩子养成讲文明、讲礼貌的好习惯：文明礼貌的行为习惯是从小开始长期实践而形成的。因此，家长应要求宝宝从小做到尊老爱幼，待人和气，热情，有礼貌；不骂人，不讲脏话；大人说话不插话，不打断别人说话；在别人家做客时不乱翻东西等。

(3)培养孩子不说谎话、有错就改的好品质：教育宝宝不隐瞒自己的过错，并要勇于改正错误。要让宝宝切实做到这些，最主要的是家长教育的态度，如果对宝宝的过错一味指责，是很难培养宝宝这一品质的。家长发现宝宝说谎时，应分析说谎的原因，有针对性地解决。如孩子要买彩色笔画画，遭到家长拒绝，结果孩子背着家长私拿

邻居家的;有的孩子做错了事怕挨骂挨打而说谎;有的为了满足其虚荣心而说谎等。若是家长不分青红皂白批评孩子,是解决不了问题的。

有的宝宝待人不真诚,有说谎、私拿别人的东西等不良行为,也可能是受了大人不良行为的影响,这种潜移默化的影响会使宝宝形成根深蒂固的恶习,对此家长切不可掉以轻心。爸爸妈妈一定要处处以身作则,当好孩子的榜样。

(4)培养幼儿热爱劳动的品质:让宝宝做到自己的事自己做,自己穿衣、刷牙、吃饭、收拾玩具等。自我服务劳动能培养幼儿生活的条理性和独立生活的能力,并为幼儿参加家务劳动和社会公益劳动打下良好基础。

(5)培养幼儿大方好客、与人友好相处的品格:随着独生子女的增多,孩子独居独食多。培养孩子大方不自私,与人友好相处十分重要。平时家长要教育宝宝不能只顾自己,要和小朋友一起玩,共同分享食品和玩具,并能遵守游戏规则,与其他孩子友好相处。

(6)培养孩子勇敢坚强、自信开朗的性格:勇敢是指人不怕危险和困难,有胆量的一种心理品质。这种品质与人的自信心和自觉克服恐惧心理的能力相关,必须从小开始培养。

要经常鼓励、支持孩子参加各种有益的活动,不要随便指责、嘲笑、挖苦和恐吓孩子,以免形成幼儿遇事胆小畏缩的心理。爸爸妈妈还可以教给宝宝相应的知识和技能,使宝宝产生足够的自信心。宝宝的胆怯行为大多因缺乏自信心,而自信心又是建立在必要的知识技能基础上的。例如,幼儿会对雷电、风暴感到恐惧,对黑暗感到不安,就是因为缺乏相应的知识和相应的能力造成的。爸爸妈妈若给其讲解有关知识,教给一些相应的处理方法,孩子的恐惧感就会减轻不少。

如果孩子确实不够勇敢，能力较弱、天赋较差，爸爸妈妈对孩子的要求就要尽可能符合宝宝的实际情况。例如，当宝宝完成了一件力所能及的事后，要立即给予肯定，不管这事多么小，多么微不足道。这样做对培养孩子的自信心是非常有好处的。

6. 怎样培养孩子的情商？

情商是指非智力因素，就是我们常说的心理素质，它是一个人获得成功的关键。如果一个人性格孤僻、怪异、不易合作；自卑、脆弱，不能面对挫折；急躁、固执、自负，情绪不稳定，他智商再高也很难有成就。

情商应从小培养。首先培养忍耐力。有这样一个实验，选一些智商超常的幼儿，给他们一块糖，说：现在吃就给一块，如果能忍一小时后再吃，可以再奖励一块。跟踪调查的结果是，能忍耐的孩子成功率大大高于不能忍耐的孩子。

怎样培养忍耐力呢？孩子急于喝奶时，不要马上满足他，让他哭一会儿，一边慢慢和他说话，一边拍他的后背，然后再给他吃，忍耐时间逐渐加长，从几秒钟到几分钟。对每次都把零花钱很快花光的孩子，家长可以说："如果你能忍住一星期不花零花钱，下周可以加倍给你，你可以攒起来买你需要的大东西了。"孩子遇到了困难，家长不要马上给他帮助，而是鼓励他坚持一下，忍受挫折带来的不愉快，很快就会成功的。

培养适应能力。有的家长很少让孩子出门，担心这担心那，孩子看到生人就哭，长大后就易敏感、退缩。孩子离开母体后需要适应新环境，不给孩子机会，他的适应能力是不会自然提高的。

培养好奇心和探索精神。开始孩子对外界刺激是被动地接受，

逐渐对周围的一切感到好奇，都想尝试去摸摸、看看，如果家长什么都不让孩子动，将来想让他有兴趣干点什么事，他也懒得动了。

自信心是靠自己的行动获得的，总是被喂饭的孩子自己不会吃东西。所以，孩子想自己拿勺子，玩一下遥控器，拉开关时，家长不要制止他，应引导他："你看，妈妈怎么开电视的。"不要老数落孩子："你怎么这样不听话！这个不能动！"这会伤害孩子的自信心和自尊心，如果真是不让孩子玩的东西，应该用转移注意力的方式。

家长还要常带孩子去公园，培养他们的应激能力。例如，前面出现一汪积水，妈妈可以问孩子"我们怎么过去？"启发孩子动脑筋想办法克服困难。如果采取把孩子抱起来越过积水，会滋长孩子的依赖性，胆子更小，独立性更差了。母亲不可能永远代替孩子越过生活中一个又一个的"积水"。

7. 怎样培养婴幼儿的良好情绪？

婴幼儿期是各种良好行为习惯形成的开始时期。情绪经常处在良好状态的婴幼儿，对成年人的各种指示一般都乐于接受，这样就有利于婴幼儿的健康成长，形成团结友爱、遵守纪律、独立活动等良好的行为和习惯。

(1)要有目的地培养婴幼儿的积极情绪

①爸爸妈妈要以愉快、喜悦的情绪感染婴幼儿。情绪是可以相互感染、影响的，尤其是婴幼儿。爸爸妈妈有意识地以愉快、喜悦的情绪去感染他们。经常发怒的宝宝及情绪焦虑的宝宝，基本上都是因受爸爸妈妈的影响所致。有的宝宝虽然爸爸妈妈的心情较好，但由于爸爸妈妈对他们过分溺爱、迁就，因而脾气暴躁，经常发怒。

②要细心了解婴幼儿的需求，并给予恰当的满足。宝宝有生理

和社会心理的种种需求，有些需求如果是合理的，也是爸爸妈妈力所能及的，就应当给予满足，这样可使宝宝情绪稳定和愉快。有时宝宝表达不清自己的需求时，爸爸妈妈必须细心体察、了解，正确对待。

③要给宝宝有“情绪准备”的时机。爸爸妈妈在教育婴幼儿时，往往习惯用命令的方式，要求婴幼儿立刻听从，不给他们留有思考及情绪准备的时机，这样容易引起婴幼儿的“逆反心理”，甚至出现对抗情绪，使婴幼儿的情绪处于消极状态。因此，爸爸妈妈在教育婴幼儿时，必须尊重他们，说服他们，要让他们自然滋生积极情绪，如宝宝迷恋于看电视，但睡眠时间一到，母亲就立即将电视机关上，命令他上床睡觉。这种简单、快速的处理方法容易激起宝宝大哭大闹。如果爸爸妈妈改变方法，当睡眠时间快到时，妈妈就说：“××很乖，再看一会儿就去睡的。”有时则说：“我喊一次一、二、三，你就上床去睡觉，好吗?”这样就给孩子留有情绪变换和思考的余地，宝宝就容易接受了。

④要经常引导宝宝去完成力所能及的任务，使其体验“成功”的欢乐情绪。不要让宝宝仅仅在满足吃、穿需要时才产生愉快、喜悦的情绪，应同时让宝宝在完成学习、劳动任务中，或在游戏活动中体验到“成功”的欢乐，尤其对于年龄较大的宝宝，更要注意这一点。让宝宝经常和小同伴玩，在家里帮爸爸妈妈做简单的家务劳动，宝宝的生活得到充实，在完成各种任务的过程中会获得满足和愉快。

⑤要引导宝宝不将爱集中于一两个人身上，以避免在分离时产生痛苦的情绪。婴儿对于直接养育照料他的人特别依恋，这是正常的。随着年龄的增大，应该引导宝宝对更多的人产生爱，这样他们不至于因为同某一个人分离而产生忧虑和痛苦的情绪。

(2)要注意防止婴幼儿产生恐惧、愤怒和紧张等消极情绪

①注意防止产生恐惧情绪。婴幼儿的恐惧情绪，往往是由客观

环境和成人不正确的对待形成的。有学者调查过10名胆量特别小、常常有恐惧心理的宝宝，这些宝宝都怕医生、警察，怕听到“派出所”这个名词，原因是当他们不听话时，爸爸妈妈总是用“叫医生给你打一针”、“叫警察把你捉去”、“拉你到派出所关起来”等吓唬他。防止和消除宝宝的恐惧情绪，必须从宝宝的实际出发，一般的做法是：

● 防止给宝宝突如其来的刺激（如巨响、身体的刺痛等）。对于不可避免的雷声等应事前提醒宝宝，让其有思想准备，爸爸妈妈也应做出镇静、不惧怕的样子。

● 防止给宝宝精神威胁。如把他们关到暗处，或讲些易引起宝宝害怕的故事，或用宝宝惧怕的东西吓唬他们。对于已经害怕暗处的宝宝，成人应设法陪同或引导他们在暗处的空间里活动，让宝宝逐渐了解黑暗处除了缺少亮光之外，并无可怕的事物。

● 防止打骂宝宝，尤其不能用突然袭击的残酷手段打孩子。

②防止产生愤怒情绪

● 爸爸妈妈要以身作则，经常以愉快的心情、柔和婉转的言谈和表情影响宝宝是最为重要的。

● 爸爸妈妈平时不应迁就宝宝的不合理要求，并教育他们讲礼貌、守纪律、养成良好的待人接物的习惯。无理取闹减少了，愤怒情绪的产生也会随之减少。

● 爸爸妈妈要帮助宝宝转移不满、不悦的心情、避免形成愤怒情绪。

③防止产生紧张情绪。紧张情绪的产生往往与惧怕情绪的产生相联系。不过有些紧张情绪持续的时间较长，表现为经常性的焦虑不安。

● 爸爸妈妈不应在学习上施加压力。爸爸妈妈不适当的、持续的压力往往容易引起婴幼儿情绪紧张。

● 吸引宝宝去完成他能完成的任务，使其体验成功的喜悦，缓解紧张的心理。

● 对于已经出现情绪紧张的宝宝，爸爸妈妈要及时加以抚慰或将他们的注意力引向其他方面。

8. 怎样培养孩子的独立性？

孩子都有要求独立的天性。“我自己做”，这是每个孩子都会说的一句话。可是要真正让孩子达到“自己做”的目标，则需经过一番努力，而且还会遇到不少的障碍。

独立性是后天发展起来的一种品质，它是在适宜条件和精心培育下，随年龄和心灵的成长而形成的。它是儿童在与周围环境的相互作用中，特别是在与他人的交往中，通过亲身体验以及卓有成效的教育逐渐形成和发展起来的。爸爸妈妈应当尊重和培养儿童的独立自主性，实现个性品质的自我完善。

决策能力是独立性的重要内容，要从小培养。应该让孩子做力所能及的事。例如，培养婴儿自己拿饼干吃、学会自己抱奶瓶喝奶、拿杯子喝水及坐在椅子上进餐，并开始培养婴儿独立坐便盆大小便，成年人为他穿衣、盥洗时要求婴儿配合。在动作方面，要培养婴儿独立爬行、去拿玩具、扶栏站立、成年人扶着婴儿双手或单手走几步路、去捡扔掉的玩具。在1～2岁的婴幼儿阶段，孩子能掌握最简单的日常生活动作，喜欢自己用勺吃饭，自己走路，搬小椅子玩，但动作不准确、不稳当。这时候，家长不能图省事，什么都代劳，不要怕他碰着、摔着而事事禁止。而应该耐心培养孩子独立生活的能力。孩子1岁半时就可以教他穿脱衣服和鞋袜。虽然是在成年人指导下进行，但培养了他们的兴趣和自己穿脱的意识，为以后独立穿脱打下了基础。

3岁左右，幼儿独立性的发展进入了一个新阶段。他常常表示自己的意愿，渴望像大人一样独立行动。因此，他一切模仿大人，不管是说话的语气、声调、表情、神态，还是动作，以及待人接物的态度和思想感情，都能惟妙惟肖地模仿。所以，大人应该注意检点自己的言行，以身作则，做幼儿模仿的榜样。

要发展儿童的独立性，还要放手让他们玩游戏，不加限制。如果游戏中遇到困难，要给予他们启发帮助。为培养幼儿的独立性，成年人要注意尊重儿童，把他们看成一个有独立人格的人，而不能随意贬低、侮辱他们。我国传统的家教往往不注意尊重孩子，什么事情都是大人说了算，孩子大多只有服从的份，没有做决定的机会。1岁的孩子就已有了自己的主意，在与家长意见不同时会说“不”。所以，家长应尽可能让孩子自己拿主意、做决定或让孩子参与决策，而成年人则起好“调整”及“把关”的作用。当带幼儿出去玩时，不妨问他“今天我们去哪儿，去做什么，怎么去”等，让他自己做选择，让他逐步学会怎样做决定。

9. 细节培养有什么意义？

如今流行一句话：细节决定成败。教育专家认为，这一观点同样适用于孩子的教育培养，强调“细节成就孩子一生”。孩子的良好品质与良好习惯，不仅是在日常生活中由一个个生活细节逐渐培养而成，也完全体现在一个个生活细节里，可谓“细节影响品质，细节体现品位，细节显示差异，细节改变命运”。因此，成功的家庭教育始于细节，教育孩子应当从那些看似微不足道的细节入手，从生活中的点点滴滴抓起。俄国著名教育家马卡连科曾谆谆告诫我们：“孩子智力开发与艺术素质从小培养固然重要，但生活习惯的教育也绝不能忽视，且教育必须从细节开始。”曾有75位诺贝尔奖获得者在巴黎聚会，有记者问其中一位：“您在哪所大学里学到了您认为最重要的东西？”老人平静地回答：“是在幼儿园里。”接着他告诉记者，在幼儿园里他学到了东西要放整齐，吃饭前要洗手，每天睡个午觉，把自己的东西分一半给小伙伴，做错事要道歉，观察大自然要仔细等。这就是他学到的让他一生享用不尽的最重要的东西。“一树一菩提，一沙一世界”。生活的一切原本就是由细节构成，作为爸爸妈妈千万别忽视了这一点，在宝宝成长的道路上引导他认真做好每一个细节。

爸爸妈妈在教育宝宝时，首先，要摒弃“小节无害”的观念。现在不少爸爸妈妈的注意力都放在孩子的智力开发、特长培养上，对孩子的生活细节、道德细节、文明细节、安全细节等关注比较少，认为骂个人、撒个谎、乱扔一下垃圾或磨蹭懒散、丢三落四、顺手牵羊等都是小节，算不了什么，常采取听之任之的态度。可实际上这些细节和小事，会对孩子的人生观、价值观产生潜移默化的影响，会演变成一种不良习惯或品行。儿时爱撒谎的孩子，长大了就有可能不讲诚信；儿时不懂得谦让、分享的孩子，长大了就有可能不善于合作；儿时爱乱放东西、丢三落四，长大了就有可能缺少秩序感、条理性……爸爸妈妈应当意识到，孩子教育无小事，事事都关乎孩子的健康成长。其次，爸爸妈妈要注意细节教育。爸爸妈妈应当引导孩子从简单的小事做起，从细微之处做起，认真做好每一个细节，以培养孩子良好的品行、习惯、情操。其实细节教育并不复杂，只是需要做爸爸妈妈的用点心思，脑子里有关注细节这根弦，随时随地都可以进行细节教育。例如，经常提醒孩子，接到别人送的东西要说“谢谢”；见到老师主动问好；用过的东西要物归原处；不随地大小便，乱涂乱写；不在公共场所喧哗吵闹；不乱穿马路；不说脏话……这些生活中点点滴滴的细节做好了，积累起来就是良好的品质和习惯，那将是宝宝一生享用

不尽的财富。同时，在细节教育方面，爸爸妈妈还要注意抓苗头，发现不良细节要及时纠正，因为不良细节一旦固化成为一种坏习惯，再纠正就要花大力气了。还有，要不怕重复，不厌其烦。别指望立个规矩，提醒几句，孩子就能做到。必须不断地引导他们，让他们知道该做什么、不该做什么。总之，源自家庭的细节教育对宝宝的成长影响很大，爸爸妈妈在宝宝年幼的时候，教给他怎样做好每一个细节，就奠定了他怎样的生活品质，也就决定了他将来有怎样的人生。

10. 怎样培养孩子的快乐情绪？

在日常生活中，当宝宝的生理需要得到满足时，宝宝可以体验到快乐。例如，宝宝吃饱了可以感到快乐，在与爸爸妈妈玩耍、交流中也可以感到快乐。但是随着宝宝长大，快乐最重要的来源是有了“成就感”时所产生的快乐。例如，宝宝通过爬行拿到了自己想要的玩具；自己用手把食物送进嘴巴，并“尝到”食物的时候；翻开报纸找到被藏起来的毛绒狗时，他可以体验到很大的快乐。快乐是最基本的正向情绪。它与成就感相联系，包含着力量和信心的体验，伴随着自我肯定和满足，有益于身心健康。宝宝经常在成功中得到快乐，有助于形成乐观的个性。宝宝在游戏和学习中所获得的成就感及伴随而来的喜悦将成为日后继续学习和做事的真正动力。

日常生活中，怎样培养孩子的快乐情绪呢？

(1)建立快乐幸福的家：帮助宝宝找到持久快乐的最佳方法之一就是爸爸妈妈自己生活要快乐。我们能为宝宝做得最好事情就是自己成为一个快乐的、知足的人。生长在快乐家庭的宝宝，长大后比一般的人要更快乐。其中部分原因可能与遗传有关，但爸爸妈妈所创造的快乐环境也是宝宝快乐的源泉。

(2)让宝宝在有意义的活动中感受快乐:快乐的最重要的来源是成就或创造的成果以及完成了有意义的活动。快乐随完成某种成就的努力而产生。例如,宝宝蹒跚从远处走到妈妈面前,他体验着的是真正的快乐,因为他做完了一件事情,得到了成就。让宝宝参加游戏、同他人玩耍、让宝宝在自己的活动和活动成果中体验,从中得到对世界、对社会和人的信心和自信,得到对人宽容和忍耐的力量。在成功中,宝宝得到快乐的同时,也体验到了力量和信心,有助于自我的肯定。

(3)对宝宝的批评要恰当:爸爸妈妈批评宝宝的方式正确与否,显著地影响着宝宝日后性格是乐观还是悲观。爸爸妈妈对宝宝的批评应该恰如其分,不应把几次错误夸大成永久性的过失。爸爸妈妈应该具体指出宝宝的错误及犯错误的原因,使宝宝明白自己所犯错误是可以改变的,并知道从何处着手改变。

(4)不压抑宝宝的快乐:快乐是一种基本的情绪,人本性中就有快乐的成分。宝宝在出生后的2个月左右,就会有了社会性的微笑。对于宝宝的想法、兴趣爱好,做爸爸妈妈的不要过分限制,不去压抑宝宝的天性。尤其是在学龄前,尽量给宝宝一个自由自在活动的空间。

(5)对宝宝不要感情冷淡:从小无感情体验和感情依恋的宝宝长大后不会对他人施以爱和同情,他们将生长成冷漠无情的性格,很少体验快乐,难以与人相处,当然也就不会具有乐观精神。不论爸爸妈妈的工作有多繁忙,都要尽量抽出时间来陪陪宝宝,让宝宝感受到爸爸妈妈的爱。不要依赖于孩子的爷爷、奶奶,甚至保姆,也不能把所有教育宝宝的责任都推卸给老师。

(6)教育孩子笑对失败:现在的孩子大多是在温室中长大的,经历的风雨不多,一旦遭受挫折和失败,往往容易痛苦不堪。平常应注

意鼓励宝宝接触各类事物，接触的事情多了，见多识广，心胸自然就开阔，悲观的思想便不容易产生了。宝宝主动去做了，不一定成功，爸爸妈妈要激励孩子，让孩子逐渐懂得：人生不如意事十有八九，天下没有哪个人未经历过失败，每一个成功的人都是从失败中走过来的。

11. 怎样培养孩子的好奇心？

培养孩子的好奇心，包括正确对待孩子提出的问题和正确对待孩子因好奇而导致的破坏行为两个方面。

(1)正确对待孩子的提问：由于宝宝的好奇心理，知识面狭窄，生活经验简单，他常常会提一些幼稚的、甚至让人捧腹大笑的问题。对于一个大人觉得简单的、已作答的问题，他会刨根问底，问了一遍又一遍，不厌其烦，让人难以招架。宝宝好问是好事，但要满足宝宝的好奇心，让宝宝得到满意的回答却是件难事。这就要求我们讲究对待宝宝提问的艺术。

①我们要鼓励宝宝提问，启发宝宝提问，不要讽刺、嘲笑。宝宝好问，说明他好奇心强，求知欲强，爸爸妈妈要对他进行赞扬和鼓励，并及时、正确、通俗地回答。爸爸妈妈如果忽视宝宝的提问，对宝宝的问题置之不理，甚至嫌宝宝烦，就会导致宝宝不敢或不愿再提问，对周围的一切都失去了好奇与热情。高尔基曾经说过："对儿童的问题，如果回答说等着吧，长大了就会懂，这等于打消儿童的求知欲。"所以，爸爸妈妈对宝宝的提问应该认真回答。对于一些宝宝当时确实不理解的问题，不能给宝宝以"等你长大了，读的书多了就会明白"这样的回答，应鼓励宝宝进一步学习知识，自己寻求答案。

②回答宝宝的问题要有启发性。对于定向性的问题(如那是什

么？这叫什么？）可以直接回答宝宝，但对于有逻辑关系的以及其他较复杂的问题，爸爸妈妈要注意引导宝宝去思考，让宝宝用自己已有的知识经验，通过观察和总结找出答案。有这样一件事例：一个小孩看着空中的满月问："爸爸，月亮会永远永远这么圆，这么亮吗？"这位爸爸没有直接回答，只是说："过几天再来看，你就会发现这个秘密，知道答案了。"几天之后，在一个月光朦胧的夜晚，爸爸带着孩子出来看月亮。小孩看见了弯弯的月亮又说："爸爸，弯月亮不好，还是圆月亮好，你说月亮还会变圆吗？"这位爸爸仍未直接回答，而是答应过一段时间再带他出来看。后来他又看到了圆圆的月亮，他高兴地嚷道："真有趣，月亮会从圆的变成弯的，又从弯的变成圆的。"这位父亲的作答方式是值得肯定和提倡的。他既使孩子的好奇心得到满足，又让宝宝通过自己的观察思考明白了"月有阴晴圆缺"的现象。

③还应该注意一点，如果孩子提出的问题爸爸妈妈也不知道答案，不要"不懂装懂"，信口开河去哄骗宝宝。应该如实告诉宝宝："这个问题我也不知道答案，等我查了书或问了别人再告诉你。"事后，爸爸妈妈要言而有信，尽快把正确答案告诉宝宝。

(2)正确对待孩子因好奇而导致的破坏性行为：宝宝强烈的好奇心除了表现为好问之外，还表现为好动。由于宝宝的好奇心而且年幼无知，其好动倾向往往会导致一些破坏性行为的发生。对此，爸爸妈妈要正确处理，不可打骂指责和惩罚宝宝，而应该耐心地引导、教育宝宝。例如，宝宝拆坏玩具后，爸爸妈妈不应该打骂，或是训斥再不给他买玩具了，而应该简单地向宝宝讲述玩具的构造原理和安装方法，然后与宝宝一起把玩具修好，并向宝宝介绍玩具的正确使用方法，让宝宝学会使用玩具、爱惜玩具。

12. 怎样培养儿童的意志力？

意志力表现为一个人实现自己生活、学习、工作直至人生目标的重要品质，同时，也是一个人克服困难，跨越障碍，解决矛盾的心智力量。它不是与生俱来的，而是受环境影响或培养而来的，可以通过训练获得，而意志力培养也应该从孩子抓起。

对于婴幼儿来说，生活的细节和习惯是培养他们意志品质最好的平台。例如，给宝宝制定一个固定的起居时间表，让宝宝按照时间表起床、吃饭、睡觉。在节假日可以有适当的宽松，但不能因为其他因素而破坏规矩，打乱宝宝的作息时间，吃饭也应该在固定时间段内完成。

意志力的另一方面是对事物的专注力。专注力的培养可以从游戏开始。给宝宝买一些玩具，如积木、拼图板等，爸爸妈妈在旁边陪伴，指导他玩。开始时，孩子往往只能维持几分钟，但随着年龄的增长和宝宝游戏水平、动手能力的逐步提高，宝宝会延长其专注的时间。涂涂画画、玩装拆玩具，听较长的故事，看连环画等，培养宝宝的耐心和静心。当然这方面要注意结合孩子的兴趣进行训练，使之成为自觉行为，不要勉强。勉强反而会起到反面作用。

做事善始善终，是培养孩子坚强意志的有效途径。爸爸妈妈可先让宝宝做些简单的，在短期内能完成的事情，在宝宝完成任务之后对他进行适时鼓励，树立他的信心，然后逐渐交给他比较复杂的，需要较长时间和一定耐心，付出一定努力才能完成的工作，并在宝宝遇到困难或不想再做的时候给予适当鼓励和帮助，让宝宝坚持把事情做完。一些好的益智玩具，可以从简单易学到复杂精致地玩，是比较适合做这方面的训练的。爸爸妈妈对孩子的要求应合情合理，既要

有一定难度，又是宝宝能够完成的。要求一经提出，就不要轻易更改或降低标准，要贯彻始终，直至达到目的为止。这对培养宝宝的意志力来说是很重要的。

爸爸妈妈自身的意志力对宝宝也有着重大的影响。孔子说："其身正，不令而行；其身不正，虽令不行。"无论爸爸妈妈的文化程度是高是低，不论是什么职业，爸爸妈妈的刻苦好学自强不息的坚强意志，永远都是宝宝最好的榜样。我们在给宝宝制定标准，培养毅力的同时，也是对自身意志力的一种提高。有些爸爸妈妈由于本身意志力就比较差，遇到困难，比孩子先行打了退堂鼓，那教育和培养孩子意志品质就无从谈起了。

13. 怎样培养儿童的自控力？

自控是调节行为的心理能力，是指善于控制自己的情绪，支配自己行动的能力，婴儿由于神经系统发育不完善，各种刺激易泛化，缺少对错观念，所以自我控制能力的确很差，但在幼儿期可通过引导教育培养他们的自控能力。如何培养幼儿的自我控制力？

(1)培养幼儿良好的行为习惯。对婴幼儿自我控制力的培养，最初可以在生活习惯方面，如要求孩子准时起床，准时就寝，按时饮食，不偏食、挑食等。随着孩子年龄的增长，对他的自控能力培养着重于社会道德规范和社会责任心等方面。

(2)对自制力薄弱的宝宝，不应消极地对待，而需要从小潜移默化地培养，否则会削弱宝宝的自控能力。应让宝宝感到在家庭中是有约束力的，是不可以为所欲为的。爸爸妈妈对宝宝不能有求必应，这样势必会造成宝宝任性。让宝宝学会等待，让他体验有些东西不能立即得到满足。当宝宝情绪不佳时，要鼓励宝宝把不好的情绪讲

出来，宝宝就能通过爸爸妈妈的语言安慰，来使自己的情绪得到控制。教会宝宝控制自己的冲动，告诉他发脾气对自己对别人都没有好处，并不能解决问题，而采取别的方式问题可能会得到解决。

(3)爸爸妈妈应以身作则，避免在宝宝面前表现情绪失控。

虽然培养宝宝的自我控制能力有一定困难，但通过言传身教，宝宝会逐渐学会通过控制自己的情绪来适应外界的压力。

14. 如何培养孩子良好的性格？

爸爸妈妈都希望宝宝早日成才，除了要进行智力投资外，可别忘了从小培养宝宝良好的性格，因为宝宝性格如何，直接决定了其一生的命运。那么，现代儿童需要什么样的性格，又如何培养呢？

(1)要有强烈的自信心：一个人相信自己有能力去迎接各项挑战时，他才有可能战胜它。要做到这一点，爸爸妈妈首先要尽可能地早发现宝宝的天资和才能，有意识地去诱导他、鼓励他抱有成功的信心。

(2)要有饱满的热情：一个人如果缺乏热情，任何事业都不能成功。热情，对大多数宝宝来说，都是生而有之的，然而，要使其不受伤害，继续把热情保持下去，却不容易。因为热情是脆弱的，很容易被诸如考试的分数、他人的嘲笑或接连的失败等挫伤，以致被摧毁。因此，爸爸妈妈要十分注意保护宝宝的热情，千万不要随意伤害它。

(3)要富有同情心：大多数宝宝对于有生命的动物所遭受的痛苦是很敏感的。如果一个家庭经常关心他人，那么，自然会在宝宝幼小的心灵中播下同情的种子。

(4)要灵活性强：怎样培养宝宝的适应能力呢？最好的方法是尽早用成年人的爱心和感情去对待孩子，使他们能早日成熟，避免由于

过分幼稚和脆弱而经不起来自社会的各种冲击。

(5)要充满希望:这种特性能使人在黑暗中看到光明,敢于迎接挑战。要培养宝宝对生活充满希望,爸爸妈妈本身就应该是乐观主义者。如经常教育宝宝:失败乃成功之母。这样,当困难真的来到时,宝宝就会敢于面对现实,临危不惧,从而建立起坚强的个性和忍耐力。

有人提出培养孩子良好性格的8个策略,现予以介绍。

策略1:对待宝宝要有耐心。以尽可能的耐心最大限度地满足宝宝的合理要求。宝宝其实就是爸爸妈妈的影子,爸爸妈妈以怎样的态度对待宝宝,这种态度也会潜移默化地成为宝宝性格的一部分。必要的时候,要让宝宝承受一些忍耐和等待,即使他的要求是合理的。例如,爸爸妈妈在忙很重要的事情,就可以耐心地告诉他,让他知道忙完了会再去陪他。

策略2:言出必行。爸爸妈妈千万不要以为偶尔骗骗宝宝是无所谓的,要知道宝宝对欺骗是很敏感的。要时刻让宝宝意识到答应他的事情你一定会去做,一方面让他获得信任,另一方面在他面前树立威信。

策略3:始终如一。做任何事情要始终如一,处理同样的事情要给出同样的标准,让宝宝明白任何事情的原则性是不能轻易改变的。因为爸爸妈妈可能忘记所给出的标准,但宝宝是不会忘记的。

策略4:不把自己的意愿强加于宝宝。每个宝宝都有自己的喜怒哀乐和兴趣爱好,即使是爸爸妈妈,也无权让他事事都按自己的意愿来完成。例如,强迫宝宝参加或学习各种他不感兴趣的学习班等。凡事可以和宝宝商量,这样既不会影响宝宝的情绪,又能培养宝宝的独立性和主见性。

策略5:忽视宝宝的无礼要求。有时宝宝会提出无礼的要求,遇

到这种情况爸爸妈妈一定不能满足，一次也不能妥协。有时宝宝不会马上放弃自己的要求，他会试探性地观察爸爸妈妈的态度，因此爸爸妈妈一定要态度坚决，完后和宝宝以理沟通。

策略6：适当地给宝宝一点权力。有时，宝宝会对某件事很感兴趣，这时不妨给宝宝一点选择的权力。例如，妈妈在厨房切菜，宝宝也想尝试，妈妈可以让宝宝帮忙洗菜，做些辅助性工作，这样既可让宝宝远离危险，又能让他体验到参与厨房工作的快乐，并告诉宝宝刀是很危险的东西，不能随便碰。

策略7：让宝宝承担一点责任。从小就要注意培养宝宝的责任感，让宝宝明白做任何事情都要承担责任。例如，自己玩完了玩具要收拾干净；做错了事情要勇于承担后果，接受批评并努力改正。

策略8：让宝宝了解别人的感受。2～3岁的宝宝处于以自我为中心的阶段，因此得让宝宝学会了解别人的感受，体谅别人。例如，让宝宝了解爸爸妈妈的感受，体谅爸爸妈妈的辛苦。让他知道爸爸妈妈忙的时候，宝宝自己做力所能及的事情；打别人，别人会痛的；当人遇到困难是很希望得到帮助的等。

宝宝的良好性格是靠平时一点一点培养起来的，爸爸妈妈就更要注意给宝宝做个好的榜样，起到监督和指导的作用。相信拥有良好性格的宝宝，在未来的道路上会更能经历风雨，取得成功。

15. 如何培养孩子的兴趣爱好？

(1)启发和引导孩子的求知欲：小孩子特别爱问“为什么”、“这是怎么回事？”面对孩子千奇百怪的问题，有的爸爸妈妈则会显得不耐烦。然而，这些问题恰恰是求知的萌芽，爸爸妈妈应该耐心面对，用通俗易懂的语言为其解释。

(2)从游戏中开发孩子的兴趣:爱玩是小孩子的天性,一些益智游戏也能激发孩子对某一事物的兴趣。同时,因为孩子的年龄偏小,他对有兴趣的事情,一开始往往只凭好奇和热情。因此,爸爸妈妈要引导他从兴趣中探索和思考,从兴趣中获得科学知识,使其保持兴趣的长久性。

(3)学会鼓励孩子:爸爸妈妈是孩子心目中的第一个权威评价者,他们渴望得到爸爸妈妈的肯定。如果爸爸妈妈总是"打击"孩子,有可能摧毁其求知欲。因此,当孩子做得好时,爸爸妈妈可以适时表扬,而当宝宝做得不好或者失败时,要先发现宝宝有创造性的一面,然后再鼓励他们。

对孩子兴趣爱好的培养,爸爸妈妈最好能顺其自然,因材施教,能扬长而避其短,必要时,还可适当地将标准降低一点,依据孩子的特点施以适度的教育和鼓励,方可达到预期的目的。

16. 怎样培养宝宝的幽默感?

一个幽默的人会非常受大家的欢迎。有的父母想在幼儿阶段开始,培养孩子的幽默感。

其实,孩子的幽默感来自父母,尤其是在学龄前阶段。孩子是父母生命的延续,是父母最真实的镜子,潜移默化中,父母的许多特点在孩子身上都得到再现。所以,要培养孩子的幽默感,为人父母者,首先要看看自己是否也需要培养幽默感,最起码,是否能够真正欣赏幽默。

要在日常生活中一点一点地培养孩子的幽默感。

(1)积极乐观的心态:幽默的心理基础是乐观、积极向上的心态。要培养孩子的抗挫折能力,不怕失败,能看到事情积极的一面,不要

一味地悲观失望。

（2）自信：真正幽默的人，不怕受人嘲笑，而且非常善于自嘲，这种自嘲实际上是建立在自信的基础之上。

（3）敏捷的思维能力：幽默常常需要机智。而且幽默的人观察事物有自己的角度，不因循守旧，对事物有自己的看法，观点新颖，因而常常语出惊人。

（4）要培养宝宝的理解能力：真正的幽默，需要用心体味，理解能力强了，孩子才能欣赏别人的幽默。

（5）语言表达能力：丰富的词汇有助于表达幽默的想法。如果词汇贫乏，语言的表现能力太差，就无法达到幽默的效果。爸爸妈妈平时可以多给宝宝讲讲幽默故事，机智故事，脑筋急转弯等，训练宝宝思维的敏捷性，丰富宝宝的词汇。

爸爸妈妈在希望宝宝具有幽默感的同时，请别忘记自己孩子的个性特点。有的孩子比较活泼，有的孩子比较内向，他们所表现出的幽默形式也会不同，有的比较外露，有的比较含蓄。幽默来自人生丰富的内涵，随着知识面拓宽，阅历增加，举止谈吐自然会有所改变。爸爸妈妈不要操之过急，要耐心丰富宝宝的内心世界。真正的幽默是自然而然表现出来的，千万不要为了幽默而幽默，变成冷嘲热讽，或者变得油嘴滑舌。

17. 如何对孩子进行挫折训练？

有意识地创造和利用一些困难情境训练幼儿，对形成幼儿的坚强意志是极为有益的。宝宝摔倒了之后再爬起来，是一个非常重要的磨炼过程。大多数孩子遭遇苦难的机会不多，但遇到的挫折却不少。宝宝的成长，95％取决于家庭教育，凡事让宝宝自己动手，主动

设计一些艰苦和挫折的历练，塑造宝宝坚强的性格、培养忍耐的精神。遭受一些失败和挫折，并且依靠自己的能力去战胜它，就会为以后克服更大的困难和挫折奠定基础。

对宝宝来说，他想要玩具，妈妈却把玩具收起来了；或他想吃肯德基，妈妈不允许，这些都可能导致他有受挫折的感觉。挫折是不可避免的，爸爸妈妈要帮助宝宝战胜内心恐惧，成为解决问题的能手；爸爸妈妈要树立挫折教育意识，宝宝受点挫折，对他今后的成长很有好处。

18. 孩子成长需要的七种教育是指什么？

在孩子成长的过程中，他的头脑需要输进些什么吗？教育心理学家列出了以下 7 种教育：

(1)语言教育：婴儿一出世，最迫切需要学习的，就是语言。生下不久，父母一抱上孩子便对他说话，其实就是教他语言。学习母语，对一般孩子来说，都不成问题。正常的孩子，不到 6 岁，都能运用母语应对日常生活中遇到的各种状况。除了母语，孩子还应学一门外语，首选自然是国际语言——英语。

(2)知识教育：孩子所有能接触到的人、物和现象，他都好奇。最好是孩子对环境做到能区别这个人是妈妈，这个人是爸爸，那个人是叔叔，那个人是阿姨；这是桌面，这是椅子，那是床；这是汽车，这是火车，那是飞机，那是船……孩子对他生活的环境认识越多，他越有自信。帮助孩子有计划、有选择地观察和认识生活环境，鼓励他阅读，孩子将会自信地进入成人世界。

(3)创意教育：孩子整天玩玩具，他不觉得寂寞，为什么？因为他觉得玩具是有生命的，他认为玩具是他的朋友，它和他一样，会饿，会

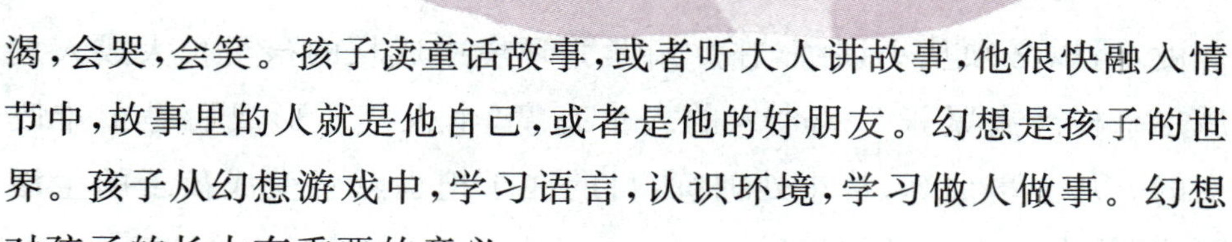

渴，会哭，会笑。孩子读童话故事，或者听大人讲故事，他很快融入情节中，故事里的人就是他自己，或者是他的好朋友。幻想是孩子的世界。孩子从幻想游戏中，学习语言，认识环境，学习做人做事。幻想对孩子的长大有重要的意义。

(4)品格教育：怎样和自己相处，怎样和别人相处，怎样和环境相处，这是做人；事情要怎样进行，才容易达到目标，这是做事。懂得做人做事，他愉快，别人也愉快；相反的，不会做人做事的，他难过，别人也难过。做人做事的问题，随着年龄的增加，会越来越困扰着孩子。父母应该帮助孩子、教导孩子学习做人做事。

(5)生涯教育："我长大要做什么?"这个问题不断困扰着孩子，孩子认识人生，是从电视卡通和电视连续剧，讲故事和连环漫画开始。故事中的主角就是孩子最早认同并想模仿的对象。显然，父母有责任告诉孩子：人生之路百条千条，条条道路认真走下去，路上都有许多动人、感人之处。尊重别人的选择，努力于自己的方向，只有人生认识广泛的人才有这样的胸襟。

(6)思想教育：有人积累了许多经验，但是他不能从中得到教训；有人读了许多书，但是他不能从中得到心得；有人获得各方面的消息，但是他不能分析和判断……我们说他们缺乏智慧。许多人认为智慧是天赋，不错，但智慧大部分还是靠后天得来的。开发孩子的智慧，不但要从早，而且要从小。指导孩子怎样观察事物，与别人有不同的发现、看法和做法的时候，鼓励他表达出来，做出来，孩子小小的发现，小小的发明，小小的心得，都应加以鼓励。成就获得肯定是孩子继续努力的动力。

(7)气质教育：幽默感是一个人最高尚的气质，这种气质怎样培养呢？和开发智慧一样，可以从训练得来。从小训练，从小事训练，从小处训练；多阅读，多观察，多思考是训练的内容。幽默感是人生

态度，所以必须从小训练，在严肃紧张环境中成长的孩子长大成人之后也一样严肃紧张。一个人的人生态度、个人气质形成后是很难改变的。从小事训练，从小处训练，目的在于把幽默感变成孩子的生活习惯，并内化成孩子的气质。

19. 3 岁前幼儿能从事哪些劳动？

对 3 岁前幼儿的劳动教育要结合幼儿的心理发展和动作发展来进行，不能要求过高。对他们的劳动教育主要是自我服务劳动，即吃饭、睡眠、盥洗、穿脱衣服鞋袜、大小便等。宝宝到 7 个月时可以教他用双手抱奶瓶喝奶，用小手拿饼干吃。1 岁后学拿勺吃饭，用小塑料杯喝水，学会坐便盆大小便，学洗手等。2 岁以后自己独立吃饭、洗手、穿脱衣服，自己拿便盆大小便，自己拿玩具、图书。其次，可以做些简单的服务性劳动，如帮妈妈拿肥皂，拿小板凳，帮爸爸拿鞋子、送报等。如果有条件还可让两三岁孩子浇花、喂小动物。

20. 怎样纠正宝宝的不良习惯？

(1)吮手指：吮手指是一种常见的不良习惯，在孩子 3 个月前，吮手指是一种正常现象，以后也会因好奇、饥饿而将手放到口中，但如果孩子在 6 个月以后仍然不时地将手放入口中，或孩子在 1 岁后学得他人吮手的动作，都可能使吮手形成习惯。

养成吮手指习惯的孩子，只要一遇到问题，或者在无事之时，就可能下意识地将手放入口中，长期吸吮手指会发生变形，并出现下颌发育不良，牙列不齐的现象，从而影响孩子的咀嚼功能。制止孩子吮手的方法是随时将孩子放入口中的小手拿出来，告诉孩子这样不好，

让孩子慢慢改正。如果孩子存在着孤独、恐惧、不安时，要及时给予关注，不让孩子靠吮手自慰。

(2)咬指甲：咬指甲往往发生在孩子精神紧张之际，似乎对孩子有一定的安定情绪的作用，时间久了便会养成习惯。所以，要改掉咬指甲的习惯，先要消除引起孩子精神紧张的因素，对孩子举止行为密切观察，一旦发现咬指甲就应温和地制止，或者是分散孩子的注意力，使其慢慢改正。

(3)抠鼻孔：习惯性地抠鼻孔是不文明的，不少孩子抠鼻孔是看大人抠而学习来的。所以，父母先要养成好的习惯。在每次给孩子洗脸时，都要注意清洁孩子的小鼻孔，将鼻涕擤尽，将鼻痂取出。如果孩子由于感冒等原因鼻涕增多，要及时擤干净。擤鼻子要注意不能同时堵住两个鼻孔，应先堵一侧鼻孔，擤出后，再堵另一侧鼻孔。平时要为孩子准备一条洁净的小手绢，也可以在孩子口袋中放一些手巾纸，让孩子学着自己擦鼻子。

(4)眨眼：孩子起初眨眼往往同眼部不适有关，例如炎症、倒睫等的刺激，使孩子觉得眨一眨眼舒服些，以后逐渐形成习惯。眨眼又有不同的形式，有的孩子是用力挤一下眼，有的孩子是快速眨数下。纠正的方法是先检查一下孩子的眼睛有无异常，如存在眼疾，要及时给予治疗。与此同时，告诉孩子眨眼睛不好，当孩子因紧张等因素而眨眼时可分散其注意力。

(5)咬衣被：许多孩子养成不良习惯都含有一定的自慰因素，有时是父母过忙，对孩子照顾不周，有时是父母过于强调让孩子自立。这样那些依恋心强的孩子就会为寻慰藉而养成某种固定动作，如咬衣角、被角、摸衣服的缝边，摸自己身体的某一部分等。纠正这些主要是满足孩子应有的心理需求，告诉孩子不要这么做并转移孩子的注意力。

(6)恋物:有些孩子具有恋物行为,他们对某一种物品的依恋感过于强烈,离开它后,孩子就会哭闹、不安甚至失眠和拒食。开始时,恋物的行为常常是发生在入睡前,这些孩子也许存在着"皮肤饥饿",希望能得到父母的爱抚,但这种需求却得不到满足。也可能是孩子感到不安、紧张而又得不到及时的抚慰,一个偶然的机会,让孩子可能从抚摸这一物品中获得快意和慰藉,渐渐地便形成一种固定的习惯。

纠正的方法是当孩子紧张不安时要及时加以抚慰,纠正孩子胆怯、孤独、拘谨的性格,在孩子入睡前或孩子急切地需要该物慰藉时,分散孩子的注意力,使孩子渐渐减少对该物的依恋,使恋物习惯慢慢被纠正。

孩子的不良习惯,与父母照看的方法有关,有些父母忙起来便把孩子放在"安全"处,给一个橡胶奶嘴让孩子吮,有的母亲在哄孩子入睡时,让孩子吸吮乳头或用手在身上摩挲,从而使孩子养成了坏习惯。已经养成习惯的孩子在条件改变时,往往会哭闹。因此,培养孩子的好习惯,可以帮助孩子更好地健康成长。

21. 如何增强孩子的安全意识?

注意在日常生活中,适时地给孩子进行安全意识教育。由于孩子年龄幼小,抽象空洞的说理并不能够奏效。因此,要在生活中,抓住此情此景来进行实际的形象教育。

首先,要创造安全环境。为防止孩子被烫伤和坠落,在家中一定要创设一个安全的环境。最好不要让孩子单独进入放着开水、热汤和热粥的厨房等地方。在家中的阳台和窗户,都要有防止坠落的装置。其次,要悉心照料孩子。他在进食的时候,应仔细看护,不要逗

引，不要边玩、边看电视、边吃东西。最后，要对孩子进行安全意识教育。

(1)生活环境中的安全自护教育

①进餐。进餐或饮水时先用手摸摸碗或杯子，以免烫嘴；不能乱吃或乱喝没有生产标志的东西；不能用牙签剔牙。

②睡眠。睡前要洗脸、洗脚、漱口；不能含着东西睡觉，不把杂物带到床上玩。

③行走。行走时手不插在衣兜里；会扶着栏杆上下楼梯；学会靠右行走，不猛跑；过马路走人行横道，注意来往车辆；认识红、绿灯等交通安全标志。

④药物。学会辨认药物和一些容易与饮料混淆的有害物品，不乱吃药；知道120急救电话，认识防毒标志。

⑤防触电。教育幼儿不接触电插头、插座等，不在靠近电源的地方玩耍；知道高压电的标志，并远离它们。

⑥开、关门。不在门边玩；不把手放在门缝、抽屉里；知道“安全门”的作用。

(2)意外事故中的安全自护教育

①防火、防烫伤。不在火源附近玩耍；不玩火柴、打火机和蜡烛；知道衣服着火时迅速浇水并快速脱衣服；烫伤后迅速用凉水冲或浸泡患处；知道119火警电话，认识防火标志。

②防雷电。知道打雷下雨时，不能在大树及高大的建筑物下避雨；不在雷雨天看电视。

③防洪水。了解自救知识。抓住能浮起来的物品，或上树或爬到地势较高的地方。

22. 为什么说护牙习惯应从婴儿开始培养？

保护孩子的牙齿应当从他们还不能拿牙刷的时候就开始。家长应注意运用一些简单的护牙知识为婴儿创造良好的护牙环境，从而帮助孩子在今后的日子里减少牙病的发生。

当孩子1岁左右开始长第一颗牙齿时，牙科医生并不能马上就检查出一些可能存在的问题。在这个时期，重要的是家长如何帮助孩子养成良好的护牙习惯。例如，应确保婴儿要吃奶时才去喂他，而不是让婴儿嘴里一边含着有牛奶的奶瓶一边睡觉。牛奶会分解成乳酸。此外，任何果汁饮料所含的糖分都会在嘴里变成酸性物质。这些都会破坏牙釉。

另外，一个有助于强牙坚齿的东西是氟化物，它能使牙釉不容易受损，减少60%的龋齿。专家建议家长在孩子长到6个月以后可以找医生开一些氟补充剂。除了家长应帮助孩子保持良好的护牙习惯外，适时带孩子去看牙医也很重要。当孩子长到2岁以后，家长应定期带孩子去牙科医生那里检查。在那里，孩子可以开始熟悉一些基本的牙齿检查和保护程序，以便他们今后养成定期检查牙齿的好习惯。

当孩子只长出第一颗牙齿的时候，家长就应当开始用干净的湿布帮助孩子清理牙齿。当孩子牙齿渐渐长多了以后，可以用软毛牙刷一日2次地为他们清洗牙齿。家长在帮助孩子刷牙时，要注意让孩子的头稍微靠着大人的身体，而不要让孩子的头低下朝着洗脸池。家长拿牙刷的手应保持在大约45°的角度。家长要教育孩子懂得刷牙是每天早上和晚上都要做的一件事情，并经常提醒他们养成习惯。

此外，家长还应教育孩子保持良好的饮食习惯，如让孩子多吃一

些水果、全麦面包和果仁，而不要吃那些经过反复加工的食品。凡是能粘住玻璃的东西也都能粘住牙齿，如口香糖、软糖和一些黏度较高的零食。这些东西均对保护牙齿不利。可以用水果来代替孩子的零食。

23. 怎样培养孩子定时坐便盆大小便的习惯？

宝宝真正能控制大小便得到1岁半～2岁的时候，此时宝宝的大脑神经系统基本发育成熟，对充盈的膀胱、直肠开始有感觉了，能够主动控制大小便了。在这之前的排便训练只能引导，不能硬来。

(1)给宝宝准备一个色彩鲜艳的卡通造型专用便器，固定放在卫生间，带宝宝如厕最好使用固定的语言或手势：跟宝宝说“拉臭臭”、“大便”，向宝宝示范一个下蹲姿势或者擦屁屁的动作等。让宝宝一听到相同的话或看到相同的手势就能形成条件反射，也有利于宝宝学会使用这些语言和手势，表达排便意思。

(2)最好有具体定时的排便时间，一般早饭或晚饭后30分钟左右，是培养宝宝排便的最佳时间，宝宝坐专用便器的时间控制在5～10分钟即可，如果宝宝没有便意，强行延长坐便时间是不可取的。

(3)不要为了哄宝宝不哭闹，就给坐便盆的宝宝吃东西、玩玩具或看图书，这样转移其注意力更难以顺畅排便，久而久之造成恶性循环。

(4)培养宝宝快乐的如厕情绪很重要，家长可给予适当表扬和鼓励，即使排便失败，也不要训斥宝宝，不要让宝宝产生排斥和厌恶排便的抵触心理。

(5)宝宝如厕的表现通常是波浪式摆动的，有时候进三步、退一步，家长一定要有耐心，多鼓励。

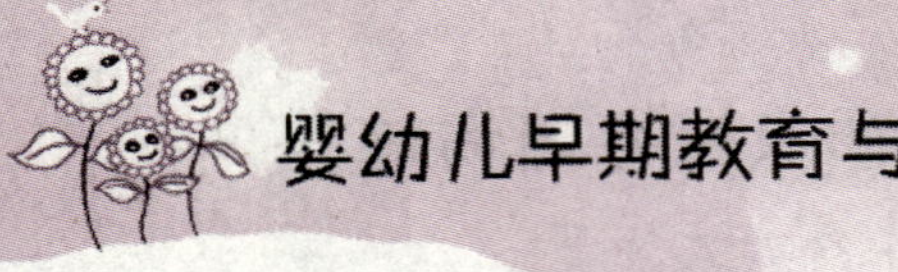

24. 如何纠正孩子挑食的坏习惯？

婴幼儿正处在迅速成长的阶段，对各种营养素的需要量相对较多，如果营养素摄入的量不足或品种不全面，就容易产生营养素缺乏症。合理全面的营养是促使婴幼儿健康成长的重要因素之一。孩子挑食的坏习惯，是会影响生长发育的，怎样纠正这一坏习惯呢？

首先，家长不要说孩子不喜欢吃什么等话，不消极暗示。其次，应合理安排饮食，注意品种的搭配，经常改变食物的烹调方法，使之色、香、味俱全。如鸡蛋除了做"水煮蛋"以外，还可以做成炒蛋、荷包蛋、蒸蛋等；不吃蔬菜的可以把它剁碎后和肉馅一起包饺子或包包子吃；另外，家长要以身作则，对什么食物都要吃得津津有味，不要当着孩子的面说什么好吃，什么不好吃。再就是要用称赞的语言，表扬孩子会吃、不挑食；当然还可以有意对孩子特别偏爱的食物，一次只拿出一点，促使他吃一些别的食物。

五、婴幼儿智力发展规律

1. 什么叫儿童智能、智商、发育商？

(1)智能：也称智力，通常是指一个人对客观事物进行合理分析、判断、有目的的行为和有效地处理周围事物的综合能力。智能是一种复杂的综合心理活动，它与感知、记忆、注意、思维有密切关系。儿童智能结构一般概括四方面。

①动作能。反映小儿的姿态、头的平衡、坐、立、爬、走、跑、跳及使用手指的能力，这些运动能力构成了对小儿成熟程度估计的起始点。

②应物能。反映小儿对外界事物的分析和综合的能力，也就是运用过去的经验来解决新的问题。

③言语能。反映小儿听、理解和语言的表达能力。

④应人能。反映小儿生活能力和与人交往的能力，与神经运动和智力的完整性有关。

(2)智力商数：简称智商(1Q)。就是智力年龄与实足年龄的比，这种计算方法得出智商成为比率智商。智商只能表示该婴幼儿在检测年龄段内智能发育是否符合正常规律，并不能肯定被检查者一定智能高或低下，因为存在智能发育有早有晚的情况；更不能断言被检查者聪明或愚笨；而且智商只有在全面了解小儿抚育、教育及健康情况，并在多次随访后测定才能确定相对正确的数值。所以，单纯以此来衡量一个孩子的智力，对孩子本身有失公允，如果再有意无意地给孩子某种心理暗示，很可能对孩子未来的成长不利。人的智商是变化的，一次测试只能说明孩子此时此刻的智力状态，不能由此一锤定音，把它视为对孩子一生智力的评判。

计算公式：智商＝智力年龄/实际年龄×100

(3)发育商(DQ):用以评价婴幼儿神经心理行为发育水平,包括感知、运动、语言、认知、情绪和社会性发展等方面的发育。常以动作能(如坐、爬、站、走等粗动作及翻书,拇指拨抓小丸子等细动作),应人能(如大小便习惯,认生,与小朋友同玩),应物能(如叠塔、搭火车、穿衣)和言语能(如叫爸、妈,发单音节字)等 4 个能区为主。一般说,正常小儿这 4 个方面的发育速度平行,相互密切联系并彼此有所重叠,虽然其与智能有关,但主要用于评价小儿发育水平,称为发育评价,而评价发育速率则以发育商为指标。

计算公式:发育商=发育年龄/小儿实际年龄×100

2. 婴儿的智力发育有何特点?

根据皮亚杰智能发育分期,在新生儿第 1 阶段即反射阶段之后,依次经历下述 3 个小阶段。

(1)1～4 个月:是最初习惯形成阶段,此阶段的婴儿,听觉和视觉开始合作,如听到声音会转头注视发声地来源,眼睛也开始注视移动的东西,喜欢反复做一种偶然做出的动作,该动作出于内部的动机,与外界无关,故该阶段又称最初的循环反应。

(2)4～8 个月:是重复和有意向的适应行为阶段,这时婴儿能分辨自己身体以外的事物,在爬行中会伸手抓东西,能注视有明显图样和颜色、会活动的物品,这种及物的重复动作称为二级循环反应。

(3)8～12 个月:是方法的初步联系运用阶段,此阶段的婴儿知道不在眼前的东西并不消失。客体永存观念开始形成,也开始知道因果关系,如看见母亲倒水入盆就等待洗澡,喜欢反复扔东西让大人捡起。

3. 幼儿的智力发育有何特点？

幼儿期仍是皮亚杰认知发育的第一期，即感觉运动期，此为儿童思维的萌芽期。小儿主要通过感觉运动方式和外界取得平衡，处理主客体的关系。12～18 个月的小儿喜欢反复试验不同的动作模式并探索其结果，1 岁以后的小儿尝试用不同的力量和不同的方式扔东西，物体永存观念进一步巩固和发展。18～24 个月是小儿从感觉—运动性行为向智能活动过渡的时期。由于语言的发展，小儿出现与感觉刺激无关的思想。

在物体概念方面，1 岁半～2 岁幼儿可在脑海中呈现物品的意象，正是由于这个能力，他们开始可以找回藏起来的物品，同时，这一能力又是学习语言的基础。在因果关系方面，幼儿通过动作或活动知道物品之间的作用，如开关按钮的结果。同时，也渐渐明白“规矩”，即什么行为可做，会被称赞，什么行为不可做，会被责备。

在形状概念方面，幼儿主要通过触摸和操作，粗略地认识一些与“球”相似的图形物体。

在数学概念方面，幼儿有了接触数字的体验，如儿歌、手指游戏。约 2 岁时，幼儿会数 1 至 3，这时对数字的学习基本上是背诵式记忆。

4. 婴幼儿智能发育的敏感期是指什么？

(1)语言敏感期(0～6 岁)：婴儿开始注视大人说话的嘴形，并发出牙牙学语声时，就开始了他的语言敏感期。语言能力影响孩子的表达能力，此时父母应经常和孩子说话、讲故事，或多用“反问”的方式，加强孩子的表达能力，为日后的人际关系奠定良好基础。

(2)秩序敏感期(2～4岁):孩子需要一个有秩序的环境来帮助他认识事物、熟悉环境。一旦他所熟悉的环境消失,就会令他无所适从。幼儿的秩序敏感力常表现在对顺序性、生活习惯、所有物的要求上,如果成年人没能提供一个有序的环境,孩子便“没有一个基础以建立起对各种关系的知觉”。当孩子从环境里逐步建立起内在秩序时,智能也因而逐步建构。

(3)感官敏感期(0～6岁):孩子从出生起,就会借着听觉、视觉、味觉、触觉等感官来熟悉环境、了解事物。3岁前,孩子透过潜意识的“吸收性心智”吸收周围事物;3～6岁则更能具体地透过感官分析、判断环境里的事物。大人可以在生活中随机引导孩子运用五官,感受周围事物。尤其当孩子充满探索欲望时,只要是不具有危险性或不侵犯他人他物时,应尽可能满足孩子的需求。

(4)对细微事物感兴趣的敏感期(1.5～4岁):忙碌的大人常会忽略周围环境中的微小事物,但是孩子却常能捕捉到个中的奥秘。因此,如果孩子对泥土里的小昆虫或衣服上的细小图案产生兴趣,正是培养孩子具有巨细无遗、综理密微的习性的好时机。

(5)动作敏感期(0～6岁):2岁的孩子已经会走路,正是活泼好动的时期,父母应充分让孩子运动,使其肢体动作正确、熟练,并帮助左、右脑均衡开发。除了大肌肉的训练外,小肌肉的练习,亦即手眼协调的细微动作的训练,不仅能养成良好的生活习惯,也能帮助智力的发展。

(6)社会规范敏感期(2岁半～6岁):2岁半的孩子逐渐脱离以自我为中心,而对结交朋友、群体活动有兴趣。这时,父母应与孩子建立明确的生活规范,日常礼仪,使其日后能遵守社会规范,拥有自律的生活。

5. 婴儿运动的发育规律情况如何？

婴儿正常运动发育的进程是以脑形态的完善和功能的成熟以及神经纤维髓鞘化的时间与程度为基础的，有一定的规律，同时还需要骨骼和肌肉的参与，因而运动的发育与神经系统的发育及全身的发育密切相关。

(1)头尾规律：婴儿总的动作发育方向是从头至脚，即顺着抬头→翻身→坐→爬→站→走这一趋势逐渐成熟的。最早是头部的动作，先会抬头，再会转头，以后开始翻身，6个月左右会坐，再后是手臂和手的运动，最后才是站立和行走——腿和脚的控制。

(2)由近及远：动作发育的先后以躯干为中心，越接近中心部位(身体中轴)的动作发育越早，而离中心较远部位的动作发育相对较晚。以上肢为例，先是肩部和上臂动作的发育，接着是肘、腕部，最后手指动作的控制能力才逐渐成熟，完善起来。

(3)先大肌肉动作，后小肌肉动作：粗大动作的发育先于精细动作的发育，如先是抬头、翻身、起坐等躯体大动作，手指的抓、捏等精细动作继后之。

(4)先整体动作，后分化动作：婴儿最初的动作是全身性的、泛化的，而后逐渐发育成局部的准确的动作。如对于1～2个月的婴儿，若将其脸用手帕盖住，则婴儿表现为全身的乱动，到了5个月的时候，可表现为双手向脸部乱抓，但不一定能拉下手帕，而到了8个月时，即能迅速而准确地拉掉手帕。

(5)先正面动作，后反面动作：先能俯卧时抬头，而后才能仰卧时屈颈，先学会向前行走，再学会倒着走路，先能抓取物体，以后才是有意识地松手放开物体。

6. 婴幼儿动作发展的规律是怎样的？

了解婴儿动作发育的规律有助于判断孩子发育是否正常。躯体动作发展的顺序首先是抬头，1个月以内的婴儿俯卧时头不能抬起，以后俯卧时逐渐地可将头抬起，到3个月婴儿俯卧时不仅头可抬起，胸部也可离开床面，用双上肢支起头胸部和床面约成90°角。3～4个月时开始翻身，先是由仰卧到侧卧，约5个月时可从仰卧翻到俯卧。约6个月时可独坐，7～8个月时开始学爬行。爬行在婴儿动作发展中很重要，爬行不仅可促进全身动作的协调发展，锻炼肌力，为直立行走打下基础，而且可较早地正面面对世界，增加空间的搜寻，主动接近和认识事物，促进婴儿认识能力的发展。10个月的婴儿可扶着站，扶着迈步行走。1岁左右开始独立行走，从摇摇晃晃地行走到独立稳定地行走。直立行走在人的发展中占有很重要的位置，这时婴幼儿已能够控制自己的部分动作，能够到处走动，也就有了独立性和主动性。他(她)可以主动地接触各种物体，扩大认识范围，更有利于各种感觉器官和言语器官的发展。婴幼儿能独立行走后，想到哪就到哪，在多方面和事物的接触过程中，对事物的分析综合能力就发展了，这就为早期的思维活动提供了可能性。婴幼儿独立行走还为建立运动与视觉的联系，为空间知觉的形成准备了条件。婴幼儿自能独立行走后，大运动的发展更加迅速并趋于成熟。如婴幼儿慢慢地会跑，会自己上、下楼梯，双足跳起，单足站立，到3岁左右，活动基本上和成年人差不多了。

7. 婴幼儿语言发育规律是怎样的?

人类言语的发展以听觉、发声器官和大脑三者功能的成熟为基础,从哇哇啼哭的新生儿到琅琅读书的小学生,小儿的言语是在活动过程中、在与成人的交往过程中,通过成年人的影响、不断地模仿和练习逐渐发展起来的,经历了发声、理解和表达几个过程。

新生儿一生下来只会因为饥饿、渴、疼痛等而引起哭叫,此时哭是惟一的语言。2 个月左右开始,婴儿能不自主地发出"啊"、"咿",在 6~8 个月的婴儿明显出现辅音 p、m、b,但这些声音都是凌乱的、无意义的。婴儿在发声过程中逐渐理解语言,8~9 个月时开始能听懂一些简单的语言,并对成年人的一些要求做出反应。如说电灯时两眼看着电灯或手指向电灯;成年人说"把手给我"、"再见"时,婴儿就会伸出手或做再见的手势。1 岁左右能听懂 10~20 个词,开始有意识地叫妈妈、爸爸,15 个月左右能叫"爷爷"、"奶奶"、"姐姐"等,并逐渐说出一些能被理解的简单词汇,这意味着进入了言语表达的时期。婴儿刚学会说话时,常用一个单词来表达比该词意更为丰富的意思,如:"饭饭"可能是指"这是饭",也可能是指"我要吃饭"等,18~24 个月小儿进入 2 个单词组合阶段。2 岁幼儿的言语大部分是简单句。3 岁时已基本都是完整句,但常发声不准,70%~80%可被听懂,且小儿能说简单的儿歌了。

小儿语言发育的快慢取决于环境,尤其是教养方法。如果父母很少和孩子说话,小儿发音常含糊,说话无条理,用词错误且纠正慢。小儿 3~4 岁时活动范围扩大,见到的新事物多而言语表达能力跟不上,容易诱发口吃、自卑和退缩等心理问题。有些小儿语言中枢成熟相对迟缓,开始说话慢,不必过于紧张,只要耐心反复训练,很快会赶上正常小儿。但如语言发育过于迟缓，且伴随其他行为偏差，需警惕自闭症可能。

8. 儿童心理活动的发展规律如何？

儿童的心理活动包括感觉、记忆、思维、想象、情绪、性格等众多方面。小儿出生时不具备心理现象，条件反射的形成即标志着心理活动发育的开始，随着年龄的增长，儿童的心理活动在不断地发育。儿童心理活动发展既是连续过程，也呈阶段性。如：新生儿期以哭、笑、注视母亲吸引母亲爱抚的社会性行为为主；1～8 个月主要是平衡、捏弄等简单运动和依恋感情的初步建立；9～18 个月是移动及手的技能，理解语言的发展；18 个月～3 岁是细运动及语言迅速发育和表现自我意识及想象力的阶段。

9. 2～3 岁幼儿心理发育特点是怎样的？

2～3 岁是儿童心理发展的一个转折期，心理学家称这一时期为人生“第一反抗期”。不少父母也感到 2 岁左右的孩子不听话、不服管、脾气大。这个时期儿童心理发育有两个主要特点：

(1)认识能力的发展：2 岁左右的孩子开始出现“头脑”中的心理活动，也就是表象、想象和思维。例如，1 岁左右的孩子虽离开妈妈时会哭，但容易哄，因他过一会儿就忘记了妈妈。2 岁左右的孩子就不同了，他会在头脑中回忆起妈妈，看到与妈妈相关联的东西也会想起妈妈，因此 2 岁的孩子爱哭，可能因为孩子的表象和回忆发展了，不能笼统地指责孩子不服哄、任性。

孩子会出现探索和求知的萌芽，通常会说出一些父母认为的“歪

理”，其实这是随生活经验和思维的发展，孩子在头脑中形成的自己的标准。父母切勿认为这是孩子对自己的反抗。

(2)自我意识的发展：2 岁孩子开始出现自我意识的萌芽。其出现的主要标志是能够运用代词“我”。自我意识主要表现在以下几个方面：产生了强烈的独立性需要，出现了自己行动的意愿，喜欢自己脱穿衣服、叠被子。坚持自己的主意，不听从父母的要求和意见。会出现独立行动的需要，常说“我自己来”、“我自己拿”等。开始“知道”自己的力量。会用语言指使别人，能说出自己的行为，有时也能用语言控制自己的行为。出现占有意识，2～3 岁的孩子开始能够意识到哪些东西是属于自己的。

此外，随着自我意识的萌芽，孩子也会出现新的情感萌芽，如自豪感、自尊心、羞愧感、同情心等。

总之，2～3 岁是儿童心理发展上一个比较大的转折阶段，他既遗留着 2 岁以前的某些心理特点的痕迹，又开始出现新的心理特点的萌芽，新旧交替在孩子身上就面临矛盾。如果此时父母不了解这一年龄阶段的心理发展特点，不按身心发展规律实施正确的教育，那么，父母与孩子之间的矛盾必然激化，后果是导致孩子出现真正的执拗、任性等不良性格。

10. 3 岁的孩子有哪些心理特点？

3 岁幼儿的智力发育很快。就记忆而言，读书给孩子听时，只要多读几遍，孩子就能完全记住，如果一旦中间说错了一点点就会给予指出来。唱歌也如此，学得好、记得牢，教几遍以后就能唱。3 岁幼儿不但能记住那些具体的、自己体验过的事物，而且还能记住那些听来的、自己说过的抽象的事物。这就是 3 岁幼儿在记忆方面的一大

特征。

3岁幼儿对周围的一切事物都很关心，兴趣很浓。对所有事物要刨根究底地问个没完。这是由于孩子对这些事物怀有极大的兴趣，所以就努力观察、学习、询问和尽力想理解。可以说，智力的发达与否全在于兴趣如何。3岁幼儿时期正是对什么都有极浓厚的兴趣的时期。因此，作为大人应该尽一切力量培养孩子的这种兴趣，这对孩子的智力发育非常重要。

3岁幼儿则害怕那些看得见的东西，如动物、假面具、黑暗等。主要原因是，虽然孩子已开阔了眼界，看得多、听得多，但尚未能真正理解这一切。例如，1岁的孩子看见狗不会害怕。这是由于情感尚未发达，同时尚不知道狗是什么东西，对自己有什么害处之故。但到了2～3岁时，看见狗咬人，人们都怕狗，逐渐懂得了狗是可怕的动物，于是就开始怕狗了。等到再大些，知道了只要喜欢狗，狗就不咬人，以后就又不怕狗了。

3岁幼儿已能用语言表达自己的感受了，很少像2岁时那样，一发火就躺在地上滚来滚去。加上自制能力也多少强了些，那种攻击型的态度也少了。3岁幼儿的喜悦已不是一般物质性的，会因为使爸爸妈妈高兴而高兴了。因此，又把3岁这一年龄叫做捧人的年龄。做什么事只要妈妈高兴，就会神气十足，兴致勃勃地去干。对这个时期的幼儿来讲，他们接触到的任何对象都是有生命的，天上的太阳、月亮，地上的树木、小河或公园里的动物、秋千等，都可以成为他们交谈的对象。例如，他们会对飘走的云彩招手说："请再来玩。"会对被雨淋湿的童车同情地说："你在哭吗？我来帮你打伞好吗？"这就是幼儿心理最突出的特点。

3岁幼儿的主导活动。由于这个时期幼儿想象活动异常活跃，因而他们的游戏也非常有趣，他们可以给任何一样东西加上他们所想

象的象征性意义。例如，一片树叶在过家家时可以当做盘子，在买东西时可以当钱用；一块木片，一会儿当火车，一会儿当手枪，一会儿又当木头人。幼儿在一起游戏时，一块积木宝宝掉到地毯的大海里，马上会有一辆纸盒急救车开去救援。每一种游戏都有孩子自命的意义，任何一个游戏里都藏有打开孩子心灵大门的钥匙。这个时期幼儿游戏的另一个特点是共同游戏，他们不再像1～2岁幼儿那样各玩各的。

3岁幼儿的心理和行为的另一个重要特征就是他们开始学习性别的区分。起初，孩子由于男女间身体上的差异和行为特点而对性的区别发生兴趣，随后幼儿便知道自己是男孩还是女孩。幼儿往往以同性父母为榜样，求得同样的行为和感受。女孩子模仿母亲玩当妈妈的游戏，尽量地学着母亲的温柔、能力和女性的性别行为；男孩子则模仿父亲的男子汉态度和行为，希望自己像父亲那样严厉、果断。

11. 小儿知觉、注意、记忆的发展规律如何？

(1)知觉的发展：知觉是对感觉的加工过程，发生较晚，生后3个月时出现形状知觉，4个月时有整体知觉，能把部分被遮蔽的物体视为同一物体。科学家们还做了细致的深度知觉的研究，如一个著名的“视崖”试验表明，当3～5个月尚不能爬行的婴儿被放在视崖深侧时，他的心率明显减慢，而7～8个月已能爬行的婴儿总是避开看上去像是陡坡或悬崖的一侧（深侧），即使母亲逗引他，而且是绝对安全的，大多数婴儿也不肯爬过去，说明他们已经有了深度知觉。1岁末开始有浅表的空间和时间知觉。

知觉发生的早晚和小儿与外环境的接触有密切关系。要加快知

觉发展，就应多让小儿做各种游戏，尤其是要创造条件让他们多摆弄各种物体。

(2)注意的发展：这是对一定对象的有意识的指向性认知过程，是获取知识和发展智力的起点。婴儿期以无意注意为主，年龄越小，无意注意越占优势，2个月时当发亮或色彩鲜艳的物体出现在视野内时，会睁眼注视，并发出喜悦的叫声。注意力从1岁起就开始不断地发展，一般来说，1岁半时能集中注意力5～8分钟，2岁10～20分钟，能长时间地注意一个事物，自己也能独立地玩较长的时间。

(3)记忆的发展：记忆是将感知的信息储存和“读出”的神经活动过程。人类知识的积累、技能的掌握、习惯的形成都与记忆有关。新生儿即开始有最简单的记忆，如对妈妈抱着吃奶姿势的记忆，2～3个月如果注意的物体从视野中消失，小儿会用双眼寻找。4～5个月能记住母亲和其他亲人，随月龄的增加，记忆能力逐渐增强，但婴儿只有再现而无重现，随着年龄的增长重现能力增强。幼年儿童只能按事物的表面性质机械地记忆信息，随着年龄的增长和理解、语言能力、思维能力的增强，有意识的逻辑记忆逐渐发展。利用鲜明和有兴趣的物品，能促进其记忆，并且由于缺乏知识和经验，幼儿的记忆常不准确，有必要在生活中进行反复的记忆训练。

12. 小儿思维、想象的发展规律如何？

(1)思维的发展：思维是人应用理解、记忆和综合分析能力来认识事物的本质和掌握其发展规律的一种精神活动，是心理活动的高级形式，也是智力发展的核心，获得新知识的必经途径。婴儿有较低级的、以具体形象为特点的思维，1岁以后的儿童开始产生思维。婴幼儿的思维是依靠感知和动作来完成的，他们在听、看、玩的过程中，才能进行思维。例如，婴幼儿常常边玩边想，但一旦动作停止，思维活动也就随之停止。3 岁前只有形象思维，3 岁后随着儿童生活范围的扩大开始有了初步的抽象思维。在婴儿期应尽量增加他们接触、认识环境的机会，抽象性、逻辑性思维发展需要丰富的言语做基础，所以要创造言语发展的环境，鼓励其提问，并尽量用完整的句子来回答问题，不断丰富小儿的词汇，尤其要注意教育中的启发性。

(2)想象的发展：想象是人感知客观事物后，在脑中创造出以往从来未有过的或将来可能实现的事物形象的思维活动。新生儿无想象能力，1～2 岁儿童只有想象的萌芽，在 3 岁左右，孩子在绘画以前，不知道究竟要画什么，只能在画的过程中，一边想一边画，画完后看它像什么就是什么，而且所画内容不能重复画出来。这就说明这个时期的孩子想象事先是没有明确目的，而是受外界刺激直接引起的。这个时期的孩子，想象的主题容易变化，在绘画时，经常中途改主意。听故事时，喜欢不厌其烦地重复听，这说明他的想象没有预定的目的，只是以想象过程为满足。3 岁后儿童随经验和语言的发展，具有初步想象能力，学龄前期儿童仍以无意想象为主，有意想象和创造性想象到学龄期才迅速发展。

13. 婴幼儿期自我意识的发展规律如何？

自我意识（意志）属于个性的范畴，是自觉地、有目的地调节自己的行为、克服困难以完成任务的心理过程。它包括自我感觉、自我评价、自我监督及自尊心、自信心、自制力、独立性等。自我意识不是天生的，受社会生活制约，在后天学习中形成。新生儿没有意志，不知道自己的存在，所以吃手、吃脚，把自己的手脚当成和别的东西一样来玩。从婴幼儿开始有意志的萌芽，开始认识到手和脚是自己身体的一部分。随着年龄的增长，语言、思维的发展，社交的增多，意志逐步形成和发展。当宝宝快1岁的时候，才开始能把自己的动作和动作的对象区分开来，以后进一步能把自己和自己的动作区分开来。例如，宝宝开始知道由于自己扔皮球，皮球就滚了。宝宝从其中认识了自己跟事物的关系，认识了自己的存在和自己的力量，这就使他产生了一种"自豪"之感。如1～2岁的幼儿已能对自己的名字做出适当的反应，当有人叫他"宝宝"时，他也学会把自己叫做"宝宝"，像叫别的事物一样。理解一些身体部位的名称如手、鼻子、头、耳朵等，他可以告诉你"这是宝宝的眼睛"或"宝宝饿了"等。但是，这时宝宝只是把名字理解为自己的代号，在遇到叫同名的别的孩子的时候，他就感到有些困惑了。1岁多的幼儿能认识镜子中或照片中的自己，又能分辨几样属于自己的物品如鞋子、小被子、小杯子等。1岁半以后，幼儿走得较好，又有了语言的发展，对环境中的事物会支配，自我意识也增强。2～3岁的幼儿，自我意识更加强烈，最突出的表现是意识到自己能拥有的东西，当别人侵占或拿他的东西时，幼儿会大声说"我的"。这时期的幼儿最爱自我做主，经常"不"字挂在口，爱唱"反调"，这表示他在寻求独立。而且常常给自己正面的评诉，当大人问谁最乖时，宝宝会拍拍自己说："我乖乖。"当问他漂亮不漂亮，他会不假思索地说："我最漂亮。"这时宝宝逐渐学会使用代词，自我意识进入实质阶段，但通常要到青春期发育完成后才能真正建立自我意识。

14. 小儿情绪和情感、个性和性格的发展规律如何？

(1)情绪和情感的发展：情绪、情感是以人的需要为媒介的心理活动，又是人对客观事物的一种态度反映。情绪是这种反映的较短

暂状态，是人们对事物情景或观念所产生的主观体现和表达，是小儿适应生存的手段。新生儿不适应宫外环境，多处于消极情绪中，表现为不安和哭闹，哺乳、摇和抱可使之情绪愉快。1～2 岁时的小儿已有鲜明的个性情绪，如快乐、高兴、害怕、厌恶等，但情绪表现特点为反应强烈、容易变化和易冲动。随着年龄的增长，儿童对不愉快因素的耐受力逐渐增加，能够有意识地控制自己，情绪趋向稳定。情感是在情绪的基础上产生对人、对物的关系体验，是一种持续、稳定的态度反映。幼儿期已经具有高级情绪的初步发展，可区分好与不好、喜欢与不喜欢。随着年龄的增长，以及与周围人交往的增加，对客观事物的认识逐步深化，情感也日益分化，从而产生信任感、安全感、同情感和荣誉感等。需注意的是小儿生活经历短暂，尚不足以形成情感。

(2)个性和性格的发展：所谓个性指个体的倾向性心理特征，是每个人处理环境关系的心理活动的综合模式，包括思维方法、情绪反映和行为风格等。性格是个性的核心，是人对客观事物表明态度时采用的行动方式。人的性格非常复杂，性格的形成有遗传影响，但主要靠生活环境和教育。性格发展是随年龄的增长逐步形成，婴幼儿期是关键，父母的养育态度对小儿的性格形成有重要影响，因此父母要学习科学的育儿方式。

婴儿期的一切生理需要均依靠成年人，婴儿在这个依靠过程中对亲人逐渐产生了依赖性和信任感；幼儿期已能独立行走，能说出自己的需要，故有一定的自主感，但又未能完全脱离对亲人的依赖，所以常出现违拗言行与信赖行为相交替。因此，父母要有耐心，不要以自己二三十年的生活阅历去跟他不到 2 年的经历相比，他的人生才刚刚开始，世界对他来说很复杂，需要父母的引导和解释。

15. 何谓婴幼儿情感发展的里程碑？

乔治·华盛顿大学心理和儿科临床学教授斯坦利·格林思潘博士最近设计了一套“里程碑”式的评判标准，可以用来了解婴幼儿在出生后各个时段所具备的社交技能和情感发育状况。

参照这些具体方法，可以跟踪宝宝的情感发展历程，帮助他们达到“里程碑”目标。

(1)3 个月

①最初的交际。婴儿做出谨慎的反应，对别人发生平静的兴趣，不时对周围的人绽露出微笑。

②注意和调节。当你发出声响或面部表情有所变化时，小宝宝是否转过头来对着你瞧。

③既看又听。一边缓慢地向右或向左扭动表情欢快的脸，一边同小宝宝随便说些什么。

(2)5～6 个月

①花样翻新。随着同外界交往的日益增多，婴儿流露出惊奇、欢乐、受挫和失望等情感。

②参与和交往。小宝宝见到他最喜爱的人，看上去是否快活或高兴。

③微笑的游戏。用话语和滑稽的面部表情，逗你的小宝宝开怀大笑。

(3)10 个月

①定睛凝视。婴儿开始跟踪父母的视线，以便理解令他们感兴趣的是什么。

②情感交流。他是否试图捕捉你的目光或主动表示友好，如探

出身子让人抱。

③好玩的游戏。留心小宝宝发出的声响和流露的表情，不无嬉戏地用镜子反射给他看。

(4)18 个月

①用行动表达情感。刚开始蹒跚学步，自我意识更强了，也能体验到复杂的情感，如骄傲或违抗。

②解决问题。蹒跚学步的孩子需要你帮助解决的问题；让他最心爱的玩具也参与进来。

16. 什么叫小儿依恋？发展规律如何？

依恋是婴儿寻求并企图保持他同母亲或亲近的人的身体联系的一种倾向。是小儿与其双亲间的一种特殊、持久的感情联结，属于小儿早期重要情绪之一。

依恋是逐渐发展形成的，心理学的研究发现，一般分 3 个阶段。

(1)对人无差别反应的阶段(从出生到3 个月)：这时期，对任何人的反应几乎都是一样的，见到人的面孔或听到人的声音就会笑，以后还会咿呀“说话”。

(2)对人有选择的反应阶段(出生 3～6 个月)：这时，婴儿对母亲、熟人和陌生人的反应有了区别，对亲人微笑、咿呀和啼哭，对陌生人则很少反应。

(3)积极寻求与专门照顾者接近(出生 6 个月～3 岁)：对依恋对象的存在表示深切的关切。依恋者离开就啼哭，回来就高兴。只要依恋者在旁边，他就安心地玩耍，仿佛依恋对象是婴儿安全的保护者。

依恋主要在后天环境中形成。如父母能满足小儿的需要，经常交流，给予愉快的刺激，依恋容易形成，反之就会出现各种不安全依恋和无依恋，容易出现心理行为问题，成年后也多不能正确面对现实或与人建立良好的人际关系。依恋不仅促进小儿智力的发育，而且还能较容易地在成年后产生自信心和对别人的信赖，建立良好的人际关系。

17. 什么叫小儿气质？

气质是指人在心理活动时表现出的行为特征，具体表现在行为速度、强度、灵活性和指向性等方面。气质和性格、自我意识一样属于个性心理范畴，但它的表现是所有个性特征中最为稳定和持久的。新生儿有自己的气质表现，有的出生后即很活跃，活动多，急躁，对刺激反应强烈；有的很安静，活动相对少，对刺激的反应缓慢而平静；有的介于两者间。气质表现差异并无好坏之分，也不决定小儿的智力发展水平，但不同气质明显影响小儿的行为方式，对性格的形成起很大作用，而且对小儿行为问题的发生有较大影响。

儿童的气质与生俱来，它是个性形成的基础。每个儿童都有自己的气质特点，可以表现在活动水平、规律性、趋避性（接近/退缩）、适应性、反应强度、情绪本质、坚持性、注意分散度、反应阈九个方面。

（1）活动水平：指孩子在日常生活中的运动量。例如，孩子在室内是否能经常保持安静；在室外活动是否喜欢到处跑、爬上爬下的。

（2）规律性：指孩子饮食、大便、睡眠等生物功能的规律性。例如，孩子每天晚上是否在大约相同的时间睡觉；每天早餐的量是否大致相同；每天是否在大约同一时间大便。

（3）趋避性：指孩子面对新事物或陌生人，其最初的反应是接近还是退缩。例如，孩子见到第一次到家中的陌生客人是否走上前打

招呼；孩子见到新玩具是否显得高兴，马上就接受下来；第一次到陌生的地方是否很快就显得同原来一样自在。

（4）适应性：指孩子是否容易适应新环境（包括人或事物）。例如，第一次换个地方是否能睡得安稳；刚上幼儿园是否能很快适应。

（5）反应强度：指情绪反应的强度。例如，高兴时是兴高采烈、手舞足蹈，还是只微微一笑；哭时是经常大哭还是小声抽泣。

（6）情绪本质：指孩子平日主要的情绪表现，是经常显得愉快、对人友好，还是不愉快、烦躁不安、对人显得冷淡。

（7）坚持性：指努力进行或继续做事情的坚持程度。例如，婴儿常表现为哭时是否易哄，大些的孩子可表现为学习一样技能时（如搭积木、骑车、跳绳），是否能克服困难直到学会。

（8）注意分散度：指做事情时注意的集中程度。例如，婴儿哭时用唱歌、做游戏的方法是否能吸引他的注意；孩子玩的时候，若旁边有人走过时是否就要抬头看看。

（9）反应阈：通俗地讲是否敏感，可以表现为对声、光、温度、气味等生理感知的敏感性，也可表现为对他人态度变化等的心理敏感性。例如，对洗澡水温度的变化是否有反应，是否能察觉食物的不同味道。

小儿气质基本上是由遗传决定，相对稳定，但在外界影响下会出现某些改变和调整。随着年龄的增长，他们的某些气质特征会保持相对稳定，而父母的教育方法，以及对婴幼儿的态度等环境会影响他们原有的气质特征。因此，这就要求我们根据婴幼儿不同的气质去正确引导，而不是质疑或拒绝孩子的天生气质。教育一定要从一点一滴做起，了解孩子的气质特征，正确引导，让我们和孩子共同成长。

18. 0～2岁儿童应有的智力标准是什么？

1个月：开始注意周围环境。

2个月：开始笑和“呀呀”发音，会抬头。

3个月：头部能转向声音来源的方向。

4个月：可以伸双手去抓玩具，会大声发笑。

5个月：能在床上躺着翻身，能辨别生人和熟人。

6个月：可以把玩具从一只手交给另一只手。

7个月：会独自坐。

8个月：能爬行，注意观察大人的行动。

9个月：能用拇指和食指拿东西。

10个月：由大人搀着可以站立。

11个月：可独站，开始用单个词说话。

12～15个月：不扶可以独自行走，能手脚并用爬上楼梯。

15～18个月：行走较稳，不易摔倒。可用手扔小玩具，翻图画书。

18～24个月：能跑、跳、上楼和踢球，可以指出身体不同的部位，能把两个单词组合说出简单的话。

如果一个孩子的各项指标都远远落后于上述标准，那就有“弱智”的可能，应及时咨询相关专家。

19. 1～2岁儿童的智力测验方法是什么？

(1)1岁～1岁半孩子的智力测验法

①抓取实物。把小球、积木、娃娃、摇铃等玩物放在床上，让宝宝坐在中间。当他正要伸手去抓某个实物时，立即挡住他的眼睛，然后

改变实物的位置。这样反复五六次，如果有一半以上抓取同一实物，就说明智力正常。

②抓取第二个台阶上的玩具。把婴儿喜欢的玩具放在第二个台阶上，将婴儿面向玩具坐在距台阶约30厘米的地方，如果婴儿能往上爬或者撑起身体去设法抓取，并把玩具抓到手，就说明智力正常。

(2)1岁半～2岁孩子的智力测验法

①上楼梯。如果孩子能独立上3个台阶，该试验合格。

②从木箱上下来。把15厘米高的木箱倒扣在地上，让幼儿坐在上面，如果他不是偶然掉下来，而是设法自己下来，该测验合格。

③饮水。给宝宝一杯水让他喝，如果能不间断地喝几口，而不是只咂动嘴，喝不进水，该试验合格。

④理解语言。成年人向幼儿提出简单要求，如果孩子能根据成年人的指示去做简单的动作，如听到"把勺拿来"能照做，听到"不要动"能停止动作，该试验合格。

如果测验时孩子失败了，也不要立即断定他智力有缺陷，可以逐日反复测验，把测验结果有效地运用于教育与训练才是明智之举。

20. 2～3岁儿童的智力测验方法是什么？

(1)2岁～2岁半幼儿智力测验法

①搭积木。准备12块积木，每块厚2～3厘米，放在孩子面前。另外，在孩子够不着的地方，当着孩子的面用4块积木搭一座塔，启发孩子学着搭。如果孩子用4块积木搭的塔能竖立，该测验合格。

②下台阶。把玩具放在地上，让孩子从最上一级台阶走下来，只要孩子能不扶东西自己走下来，该测验合格(多数2岁半孩子才能做到)。

③模仿简单的动作。让孩子随你做一些动作，如两臂伸直、上举，拍手，把手放在头上，用手画圈等。只要孩子在4个动作中能模仿3个，该测验合格。

④指出画中之物。让孩子看着画册，提问："哪是小狗？""哪是小男孩？"提出8个问题能答对5个，该测验合格。

(2)2岁半～3周岁幼儿智力测验

①说出物体名称。把玩具汽车、盒子、钥匙、娃娃等放在孩子面前，让他边看边说出名称，5个答对4个，该测验合格。

②辨认身体部位。准备一个大娃娃，问孩子哪儿是头发、嘴、耳朵和手，全答对为测验合格。

③在线中间行走。在地上用粉笔画出间隔20厘米的通道，让孩子从中间走，如果能不踩线走2.5～3米，该测验合格。

④用脚尖走路。能脚跟不着地走3步就算合格。

在测验时，一定要注意，不能因孩子不会而动手相帮，更不能过分强迫。要鼓励孩子试试看，以愉快玩耍的态度对待。

21. 婴儿不同时期能理解些什么？

新生儿：你把脸凑近他时，他会盯住你的脸看，并且能把你的声音和别人的区分开。听到你的声音时，他的眼睛会转向声音的方向，若你再凑近些，他的目光会试图追视你的脸。出生36小时后，若你和他的脸距离小于30厘米时，他能认出是你的脸。

4周：你的脸离他很近时，他会注视你；当你说话时，他会看着你，小嘴一张一合地模仿你说话的口形。他啼哭时，你若把他抱起来，他可能就不哭了，因为他知道你会安慰他。他会模仿你的脸部表情：微笑和做鬼脸。

6周：他会回报你的微笑，他的眼球能追视一只移动的玩具。

8周：你在他头部上方举着某件色彩鲜艳的物体时，他能盯住它看上几秒钟，当你把物体从一边移向另一边时，他的目光会追随它从一边移向另一边。

3个月：他能马上发现举在他身体上方的玩具。当你说话时，他能微笑，并发出尖叫声和快乐的咯咯声。显而易见，他对身边发生的一切感到好奇和有趣。

4个月：在喂奶时，他会高兴得手舞足蹈；当有人逗他玩时，他爱咯咯大笑；他喜欢别人把他抱起来，这样，他能看到四周的环境；周围有声响，他会立即转动他的脑袋，寻找声源。

5个月：他能意识到陌生的环境，并表示害怕、厌烦和生气。

6个月：孩子变得很爱照镜子，常对着镜中人出神。他将开始对你喂他的食物表现出某种偏爱。

8个月：知道自己的名字，能理解“不”的意思。在他伸手去取他想得到的物品时，也许会发出类似咳嗽的声音以引起你的注意。

9个月：他会表现出意志力。在给他洗脸时，他也许会用各种办法表示反对。他能较长时间地把注意力集中到玩具和游戏上，甚至小手翻来覆去地摆弄玩具，仔细地端详它。如果把物品藏在一块布下，他能把布撩起来找到它。

10个月：他也许能举起小手挥动着以示“再见”。他能理解几个单词和很短、很简单的句子。

11个月：他能学会并很喜欢诸如捉迷藏之类的简单游戏，他还喜欢扔东西让你捡起来逗他玩。他喜爱摇动、拍打物品，喜欢欣赏自己发出的声音。

12个月：他喜欢做任何让你发笑的事情，并且会一遍一遍地反复做。他喜欢和你一起“读”简单的书。在你为他脱衣服时，他会举起

胳膊协助你。他也许能明白几个简单单词，如瓶子、洗澡、球球、喝水。

22. 聪明有创意的孩子有哪些特征？

(1)聪明宝宝特点

①有较高的忍耐力，对自己既定的目标有坚持下去的决心。

②思维敏捷，对问题理解得快，有举一反三的本领。

③有强烈的好奇心和创造性，对学习有强烈欲望，喜欢对事物查根问底。

④有较强的组织能力、概括能力和逻辑思维能力。

⑤有一定的批判能力。不盲从，依赖性较小，明白是非。

⑥有丰富的想象力，兴趣广泛，对许多事物都喜欢多知道一点。

尽管聪明宝宝先天具有许多优势，但更需要父母从小教育，倘若压制了宝宝的一些兴趣或能力，本来聪明的宝宝则变得不聪明了。

(2)有创意的孩子特点：有创意的孩子像猫一样顽皮，他们比较快乐。许多研究发现，创意的孩子具有下列特点：

①比较独立、自律，有时会反抗权威。

②常捉弄别人，表现出小丑般的幽默，惹人开心。

③适应环境的能力比较强。

④喜欢冒险、挑战性的工作。

⑤对例行公事及令人厌烦的事物，非常没有耐心。

⑥扩散思考能力强，记忆力广且会注意细节。

⑦喜欢阅读，有广泛的知识背景。

⑧常常需要较多时间思考。

⑨对有兴趣的事非常专注。

⑩敏感，好奇，有丰富的想象力，感觉特别灵敏，如听到某种声音就想到某种颜色。

亲爱的爸爸妈妈们，让我们一起用心呵护宝宝健康成长吧！

23. 孩子智力低下早期有何表现？

一般来说，3 岁以内婴幼儿如有下列一项以上异常表现，则高度提示智力发育迟缓的可能性。

(1)哭声异常，即从刺激到引起啼哭的时间长，有时需反复刺激或持续刺激才能引起啼哭，或者哭声尖锐，或哭声细小无力；部分患儿不爱哭闹，显得异常“乖巧”。

(2)宝宝吸吮能力差，咀嚼晚，吃固体食物时，容易发生吞咽障碍和呕吐。

(3)睡眠过多且不易唤醒。

(4)满百天婴儿抬不起头或转头困难，单眼或双眼持续向里或向外。

(5)满百天后才有笑的表情，且表情呆滞，到 6 个月时不能表现出自然的笑容。

(6)6 个月后注视手和玩手的动作仍持续存在。

(7)对外界刺激反应迟钝，6 个月时不能注视脸面上方缓慢移动的物体，不能朝发出声响的方向转头，不能自己翻身，无成人帮助不能坐稳。

(8)在 7～9 个月仍常流口水，清醒时有磨牙动作。

(9)到 9 个月时不能主动伸手拿东西，当有大人扶时不能用双腿支撑体重。

(10)运动发育如俯卧抬头、坐、站、走等动作较正常儿童落后 3 个月或以上;而且走不稳。

(11)语言发育落后,到 10 个月时不能咿呀学语,发音也不清晰。

(12)对周围人物和环境缺乏兴趣,不喜欢与人交往,缺乏情感依恋。

24. 为什么孩子总喜欢重复听同样故事?

宝宝喜欢重复,因为那是他们学习的最好方式。反复听同样的内容能帮助他们记住这些信息的时间越来越长。12～18 个月的宝宝尤其需要(比 2 岁半的孩子更需要)重复来学习和记忆新东西。

重复听,对大人来说是单纯的,对孩子来说却是复杂的。孩子的智力发展,不是知识在头脑中的堆积,记住知识本身,而是通过刺激、记忆来促进脑部的发育。在重复过程中,每一遍孩子所理解的东西都是不一样的,如第一遍孩子可能只听词语,第二遍孩子开始想象画面等,故事是重复的,但孩子的感觉意向却是不重复的。另外,孩子在听熟悉的事物时,对事物的预见会给他们带来信心与安全感。但有时过度的重复,也可能反映了孩子的一种依赖感和不安全感,家长要想想孩子有哪些情感缺失,如家长是不是跟孩子相处时间过少、亲密度不够。

一旦孩子学会了某些东西,他就愿意重复,因为他能预见到下面的内容。在听过同一本书很多次之后,孩子可能甚至都能够记得大多数句子的结尾是什么了。这种能力意味着他能更积极地参与到讲故事活动了。简单的歌曲和童谣之所以对宝宝有这么大的影响,是因为孩子不仅可以通过不停地重复歌曲练习说话技能和词汇量,而且还会因为又学了一些具体的东西而非常有满足感。

所有宝宝爱重复的原因都一样,就是会做某件事后觉得特别高

兴。例如，一旦他学会拼一种拼图，可能就只是为了享受他的新本领而一遍又一遍地去拼。重复是他提醒自己能做什么事的方式，还能再享受一遍完成的乐趣。

爸爸妈妈不妨充分利用宝宝喜欢重复的特性，来缓和睡觉、吃饭和其他过渡期等宝宝常常会本能地产生抵抗心理的阶段。因为，宝宝如果能预期接下来会发生什么时，会更有控制感，因此也会觉得更加安全和舒服。遵循一套严格的程序能够让事情进展得更为顺利。如果每天晚上都按照同样的顺序重复一系列事情，如吃晚饭、洗澡、刷牙、讲故事、上床睡觉，孩子就会轻松地按照这套程序做，甚至可能主动要求这样做。问问你的宝宝“我们下面该做什么了?”你可能会听到他大声喊“洗澡”!

25. 孩子为什么喜欢自言自语?

儿童自言自语是不是一件令人担忧的事儿? 自言自语与儿童心理发展有什么关系?

一般宝宝从1岁开始真正发自内心的说话，到3岁左右，他们的外部语言表达能力已经有了较好的发展，和周围人的语言交流沟通已经不成问题了。这时候，他们的语言能力将要有一个巨大的进步——形成内部语言，也就是像成年人那样，思考问题的时候在心里思考完成，而不用把事情的整个过程都一五一十地说出来。而宝宝的自言自语就是从外部语言向内部语言进行转化的一个过渡阶段，在这一阶段，宝宝还必须把自己心里想的内容用外部语言的方式讲出来，但这些内容都是内心的想法，所以只告诉自己就行，爸爸妈妈想知道，当然不能什么都说了！宝宝的自言自语现象在3～5岁比较常见，3岁左右的宝宝在游戏的过程中就已经出现自言自语的现象

了。到6～7岁时，大部分孩子都能像成年人一样进行不出声的沉默思考。宝宝的自言自语现象是他社会经历积累的体现。那些已经上了幼儿园的，或者经常与小伙伴玩耍的宝宝，自言自语现象会更多。国外有学者发现，最富社会性的孩子自言自语最多，聪明的孩子在独立解决问题时比其他孩子更早出现自言自语现象。

如果宝宝其他一切正常，年轻父母大可不用为宝宝的自言自语现象而担忧。同时，也要对宝宝进行多方面的正确引导。如果发现宝宝除了自言自语外，从不跟周围人说话接触，整天只沉浸在自己的世界里，那就有必要到医院进行一定的检查了。

26. 宝宝吃手行为是智力发育的信号吗？

不少宝宝出生2～3个月，最爱做的事情是“吃手”，专家说，婴儿与幼儿吮吸手指的意义是不同的。婴儿时期吮吸手指是婴儿智力发展的一个信号，是婴儿进入手指功能分化和手眼协调准备阶段的标志之一。家长不要轻易打搅孩子的快乐。

通常新生儿只会双手握拳，胡乱挥舞，其大脑尚不能指挥把自己的手放入嘴中。到2～3个月时，随着大脑的发育，婴儿逐步学会两个动作：一个是用眼睛盯着自己的手看；另一个便是吮吸自己的手指。对于他们来说，吮指是一种学习和玩耍。起初他们只是将整个手放到嘴里，接着是吮吸两三个手指，最后发展到只吮吸一个手指，从笨拙地吮吸整只手，发展到灵巧地吮吸某一个手指，这说明婴儿支配自己行为的能力大有提高。吮吸手指动作，促使婴儿手、眼协调行动，为5个月左右学会准确抓握玩具打下了坚实的基础。另外，这一时期的婴儿主要是通过嘴来了解外界，婴儿认为手也是外界的东西，所以总爱将它塞进嘴里吮吸感知。

随着婴儿动作的迅速发展，他们逐步学会自由地坐、爬、站等，手指的动作也愈加精细，当长到能单独玩玩具的时候，孩子吮吸手指的现象自然会大大减少。此外，细心的父母可以发现，孩子在吮吸手指的时候，通常是非常安静，不哭也不闹。实际上，有时婴儿还以吮吸手指来稳定自身的情绪，这说明婴儿吮吸手指对他们的心理发育也起着重要的作用。因此，对于婴儿吮吸手指，父母不必焦虑烦恼，更不用强行制止。如果孩子的行为实在过于频繁，父母可以经常对孩子的小手进行抚摩、摆动，以转移其吮吸手指的注意力；会拿玩具时可把玩具放入他的手中，逗引他摇动、摆弄玩具，把婴儿的双手占住，使他无暇去吮吸手指。

27. 婴儿为何怕见生人？

正常小儿在发育过程中都有一个认生的阶段。也许你还依稀记得，宝宝刚出生的时候对着谁都给灿烂的微笑，也很乐意被周围的叔叔阿姨们抱出去玩，可是 6 个月大的时候，宝宝可就不乐意了，若不是平时管他的阿姨，或者家里的人，宝宝才不愿意朝他们笑，让他们抱呢。这就是认生的开始。宝宝的识别能力越来越强，他已经能够区分熟人和陌生人了，对于熟悉的环境和新环境也能够辨认。一般从出生后 5～6 个月开始认生，8～9 个月逐渐明显，12 个月达高峰，并持续一段时间，1 岁以后的小儿显得更认生了。随着长大，幼儿增加了与成人和同伴的交往，认生情况渐渐好转。到 2 岁以后，他逐渐开始喜欢和别人交往，特别喜欢和同年龄的小伙伴玩耍。所以，那些经常有机会和小朋友一起玩，或者经常有机会去接触陌生面孔的宝宝，对于新环境和陌生人的适应能力就逐渐得到锻炼，虽然刚开始见到陌生人也会不理不睬，但是很快就和别人玩熟了。而那些缺少社交机会的宝宝不懂得如何在游戏中保护自己，也不懂得如何与别人交往，当然不愿意去接触新人新事物，如此则形成恶性循环。这时要注意照顾他的心理特性，给一个愉快、宽松的环境减少不必要的紧张情绪。当家里来客人时，允许他慢慢与客人接触，鼓励他向客人问好，而不要逼着他在陌生人面前做这做那。通过恰当的诱导和鼓励，认生问题能逐渐克服。例如，经常邀请同事带孩子一起玩耍，在游戏中引导宝宝懂得如何去和其他小朋友友好合作，经常带宝宝到社区里或其他陌生环境增加宝宝和陌生人的接触；在一定时候采取奖励的手段鼓励宝宝在陌生环境中控制自己的情绪；在宝宝确实害怕的时候，及时给予亲情的支持（如微笑、抚摸或拥抱），而不嘲笑他胆小、没用，别看年纪小小的宝宝，可忌讳大人在众人面前嘲笑他了。

28. 婴幼儿有哪些兴趣和爱好？

婴幼儿好动、好摸，最爱游戏。出生 2～3 个月的孩子，就爱在床上动手踢脚，独自玩耍。出生 5～6 个月的孩子，看见东西就抓，抓住了就往嘴里送。孩子会爬的时候，就爱自己爬动，寻找新鲜玩意儿，拉拉这个，推推那个。孩子到 3～4 岁时，游戏动作变得更丰富了，会把椅子接起来当火车、汽车、飞机，开着玩了。以前拿棍棒只会敲敲打打，现在会拿来当手枪使、当马骑了。婴儿最喜欢到室外去玩。孩子喜欢到户外、到野外去玩，这是一种良好的兴趣，它可以使孩子增长知识、开阔眼界、陶冶情操。大人应该积极为他们创造条件。此外，幼儿还喜欢饲养小动物，把动物人格化，与动物玩耍。孩子是好动的，也喜欢自己的所作所为能获得成功并受到成人的赞扬。成人的表扬和鼓励是孩子有益活动的促进剂。

六、婴幼儿智力开发

1. 开发婴儿智力的九种方法是什么？

(1)关爱：婴儿迫切需要爱，尤其是最早的几周和几个月。从生物学角度讲，他只是需要父母的爱。如果父母对宝宝的哭闹采取行动，他就会信任父母，并会感到强烈的自我尊重。他知道自己的需要会得到满足，而不会感到紧张，同时学习爱及建立人际关系。如果在最初的几周或几个月得不到关心，婴儿长大后可能会内向、孤僻。要做的事：对婴儿的哭闹做出反应，通过抚摸和声音使他平静下来，而不是让他继续哭泣。

(2)聊天：跟婴儿说话，快而模糊的话是没用的，温和慈爱的声音才最恰当。妈妈的话语是他最爱听的声音，当他还是5个月大的胚胎时就一直在听。要做的事：用最擅长的语言，使用尽可能多的词汇。绝不要忽视婴儿的学习能力。如果做出夸张的表情，婴儿会更乐意与父母交流。

(3)抚摸：抚摸是强有力的刺激和学习工具。对于使婴儿平静下来也有很好的效果。据报道，与未接受按摩的早产儿相比，接受按摩的早产儿成长更快，更少焦虑，更早出院。要做的事：喂养时抱紧他，经常拥抱他。给婴儿沐浴后，轻轻地全身按摩，边唱歌边跟他说话。父母将享受与他在一起的快乐。

(4)模仿：婴儿对看父母的脸很有兴趣。从刚生下来开始，他就不断地分析父母的脸。他可能模仿微笑、皱眉等表情。要做的事：鼓励婴儿去模仿父母。

(5)体验：父母给婴儿带来的体验越丰富多彩，他的大脑受到的刺激也越多。让婴儿体验多种不同的环境。要做的事：外出散步，带他到不同的地方，如超市、运动场和商业街。让他接触不同的事物与

声音。要避免的是：把婴儿放在电视机前几个小时。这不会刺激他，他需要的是真实的而不是虚拟的体验。

(6)探索：为婴儿提供安全的探索环境，如起居室地板。他需要很大的空间自己去发现、探索。要做的事：将危险物品放到孩子触碰不到的地方，盖上所有的插座盖板，把家具上所有的尖角垫好。提供安全恰当的玩具。

(7)阅读：在婴儿很小时就开始给他阅读。他可能不理解故事，但乐于倾听声音和看图片。要做的事：用有凹凸式或者有触觉刺激的能互动的书，将婴儿说明书内不同的纹理，让他抚摸并体会不同的感受。

(8)音乐：即使在出生前对婴儿唱歌和演奏音乐对其大脑发育也是有益的。一般来说，节奏连续的音乐是最好的。人们发现莫扎特的音乐能刺激以后用于数学的神经元。要做的事：唱儿歌与听音乐是与婴儿共享乐趣的很好的方式。吃饭时用音乐盒或录制的音乐营造平和的心情，玩耍时则用欢乐的音乐。

(9)玩耍：玩耍是乐趣，玩耍是工作，婴儿在享受的同时也在学习，与婴儿玩耍时，父母也在帮助他发育，作用比人们意识到的还要多。

2. 不同阶段开发宝宝智力的方式是什么？

日常生活中父母和孩子之间的互动，对开发孩子智力起着至关重要的作用。美国的教育专家建议，对于不同年龄段的孩子，可以采取不同的智力开发方式。

(1)新生儿：与新生儿进行面对面游戏，边微笑边慢慢地将脸转向右侧或左侧，让孩子视线随着父母移动，转动到一个方向后，至少

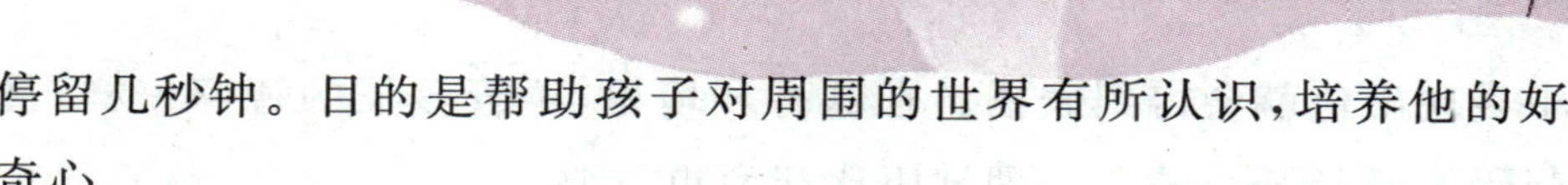

停留几秒钟。目的是帮助孩子对周围的世界有所认识，培养他的好奇心。

(2)2～4 个月：用语言或者有趣的表情引导孩子做出反应，从而创造和孩子间的亲密联系以及爱和信任，这是智力开发的基础。

(3)3～10 个月：记录下孩子表达自己不同情感的声音和表情，例如，高兴、生气及惊奇等，然后以玩耍的方式模仿给孩子。鼓励孩子的进一步交流，增强他的自信。因为学习社会技巧也是影响智力发育的重要因素。

(4)12 个月：了解孩子最喜欢的玩具，为孩子制造人为障碍，让他学会通过寻求帮助来解决问题。例如，将熊宝宝放在衣柜顶端，这时孩子就会向大人示意把他抱起来，以便能够得到玩具。这样可以培养解决问题的能力，以及科学的思维方式。

3. 怎样让孩子更聪明？

决定孩子高智商的因素到底是什么呢？孩子的智商真的可以通过父母的努力来提高吗？孩子的智商肯定会受到家庭环境的影响，教育方法是关键。

让孩子更聪明主要有三大方法。

(1)多多交流：要提高孩子智商，首先要多同孩子交流和多做游戏，这样才能促进孩子多思考，才能更聪明。

(2)多吃鱼、吃海鱼：孩子尽量不要吃含添加糖分、含色素和高脂肪的食物，孩子贪吃也会影响智商。吃有利于智力发育的食物，要多吃鱼，因为鱼里含有丰富的 DHA。DHA 是一种大脑营养必不可少的长链不饱和脂肪酸。一般海鱼要比河鱼好，深海鱼要比浅海鱼好。

(3)快乐教育：要更多地赞美孩子，只要孩子在游戏、学习、玩耍中表现出色就会得到表扬。在这种环境里，不管孩子的智商怎样，最起码生活是开心的。心理健康比智商更重要。

4. 理想的语言环境包括哪些？

对宝宝而言，理想的语言环境非常重要，必须引起父母的重视。

(1)父母应多给宝宝准备一些他感兴趣的玩具、物品和材料，引导宝宝在玩游戏的过程中，说出它们的名称和功能。

(2)经常带宝宝到商店、动物园、公园等场所，不断丰富和充实宝宝的语言经验，增强宝宝学习和表达语言的愿望。

(3)不断鼓励宝宝与人交往，当宝宝有自己的表达意愿时，尽量让宝宝自主表达出来。因为当宝宝有这种意愿时，他脑海中的一些消极词汇会转变为积极词汇，并产生由听到说的愿望。

(4)让宝宝听广播、看幼儿电视频道节目和图书，建立与亲子共读的读书时间和环境，使宝宝在学习、欣赏的同时，不断发展语言智力。

总之，在宝宝的成长过程中，需要父母积极地引导，并不断对宝宝的语言能力进行科学的训练。只有如此，开发宝宝的语言能力才不会成为一句空话。

5. 怎么培养宝宝的注意力？

首先妈妈要了解宝宝注意力发展规律，宝宝年龄越小，注意力集中的时间越短，2 岁的儿童平均注意力集中的时间长度为 7 分钟，3 岁为 9 分钟。对于宝宝，特别是 3 岁以前的宝宝，不能过分苛求宝宝保持很长时间的注意力，妈妈应以平和的心态，科学地、慢慢地培养宝宝的注意力。

(1)婴儿期:婴儿的注意以无意注意为主,因此心理学家认为对这么大的宝宝不必进行专门的注意力训练。妈妈可以把注意力的锻炼放在宝宝进行的各种日常活动之中,如喂食、玩耍等。在互动交往中,让宝宝的注意力走向稳定。宝宝注意力培养的原则和方法:

①慢动作。由于宝宝的大脑发育还不发达,难于区分并理解成人有意施加的各种刺激。因此,在和宝宝说话的时候,语速一定要慢,要温柔,以免引起他们的厌倦、急躁和反感。在他们眼前晃动醒目物体时也要放慢速度,并要在他们的视线中持续一段时间。在宝宝把注意力转移到其他事物之前,最好不要将刺激物拿走。

②多重复。孤立的刺激很容易被遗忘,而重复行为和奖励效应可以强化刺激的效果,增强宝宝的注意力和记忆力。因此,在这个阶段,妈妈给宝宝讲优美的小故事,或放动听的音乐,可以重复几遍,让宝宝产生熟悉感后,再更换新的内容。

③近距离。宝宝的认知能力较弱,太远的刺激物很难产生效果。从视觉注意来说,近距离能够让宝宝的视野更多地被刺激物填充,视觉干扰会大大减少,增强注意的稳定性。因此,新生儿醒来时,家长可以拿一个醒目的东西放到他眼前20厘米处让他看。

④选择适当的刺激物。在培养宝宝视觉、触觉和听觉时,要选择一个好的刺激物。例如,视觉培养最好选择颜色鲜艳、色块大、易于区分的刺激物,不要让其他细节吸引宝宝的注意力。父母的脸最容易得到宝宝的欢喜和注意,因此父母要多在宝宝面前“露脸”。那些能直接满足机体需要的事物,如奶瓶、小勺等,也能引起宝宝的注意,用它们来培养宝宝的注意力,既简单又方便。

⑤动态化。特别是互动更能吸引注意,动态的物体更能吸引宝宝的注意,如飞着的蝴蝶比静止的蝴蝶更容易获得宝宝的认知。但和注意关系最紧密的还是互动。注意在互动中加强,如果不存在互

动，宝宝的注意力会很快转移，他们会寻求一些更特殊的事物。如果一旦存在着互动，情况就会完全不同。婴儿的兴趣会倍增，注意力也会持久。正常人具有将“自我”扩大的本能和趋势，更容易接受自己活动影响的事物。无论哪个年龄层次，能够对自己行为产生回应的事物往往都能够处于注意的焦点，对宝宝来说也是如此。

⑥讲述正确的名称。不管宝宝能不能听懂，一旦发现他的注意力集中在刺激物上，就要告诉他正确的名称。例如，要告诉宝宝这是“皮球”或“球”，而不要说“圆圆”；汽车就要说“汽车”或“车”，不要说“嘟嘟”。这样能帮助宝宝建立正确的影像概念。千万不要小看宝宝的潜能，在他 5 个月的时候，父母如果根据他的注意指向告诉他物体的正确名称，并将他抱近物体，如冰箱、台灯等，每次当他注意到这些物体时再强化相应的词语，经过 1～2 个月的训练就能培养他对物体的反应。这样到宝宝 7 个月大时，父母在厨房众多家电面前说“冰箱”，宝宝就会看向冰箱，这就是有意注意的萌芽。

(2)幼儿期：指宝宝在 1～3 岁，从开始学步，到能够完全自如地行走、活动并初步学会语言。这个阶段，宝宝注意力的培养可采取以下方法：

①拼图、下棋。让宝宝学会拼图，并逐渐增加拼图的块数。学习简单棋类的玩法。宝宝对这类游戏有时能达到十分入迷的程度，玩起来，20～30 分钟都不停止。

②听故事前提问。让宝宝带着问题去听故事，听完后回答。对于语言发展较好的宝宝，还可以让他听完故事后把故事的内容复述给你听。

③帮助拿各类小东西。宝宝能听懂话时，可以交给他一些小任务，让他帮助拿一件到几件日常用品，要求在一次中完成。如：“请你帮我拿一个苹果、一把小刀和一些纸巾。”

④传口信。时不时让宝宝给大人传传口信，也可以培养宝宝的有意注意。如："告诉爸爸，该吃饭了。"刚开始可以简短一些，然后逐渐过渡到长一些的语句。

⑤听和看配音图书。现在市场上有录音磁带和图书画面内容相一致的配套图书，这种图书与电视的不同之处在于，宝宝对电视故事的理解取自于画面，也就是用看来理解故事，但长时间看电视对眼睛有损害。而这种图书却是以听磁带为主，用图片来加深理解，这种以听讲为主的学习方法，对宝宝将来的学校学习有非常大的帮助。宝宝在听、看的过程中不仅丰富了他的知识，提高了他对事物的理解能力，同时也培养了他安静、集中注意力去听讲的好习惯。

⑥尝试一些专门的训练游戏。让宝宝把你规定的几样东西看上1～2分钟，然后撤掉其中的一个或两个，请宝宝猜出是什么东西被撤掉。教宝宝说话时，大人完整地说一句话后，再重复说前面的半句，让宝宝来说后面的半句。把几种不同形状的东西放在宝宝看不见的口袋里，让宝宝闭上眼睛去摸，然后提问宝宝："有几样东西？都是些什么？你怎么知道的？"

妈妈可以按照以上方法，在游戏与生活之中对宝宝进行有趣的互动练习。切忌不要把宝宝好动、注意力集中时间短看成是注意力不集中。科学合理地安排宝宝的生活，为宝宝注意力发展提供一个良好的环境。

6. 如何启发孩子的观察力？

观察是儿童积累知识、发展智力的重要途径，虽说有眼有耳就能看能听，但同时接触同样的事物，有的孩子能在脑子里留下准确、完整、丰富、深刻的印象，有的孩子却只有支离破碎甚至错误的印象。

可见，观察力不是生来就有，而是需要有意识地培养。

观察力的培养应该在孩子出生后就着手进行，如在孩子室内挂一些彩色图片，可以使孩子的视觉和辨色能力尽快发展。满月以后，可以把孩子抱到户外走走，接触大自然。不到1岁的孩子对外界出现的各种事物已有感觉和反应，但多数不是自己主动留意去看的，需要家长有意识去培养。例如，抱孩子出去玩时，要告诉一些能引起孩子注意的东西，如高楼、大树、汽车、红绿灯等，对于孩子没有注意到的现象可以用语言和手势来引起注意。随着年龄的增长，可以让孩子观察一些自然现象，如太阳、月亮、刮风、下雪、晴天和阴天。到春天的时候，让孩子观看树叶和各种花儿盛开的景色。到了秋天，让孩子看落叶的情境等。2岁的孩子有一定的记忆力，但理解力还很差，这时家长不要急于向孩子解释不同现象的不同本质，而是要引导孩子去观察不同的现象。3岁时，孩子对新鲜事物越来越敏感，也开始有一些观察能力，父母可以在季节变换时带孩子去田野或公园，和他一起“找春天”、“找冬天”，观察天地、山水、动物、植物的变化；可以引导孩子对一些事物进行比较，找出异同，如牛、马、驴的异同，鸡、鸭、鹅、雁的异同等。还可以引导孩子对各种植物的播种、发芽、长大、开花、结子过程做长期持续的观察，并启发孩子动脑筋，对观察的结果多问些为什么。可以调动各个感官，观察孩子是靠眼、耳、鼻、舌、口和皮肤来获得对外界事物的认识。例如，吃水果时，要让孩子看看外形特征和颜色，用手摸摸表面是光滑还是粗糙，是软是硬，是温是凉，用鼻子闻一闻，用嘴尝一尝。

7. 孩子的创新思维如何培养？

2～3岁的幼儿开始认识世界，对一切充满好奇，这正是启发孩子

创新思维的最佳时机。培养孩子创新思维的途径有很多种。最重要的就是父母是否能配合日常生活中的材料，随时、随地、随机地提出启发孩子创新思维的问题。

以下介绍的是一些启发创造思考的发问技巧：

(1)假如的问题：可利用日常生活中发生的一些状况来问孩子。例如，看见消防车时，可问孩子："假如家里失火了，你怎么办?"他可能会说："我找奥特曼来救我。""如果奥特曼有事不能来，怎么办?"这时，孩子可能会冷静下来仔细想出很多办法，然后再问他，就会刺激他的思考，启发他的创造力。

(2)列举的问题：如"茶杯有什么用途?"，这时会发现小孩有各种各样的答案："可以喝水"、"可以装糖果"、"倒过来，可以当小山"等。

(3)比较的问题：所谓比较的问题是指拿两样或两样以上的东西让他比较。例如："人脑和电脑有什么不同?""这个茶杯和那个茶杯有什么不一样?"此时会发现孩子会不断详细观察，而这些问题的目的就是要让孩子仔细观察、思考。

(4)替代问题：例如："如果你去郊游却忘了带水杯，你可以用什么东西来代替它?""你今天很高兴，你还可以用什么词语来形容自己高兴的心情?"当然，孩子会说，"快乐"或"愉快"等，这说明孩子的智慧开始在提升了。

(5)除了的问题："我们全家要到远的地方旅游，除了坐飞机，还能坐什么去?""小勺除了能用来吃饭，还可以做什么?"一般来说，除了的问题都是先将平常的答案剔除，希望孩子能提出比较别出心裁的答案。

(6)可能的问题："明天如果下雨，可能会发生什么事?""回家的路上，我们的汽车坏了怎么办?"可能的问题通常是日常生活中曾经发生的问题。

(7)想象的问题:有关未来或现实生活中没有遇到的问题,例如:“想想看,100年后的北京市会变成什么样子呢?”“如果真有外星人,他们会长成什么样子呢?”

(8)组合的问题:给他很多不同的材料,让他任意组合。例如,给他七巧板,让他组成不同的图形;给他不同的线条、图案,让他组合成不同的花边……

(9)六W的问题:我们也可以经常使用“为什么”、“是什么”、“在哪里”、“谁”、“什么时候”、和“怎么办”等所谓的六W的方式来设计问题。例如,为什么要种树?种在哪里?谁来种?什么时候种?怎么种;又如家人为什么要去露营,去哪里?什么时候去?带什么去,让孩子对一个简单的问题,进行更深入的思考。

(10)类似的问题:例如“妈妈和警察有什么不同的地方?”或者“猫和电冰箱有什么相同的地方?”这类型的问题,虽然可以比较两种性质相近的东西,但为了激发孩子的想象力,通常都选择看起似乎毫不相干的事物来进行比较。这种问题孩子不容易受现有知识的局限而能自己思考解答。

问完那些开放性问题后,父母还需要给孩子充分的思考和想象的时间,然后鼓励孩子表达或者用不同形式表现自己的答案。对于孩子的大胆创意,父母应给予足够的尊重和肯定。

8. 怎样发现孩子的潜在特长?

下面是孩子在日常生活中所表现出的18种潜在特长:

(1)能出色地记忆诗歌和电视播放的专栏乐曲。

(2)善于观察父母的心情,领悟父母的忧与乐。

(3)善于辨别方向,极少迷路。

(4)落落大方，动作优雅，懂礼貌。

(5)爱伴随乐器的弹奏唱歌。

(6)爱提些怪问题。

(7)给孩子朗读时，如果更换了经常朗读的故事里的某个词，孩子就会说读错了。

(8)喜欢自己动手，什么东西都一学就会。

(9)特别喜欢模仿戏剧或电影人物的动作或道白。

(10)乘车时，对经过的站名或路标记得清清楚楚，并向大人提起什么时候曾经来过这个地方。

(11)喜欢倾听各种乐器发出的声响，并能根据音响敏捷地判断出是什么乐器。

(12)喜欢东写西画，物体勾勒得形象逼真。

(13)爱把玩具分门别类，按大小和颜色放在一起。

(14)善于把行为和感情联系起来，如说“我生气了才这样干的”。

(15)喜欢给人讲故事，而且讲得有声有色。

(16)善于描述所听到的各种声响。

(17)看见生人时，会说“他好像是某某人”之类的话。

(18)善于判断能做什么，不能做什么。

如果 1、8 和 15 条表现突出，可能具有语言才能；如果 5、11 和 16 条突出，可能是个音乐苗子；如果 6 和 13 条表现突出，说明他有逻辑数学方面的天赋；如果 3、10 和 12 条表现突出，说明有丰富的空间想象能力。

9. 如何给宝宝读书或讲故事？

给宝宝讲故事有助于帮助宝宝培养阅读习惯，同时刺激语言智

能发展，但讲故事可不是简单的事情哦。说到讲故事的技巧，很多爸爸妈妈都不屑一顾，讲故事这么容易的事情，只要认识字，照着读读，自然就把故事“讲”完啦，怎么还有技巧可循？其实不然，像讲故事这种被爸爸妈妈认为是简单的事情里，是有着很多学问的，希望以下几点建议对爸爸妈妈有所启迪：

(1)选择合适的故事：并不是所有的故事都能引起宝宝的兴趣，爸爸妈妈要根据宝宝的年龄来选择不同内容的故事。通常给0～1岁的宝宝看些色彩鲜艳的图画书，当然也可以讲些简单的故事，不要以为宝宝听不懂哦，宝宝只是不会表达，但能听懂的。给1～3岁的宝宝讲些动物、植物和仙女等的故事比较适合，以图画为主，故事要短、形象要生动、情节要简单。

(2)临睡前是好时间：建议爸爸妈妈选择在宝宝睡觉前讲故事。因为在临睡前，正是大脑神经和小脑神经交替工作的时候，是宝宝一天精神状态最稳定、最平静的时候，如果在这段时间给宝宝讲一些美丽的、欢乐的及培养情感的故事，宝宝会很容易接受。如果宝宝只有1～2岁，那么在起初，爸妈讲故事的时间最好短些，时间控制在3～5分钟内，让宝宝有个适应的过程，之后，就可以根据宝宝的注意力情况，适当增加或减少故事的长度。基本上，一篇故事的长度要控制在20分钟以内。当然，如果宝宝十分融入在情节里，多讲一会儿也不碍事；如果发现宝宝注意力分散，思想不集中了，那就要及时刹车，不要勉强，以免宝宝对听故事产生厌倦心理。

(3)讲故事声情并茂：为宝宝讲故事，重要的是能提供宝宝许多“语料”，为将来的说话、写作储存资本。宝宝将通过对他所说的故事，学会如何使用语言表达情感、描述事件。所以，讲故事的言语要尽可能生动，多用象声字、象形字，必要时还可以手舞足蹈，调动起眼睛、眉毛、嘴巴乃至脸上的每寸肌肉！只有自己讲得津津有味，宝宝

才能听得津津有味。还有值得一提的是，故事一定要起个好开头，宝宝才会饶有兴致地听下文，爸爸妈妈可以根据故事内容或主人公的特点编个谜语或者学动物的叫声等来吸引宝宝注意。

（4）鼓励宝宝复述故事：在讲故事活动中还有一个十分重要的环节，就是要让宝宝复述故事。复述不是背诵，而是要用宝宝自己的言语来讲述故事里的人物和情节，这对宝宝的言语、记忆、逻辑、想象等方面的能力是最好的锻炼。但是，宝宝要经历聆听、理解、记忆后，才有复述故事的可能，宝宝在听故事的过程中是以形象记忆为主，如果像流水账一样一天一篇故事，等把故事讲完了，他也忘得差不多了。爸爸妈妈可以借鉴著名诗人歌德的妈妈的方法：在歌德小的时候，他的妈妈每天都会给他讲故事，但是每到关键处就停住，让歌德去想之后的情节。等到第二天，在讲故事之前先问歌德是怎么想的，等他讲完以后，妈妈才继续讲故事，歌德的想象力就被培养出来了。所以，爸爸妈妈可以不定期地重复已经讲过的故事，并且鼓励宝宝回想故事，甚至发挥想象力创造部分内容，将故事扎根在宝宝的心里。

（5）耐心启发亲子互动：给宝宝讲故事的时候，若他提出问题或插话，爸爸妈妈应持鼓励的态度，响应他的发言。这样，爸爸妈妈就将讲故事转化成与宝宝间的一种亲子互动，不但有助宝宝的专注力及说话能力的培养，也能为亲子情感加温。另外，爸爸妈妈对胆小的宝宝要多讲些勇敢者胜利的故事；对自私的宝宝要多讲些自私者孤独的故事。爸爸妈妈完全可以根据自己宝宝的个性进行针对性强的教育。

如果宝宝精力充沛，听故事不够过瘾，也可以故事为剧本，自导自演一番。宝宝的想象力可丰富了！纸盒子可以当家，几根草可以当菜，一个人可以当好几个人用，就可以演出许多故事了。提供机会让宝宝参与故事表演活动，宝宝自然而然就会以自己的言语说出故事中的对白，描述故事中的情节啦！

10. 怎样培养宝宝想象力？

（1）亲子沟通丰富宝宝想象力：爸爸妈妈在与宝宝沟通时，要注意少用限制式提问，多用开放式提问，不要提出只有一种答案的问题，要提出答案丰富的问题让宝宝去寻找。还可以让宝宝自己设计、主持游戏，在设计的过程宝宝接触到许多未知领域，对他的知识是个补充。爸爸妈妈在宝宝学习的过程中，要真诚地鼓励他，当他出现小错误时不要耻笑，这样会打击宝宝的积极性，影响他的自信心。可讲一些孩子喜闻乐见的故事。

宝宝在听故事时，想象力特别活跃，头脑中不断出现故事中的人物、情景，想象着以后的情节。故事讲完了，有时宝宝对结果感到满意，但有时会不喜欢这样的结局，而想象着新的结果，于是在这一过程中宝宝的想象力得到了发展。

（2）想象游戏丰富宝宝想象力：爸爸妈妈可以多和宝宝一起做想象游戏，如所有关于鱼的话题，鱼会游泳、鱼有各种颜色、鱼的品种等。可以模仿家庭生活，让宝宝和其他小朋友一起“过家家”；还可以模仿社会活动的“看医生”、“当警察”、“扮老师”、“打电话”等；还可以与宝宝一起画简便易行的“想象画”；或者续编小故事；有时还可以拿着图与宝宝一起看图说话。想象游戏可以让宝宝改变社会身份，模仿预习未来社会角色。还能丰富他的语言词汇，锻炼表达能力、沟通能力。同时也锻炼了宝宝的组织能力，使他从中获得快乐。还有助于发散式思维培养。促使宝宝在游戏中建立起自信心。

（3）动物简笔画丰富宝宝想象力：如画小鸭子，爸爸妈妈可拿出画让宝宝观察，启发宝宝说出小鸭子的脑袋是什么形状？身体又是

什么形状？爸爸妈妈还可以把小鸭子的外形用四句顺口溜来概括："脑袋滴溜圆，身体像小船，颈上嘴巴扁，眼睛是半圆。"可让宝宝边说顺口溜边画小鸭子。

所谓动物简笔画，就是用简单的线条画出动物主要的外形特征，要画得"简"，画得像。必须删掉细节，突出主要特征，把复杂的形象简单化。动物简笔画容易掌握，不仅能激发宝宝的学画兴趣，还可以培养宝宝的速记能力、概括能力、想象能力，有利于宝宝的智力发展。

11. 如何开发孩子的右脑？

研究表明，一个人的左右半脑是有明确分工的。人脑的左半球主要是语言、逻辑、数学的运算加工系统，主管逻辑思维；而右半球则主要是音乐、美术、空间知识的辩证系统，主管形象思维。其中右半球与人的创造力密切相关。通过右脑的开发，使儿童两部分大脑全面、和谐地发展，是培养儿童创造力的重要任务之一，也是家长的重要责任。

儿童的右脑是一块神秘的新大陆，只要认真开发，就能挖掘出丰富的宝藏。开发右脑的方法有：

看云：云朵是立体的，但是由于人们往往只注意其轮廓，所以感觉不到它们的立体形象。如果能让孩子常常盯住云看，久而久之，就能看出其立体层次，这是孩子利用空间意识锻炼右脑最好的方法。

听童话故事：听爸爸妈妈讲故事时，孩子会不由自主地随着情节的发展想象故事中的人物、场面和情景，这对右脑的图形思维能力有很好的促进。

左视野训练：指让孩子把头稍稍向右偏转着观察事物。如在楼房屋顶或交叉路口让孩子用左视野观察大街上的车辆，记住它们的颜色、形状,把它们排列在脑海里。

改变行走路线:不要总是带孩子走一成不变的路线,在接送孩子上幼儿园,去爷爷奶奶家或是晚上散步时经常有意识地改变路线。因为第一次走过的街道,周围的景物全部都是新鲜的,这对右脑很有好处。过一段时间后,再来“故地重游”,走走老路,检验一下孩子把这些景物记住了多少。

看画和绘画:绘画的感觉是右脑的重要功能。当孩子目不转睛地注视着展览会上的绘画作品,尽情欣赏并陶醉其中时,孩子的右脑正在工作。不必要求孩子注意作者的名字或评价作品的好坏。孩子作画时,鼓励他们随心所欲,不受任何框框的限制。许多富于开拓性、创造性的人都不同程度地喜欢绘画,由此也可以看出绘画对活化右脑的良好作用。

借助音乐的力量:心理学家发现,音乐可以开发右脑。所以,父母应该让孩子多听音乐。还可以在孩子从事其他活动时,创造一个音乐背景。音乐由右脑感知,左脑并不因此受到影响,仍可独立工作,使孩子在不知不觉中得到了右脑的锻炼。

12. 怎样训练婴幼儿的语言能力?

语言是交际的工具,思维的武器,对一个孩子来讲,及早掌握语言是很重要的。训练婴幼儿的语言能力注意掌握以下方法:

(1)提供一个好的环境:要创造一个能促使婴儿不断咿呀学语的愉快环境,以提高婴儿的发音质量。妈妈的爱抚、语言和笑声,最能鼓励婴儿做出咿呀反应。实验证明,甚至只播放母亲声音的录音带,都能使婴儿兴奋,用咿呀学语对母亲的声音做出回答。所以,成年人要尽量多和婴儿交谈,长时间的沉默会使婴儿感到寂寞。

(2)理解性训练:培养婴幼儿理解语言,要和婴幼儿生活中的事物联系起来,就是干什么,说什么,帮他理解什么。例如,吃饼干时,就告诉孩子:“等着妈妈给你拿饼干去。”拿着饼干时,妈妈还可强化一下,对婴儿说:“这是饼干,多好吃啊。”

(3)干什么学什么:会说话时,也要本着做什么学什么的原则,教幼儿说话。例如,吃饭时教小儿说:“牛奶”、“白菜”、“张大嘴”等。睡觉时教小儿说:“上床了”、“躺下”、“闭上眼”等。在玩时教给小儿玩具的名称、玩的方法,如“把皮球滚过来”。这样联系小儿的生活学说话,既形象又具体,由于重复多,每日每时都可起到对语言的强化作用。

(4)教小儿说话要趣味化、游戏化:如要教会孩子说“请”,妈妈就可说:“汽车来接熊猫了,宁宁快说,请熊猫上车吧。”要教会孩子说“再见”,妈妈说:“娃娃睡觉了,宁宁快说:明天见或晚安。”用这样的方式孩子就容易学会。

总之语言是智力发展的基础,是接受知识的工具。要按顺序和规律培养教育,使小儿在提高语言能力的同时,也获得心理上的满足。注意培养说话时不要用方言、土语,更不应说粗话,从小培养语言美,使孩子懂得举止谈吐优雅。

13. 孩子发音不准怎么办?

孩子发音存在问题,是指孩子是否有构音障碍。构音障碍包括丢音、换音、错音。儿童发音是一个生理与心理发展的过程,有很大的个体差异,3~4岁幼儿发音不准的较多,由于唇和舌的运动不够有力,下腭不够灵活,因而发出的辅音往往分化不明显、不清楚。绝大部分孩子到六七岁以后会自然达到正常状态。

首先要确定一下孩子的口、舌等发音器官是否有问题，如有些孩子因舌系带短不能吐舌而影响发音，可经过简单手术治疗而改善。如果没有问题，则可能与孩子的发音习惯、缺乏练习等因素有关，不少孩子口腔各部位发育正常，但四和十、师和施、姥和袄、奶和矮、多和拖不分等。这些都是辅音分不清楚，家长就要耐心地帮助孩子了。在发音时要慢、要准，让孩子看到不同语音对应的口型；家长可以和孩子一起练习吹气（用吸管吹泡泡、乒乓球、树叶等等），训练孩子控制呼吸、嘴巴及舌头。家长还可以教孩子说儿歌或绕口令来纠正不正确的发音。总之，一定要让孩子多听，多练。久而久之，随着发音器官的成熟以及语音听觉的发展，孩子的发音也会逐渐正确起来。

14. 怎样培养宝宝语言表达力？

（1）用普通话教孩子：家长切记要用规范的普通话与孩子说话，并且不用方言或模仿孩子可爱的儿语，诸如“狗狗玩”、“洗手手”之类。孩子说——“吃糖糖”，家长要立刻纠正——“我要吃糖”，并且要告诉孩子——“你已经长大了，要把你的想法说完整”。还可以追问——“你想吃什么糖？你能用一句话把自己要求说清楚吗？”引导孩子说出——“爸爸，我想吃那种黑色的巧克力糖。”让孩子学会组织语言，把多种主要信息完整地表达出来，让别人听明白。力求口齿清晰，用词准确，富于表现力。这对孩子逐步养成说完整的话——规范的语言非常重要。

（2）多与孩子交流：对话是双方的，家长的责任是引导和激发孩子的兴趣，这样孩子就会产生兴奋点，就会抢着说。起初，很可能前言不搭后语，这没关系，语言的表达毕竟要有一个锻炼的过程。

（3）经常给孩子念书：孩子看书看画报，一般情况下都是胡乱地

翻翻，看一些表面的东西，由于识字的局限性，对一些内容肯定是难以理解的。所以，家长要养成这样一个习惯：每天给孩子读一会儿书。像童话故事、儿童读物等，尤其是孩子睡觉前，最安静了，容易听进去。给孩子读书不要怕孩子听不懂，但他会记住一些东西，长此以往，孩子会积累许多词汇，有时也会脱口而出。

(4)丰富孩子生活的内容：要让孩子多接触社会生活，比如节假日带孩子上公园、逛商场、书店等，引导孩子观察体会，然后不失时机地引导孩子讲述所见所闻，所想所感，这样，孩子就会在亲身体验中增进对语言的理解。同时，孩子也会情不自禁地用语言来表达内心的高兴之情。

15. 怎样开发宝宝的语言智力？

根据宝宝学习语言的特点和规律，心理、教育学家提供了以下一些开发宝宝智力的手段，供年轻父母参考：

(1)培养宝宝对语言的好奇心：好奇心是我们学习知识的最原始动力。无论我们学什么，最先产生的就是好奇心，因为这种好奇心会使我们产生学习的欲望。宝宝学习语言也是如此，如果宝宝对语言没有好奇心，他就不会产生学习语言的兴趣，自然也就没有学习和探索的动力，他的语言智力发展就会比较慢。相反，如果爸爸妈妈在宝宝很小的时候，就开始培养宝宝对语言的好奇心，宝宝自然会对语言产生浓厚的兴趣和学习的欲望，根本不需要爸爸妈妈强迫他去学习。

那么，怎样培养宝宝对语言的好奇心呢？方法很简单，即经常对宝宝进行语言和各种优美声音的刺激，经常给宝宝朗诵诗文、讲故事、唱儿歌，以吸引宝宝对爸爸妈妈所用语言和声音的向往，激发宝宝的学习欲望。

应注意的是，爸爸妈妈对宝宝进行语言和声音的刺激时间不应过长，要适可而止，以免宝宝过于疲倦而产生厌烦心理。此外，爸爸妈妈在对宝宝进行语言刺激时，不要急于让宝宝开口说话，因为这样会违背宝宝语言发展规律。

(2)尽早开发宝宝的语言智力：语言作为一种智力与潜能，对宝宝的天才思维起着极为重要的作用。语言智力开发越早，对宝宝的成长就越好。从宝宝出生的第一天起，爸爸妈妈就可对宝宝进行语言智力方面的开发训练，3～5个月的婴儿"交谈"时让他做出口部及出声反应。8～9个月开始牙牙学语时，要做出积极的反应，用语言说出他的需要。1岁时，要不断鼓励他说出单词、电报式语词，并逐渐要求说出单词句、双词句直到完整语句。从宝宝呱呱坠地，到宝宝能熟练地运用语言与别人交流，这中间离不开父母的教育与引导，因为没有语言环境，宝宝是绝不可能发展语言智力的。

(3)为宝宝创造开发语言智力的环境：宝宝的语言环境是父母与宝宝共同构成的，爸爸妈妈对宝宝语言智力发展的关注和宝宝在婴幼儿时期言语活动的自发倾向，共同创造出了一个动态的、积极参与的语言环境。最简单的方法是随时说着正在做的事，如正在洗衣服，可对孩子说："妈妈给爸爸洗衣服。"正在看书时，可以说："妈妈在看书，宝宝长大了也要看书。"还可以说孩子正在做的事，如孩子在吃苹果时，可以说："宝宝在吃苹果，好吃吗？"孩子在玩玩具时，可以说："宝宝在玩积木，真乖。"这种语言环境的作用在于开拓儿童的"听说系统"。

16. 妈妈对孩子说话有禁忌吗？

(1)忌恶言恶语：千万不可对孩子大声斥责、恶言恶语。在盛怒的妈妈面前，幼小的孩子只有吓得瑟瑟发抖，沉默地流泪。长期听惯妈妈恶言恶语训斥的孩子，会受到妈妈潜移默化的影响，也习惯于用恶言恶语对待他人。

(2)忌唠叨抱怨：有些妈妈很喜欢唠叨，当孩子犯错时，这些妈妈便开始唠唠叨叨抱怨。这些抱怨的话语虽然不至于使孩子感到害怕，可是，孩子听久了，会感到一种无形的压力，觉得自己犯了天大的错误，对不起辛苦操劳的妈妈，从而对自身的能力和价值产生怀疑。

(3)忌讽刺挖苦：当孩子做事不如他人时，有的妈妈不能正确客观对待，而是一味讽刺挖苦，拿自己孩子的缺点去比别人孩子的优点，把孩子贬得一无是处，打击孩子的自尊心。

(4)忌冷漠轻视：孩子跟大人一样，也会有心情不好的时候，也需要有能倾诉的对象，释放自己的坏情绪。可有些妈妈因为忙、没有耐心，或是觉得孩子小，常常忽视孩子的这种需要，这样的次数多了，孩子就产生一种感觉，觉得妈妈不喜欢、不重视自己，从而和妈妈产生隔膜，再也不对妈妈敞开自己的心扉，当孩子长大后，做妈妈的想要跟他进行心灵交流就难了。

(5)忌命令强迫：中国的教子传统是不平等的，常常是家长高高在上，命令孩子做这做那，没有半点商量的余地。有些妈妈受这种传统影响，爱用不容置疑的口吻命令教训孩子。这种教育方式常常导致孩子的反感，久了就容易形成越来越强烈的逆反心理，甚至有时候，妈妈明明说的是对的，孩子也偏偏不听，跟妈妈对着干。

(6)忌威胁恐吓：有些妈妈没有耐心，当孩子不听话时，为了震慑孩子，常常威胁恐吓孩子，以求立竿见影地让孩子按自己的要求去做。孩子因为害怕，只好按妈妈的意愿去做，可是内心却充满了恐惧，久而久之，孩子容易变得胆小和懦弱。

17. 为什么要培养孩子的绘画能力?

培养孩子的绘画能力,好处多到父母想不到。通过孩子的绘画作品与其沟通,不但可借机增进亲子关系,还有助于孩子性情的稳定发展及勇于表达自我的能力,是孩子成长过程中的必备技能。

(1)能让孩子自然地吸收知识:在游戏中学习各种知识是最容易的方式。专家认为,游戏不但是幼儿生活的全部,也是幼儿成长与学习最好的途径,所以我们可利用绘画游戏,让幼儿在玩乐中自然地接受教育,成效也较佳。

(2)是家长与孩子沟通的桥梁:牙牙学语的宝宝,往往表达不清自己的需求,常弄得家长一头雾水,此时绘画就派得上用场。绘画可帮助父母了解孩子的心理,特别是在幼儿还没能用完整的语言及文字传达自己的意见时,父母可从观察幼儿的绘画内容来了解其内心世界。

(3)能培养性格完美的宝宝:父母可能没想到利用绘画的游戏方式,也能培养出性格较为稳定的宝宝。绘画游戏不但能帮助幼儿宣泄不良的情绪,还可以满足幼儿在动作上自然发展的需求,培养幼儿的独立性、良好的操作态度及习惯,以提高幼儿学习的信心,陶冶优美的性情,增强幼儿发表、创造、审美与欣赏的能力,并能扩充其生活经验和活动力。

(4)画画可以发挥想象力,是一种表达感情的方式:画画可以锻炼孩子小手的灵活性和协调性,是培养孩子善于观察事物、了解事物特征的好方法。画画还可以开发大脑右半球的功能,对开发智力也大有益处。

18. 为何宝宝2岁以后才学画？

1岁左右的宝宝拿起画笔时，还控制不好手的力度和“挥毫”范围，给他一张小纸，他会画出纸外。此时，孩子往往只能画些线条，放射交叉或呈不规则弧形和不规则圆。但孩子看到自己手一动就会出现这些线条，他会极大地兴奋、惊讶和欢快。孩子1岁半后，对笔的控制力和手眼协调性提高了。2岁的孩子在画画时已能找到“感觉”，他会给自己的“杰作”命名，虽然还是一些简单的线条和弧线。对他们来说，他们手下出现的不同的痕迹，是一种多么美妙的体验呀。家长这时候就可以提供画具，让他们尝试通过手部的动作，在纸上变出各种线条、色块。这种早期的无目的的涂鸦活动可以帮助幼儿大肌肉的发展，并且从重复的动作中学会视觉的控制。从涂鸦过程中学习到点、线等符号，并发现了这些符号与手部动作的关系，是人生中创作记号活动的开始。

2～3岁是儿童视觉感受能力发展的关键期，此时对儿童进行绘画教育，可以促使孩子绘画才能的发展。家长应紧紧抓住孩子2岁这一关键期加以培养。

19. 如何教孩子画画？

2～3岁的孩子基本处于乱画、乱点、乱涂的涂鸦期。对枯燥、单一的临摹不感兴趣，根据年龄特点，父母可以用游戏的形式教孩子画点、线和圆圈。例如，大人画两条直线说这是大人的筷子，宝宝画两条短的线表示宝宝用的小筷子。也可以大人画两条线告诉宝宝这是马路，宝宝在当中画一条短线，如果画直了，表示宝宝的车子骑得快，

如果画歪了，表示宝宝骑的车子撞到马路边了。通过边玩边画，宝宝画线的兴趣一定很高，再通过反复练习，宝宝的线就能画好了。例如，下雨了，让孩子画线条、画点；又如，点蚊香、绕毛线球时，教孩子顺着一个方向画螺旋线，锻炼孩子的手腕肌肉。在孩子掌握了线、圆圈、点的画法的基础上，父母应启发孩子观察简单的物体，逐渐训练孩子能画出象征性的图形。由于孩子比较容易掌握画圆形，故一般在教孩子画简单的物体时，应该从圆形开始，如画苹果、糖葫芦等，再逐步过渡到正方形、长方形，如画手帕、窗户等。父母要有意识地在日常生活中引起孩子对物体色彩的注意，培养对颜色的兴趣，逐步认识3～6种颜色：红、绿、蓝、黄、黑和褐色，并喜欢使用不同颜色的蜡笔绘画。

儿童画是没有对错的游戏，不能以大人固有的眼光来看待。鼓励孩子大胆作画，多为孩子的进步加油鼓劲，多表扬多赞赏，给孩子多一点的自信。孩子刚开始画画，一般不敢大胆画。画的线条一般都很轻、弯弯曲曲，父母要鼓励孩子大胆地画，尽量画大一些，最好每次都把纸画满。

20. 怎样教孩子辨认颜色？

辨别颜色，看似容易，其实并不简单。孩子认识颜色是一个漫长的过程并遵循一定的发展顺序。

颜色依来源可分为两大类：一类为基本色，包括红、绿、蓝等多种。将这些颜色，按其不同的份量与组合来调配，可产生许多其他的颜色，这便成了第二大类的颜色，称为间色，如深黄、柠檬黄、深蓝等。

孩子对第一大类的颜色容易掌握，对年幼的孩子应先教其辨认第一大类的颜色，对第二大类的颜色孩子难以辨认。我们在教孩子认颜色时，要耐心告诉孩子颜色的正确名称。例如，我们要告诉孩子这是“粉红色”“浅红色”“深红色”等，不应只说“红色”，这样孩子辨别颜色的能力就会大大加强。

教导孩子辨认颜色的有效方法是通过对比的过程。例如，教孩子辨认深红色，便把粉红色、浅红色等也都告诉孩子。孩子通过对比，会加深对颜色的印象。宝宝对颜色的认知通常发生在1岁半到3岁，约22个月能命名红色，2岁半左右能命名3种颜色，3岁时能认识红、黄、蓝、绿。

21. 怎样为0～1岁的孩子选书？

在最初的4个月，对婴儿来说，最重要的是爸爸妈妈的声音，大人读什么书都没关系，只要能够在读的时候充满爱与温情就行。相比之下，节奏明快、韵律优美的读物是首选。7～9个月的孩子，手指小肌肉开始发展，开始学爬，也有社会性的需求。此时，孩子可能会爬着去拿书，希望父母念给他听，也开始有翻书的动作产生，颜色鲜明、图画清晰的卡片或书会给孩子留下深刻的印象。所以，容易翻页、坚固的硬纸板书，一页一物的命名类图书，玩具书或是童谣，都是不错的选择。10～12个月的孩子，会希望父母重复念同一本书给他听，并且会以笑或指书的动作为回应。可以选择能对他的视觉和听觉产生深刻而美好印象的读物，如卡片、认物画册、玩具书。在语言上，最好能选择有韵律的文字，如简单的童谣、儿歌、唐诗等。

如果选图画书，务必选线条简朴、颜色和谐的，画面千万不要复杂。总之，1岁以前的阅读行为，主要是在培养孩子对书本的感情。对孩子而言，阅读之所以有趣，是因为父母会抱着、搂着他一起读书。因此，在亲子共读时，父母要以孩子为中心，避免强迫孩子阅读。

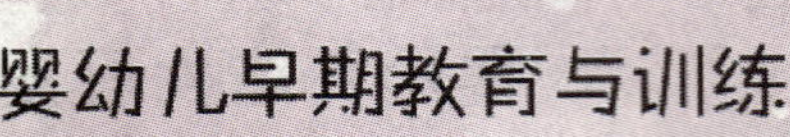

22. 怎样为1～3岁的孩子选书？

1～3岁，这是孩子学习语言非常重要的起步阶段。多数孩子会在这个阶段拥有第一本自己可以翻阅的书。可以选择画面简单、字体偏大，阅读舒适感强，色彩鲜艳的图画书，内容应与幼儿日常生活接近，如反映日常生活用品、服装、玩具，常见的动物、植物等，告诉他这些东西和动植物的名称、颜色、形状等。

1～2岁幼儿是用整体的方式在学习，形式十分多样的玩具书可以引发孩子对书的兴趣，并从动手学习中亲近书本。

2～3岁的孩子语言发展很快，要充分利用图书教孩子说话。3岁的孩子可以看一些故事情节简单、没有文字说明的图书故事，家长可以用简洁的语言指导孩子仔细观察画面，与他进行简短的对话。

23. 怎样培养婴幼儿的方位意识？

早期培养儿童的方位意识非常重要，不仅能提高婴幼儿的思维能力和动作协调能力，普遍提高儿童的智商水平，而且能给以后的入学教育打下一个良好的基础。

方位意识是指儿童对左右、上下等方向位置的认识。在平常对孩子说话时常用些方位术语，就可以起到良好的培训作用。例如，早晨起床给孩子穿衣时说："伸出你的左手，再伸出你的右手。"穿裤子时说："来，先把右腿穿上，再穿左腿。"在穿鞋、洗手、吃饭时都可以用左右来加强方位意识的培训。在给孩子取奶瓶时说在桌子上边，给孩子拿玩具时告诉他是在箱子下边，让孩子自己去取皮球时说在抽屉里面。孩子要用小毛巾时，告诉他在外面晒着，有时要有意识地教

育孩子向左、右的转法等。这样，用不了很长时间，2～5 岁的儿童就会准确地辨别左右手和上、下、里、外的方位了。

24. 婴儿练爬有哪些好处？

当孩子在襁褓中时，视听范围很小；坐着或躺着时，视听范围略有扩大，但得到的刺激仍然不够。爬行使婴儿开始主动移动自己的身体，开阔眼界，增长见识，促进其认知能力的发展。爬行会刺激左右脑均衡发展、理解与记忆并进。爬行可刺激内耳或前庭系统，有助维持平衡感，而手眼协调也有相同作用。

爬行对于脑部有直接的促进作用。爬行需要大、小脑之间的密切配合，多爬能够丰富大、小脑之间的神经联系，有利于脑神经系统结构的完善，促进脑的生长，必然会对孩子学习语言与阅读发挥良好影响。

爬行能锻炼宝宝全身大肌肉活动的力量，尤其是四肢活动的协调性和灵活性，是一种综合性的强体健身活动。爬可以锻炼胸肌、背肌、腹肌以及四肢肌肉的力量，还有助于视听觉、空间位置感觉、平衡感觉的发育，可以促进身体的协调。它可使血液循环流畅，并可促进肌肉、骨骼的生长发育，防止脊柱弯曲。婴儿在爬行时，头颈仰起，胸腰抬高，有利于增强呼吸系统功能。另一方面，婴儿在爬行运动中，四肢并用，可使左右脑正常发育，使婴儿的智力得到全面的发展。

爬行给宝宝带来了许多意想不到的乐趣，而“摸爬滚打”，也锻炼了宝宝的意志和胆量，有利于宝宝的个性培养，对于脑的发育具有不可替代的特殊作用。

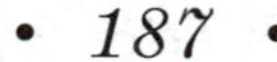

25. 宝宝“左撇子”应该矫正吗？

根据“左脑管右手，右脑管左手”的逻辑，多数人都认为左撇子的人，右脑比较发达。左右撇子的习性表现，有很大比例是通过遗传，以及先天脑部基因决定。

1 岁以前的幼儿，还不大会有明显的方向分化，等孩子过了 1 岁行为自主能力逐渐生成的同时，左右手的惯用特征就会明显出现。

(1)自由发展，勿强行纠正：到底“左撇子”该不该纠正？专家认为，大部分的左撇子都是天生的，如果惯用左手，最好顺其自然，不要硬性修改。如果刻意改成右撇子，容易破坏孩子的肢体协调性了，陷入认知混淆。性格较为敏感的小孩，容易因此受挫；严重的话，可能还会因为心理压力引发口吃问题。

(2)左撇子聪明，无直接证据：据今日有趣报道指出，历届的美国总统，从里根、福特、老布什到克林顿，统统都是“左撇子”。看起来，左派人士似乎较常人优秀，但到目前为止，左撇子宝宝是不是真的比较聪明？目前尚无可靠的实验证明。专家认为，惯用左手或右手，纯粹是天性使然，与职能表现无直接关系，大家不必过度解读。

(3)错误观念：先前许多关于左右脑功能的假设，有些已被证明是错的。如右脑功能的假设，有些已被证明是错的。如右脑利于学美术和音乐，后来发现，有很多音乐家是用左脑来处理音乐；以往说左脑善逻辑思考，有利于学习语言和数学，其实当数学家在解数学题时右脑较活跃。

(4)左右开弓，有助协调：专家提醒在以右撇子为主轴的世界中，左撇子宝宝在生活上难免会碰到一些困扰，父母要把这样的不便告诉宝宝，让他有心理准备，不许过度矫正。孩子运用自己头脑解决事

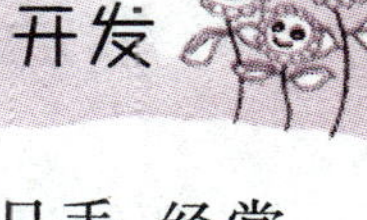

情的能力，远超出我们想象，无须担心。不管孩子惯用哪只手，经常活动四肢有助于左右脑的协调及运作。

26. 孩子动作发展落后于标准时怎么办？

根据儿童动作发展的一般规律，卫生部门及教育部门提出了动作发展的标准，但不是全部儿童能达到。有些孩子可能高于此标准，有些可能低于此标准。标准的提出为我们观察和训练儿童动作发展提供参考。但儿童是有差异的，发展有快慢之别。有些由于健康原因，使骨骼肌肉发育推迟，因而也就影响了动作的发展。如果是这种原因造成动作发展落后，就要从提高儿童体质着手，注意营养及锻炼。儿童身体强壮了，动作发展也就加快了。如果儿童身体健康，发育正常，而动作发展落后，那可能是由于缺乏教育，没有注意进行适时的训练。有目的地进行培养和放任自流，效果是有很大差别的。如果发现是上述原因造成儿童动作发展的落后，就应注意培养孩子，并持之以恒，孩子的动作就会赶上来。但也不能操之过急，不能希望一下子赶上来，必须按顺序进行动作训练，否则会“欲速则不达”，反会使儿童动作发展速度放慢。因此，要正确对待儿童动作的发展问题，既不能忽视，也不能苛求，要积极地从儿童实际出发，加强培养，那么，孩子的动作一定会发展正常的。

27. 宝宝需要培养时间观念吗？

妈妈应在宝宝出生后在日常生活中逐渐培养宝宝的时间观念。

(1)0～1岁的宝宝：主要依靠生理上的变化产生对时间的条件反射。宝宝1个月时就会随妈妈的生活安排产生初步的时间观念，如饿

了，便知道喝奶的时间到了；吃奶后过了一段时间要排尿，宝宝会哭着要妈妈换尿布；吃饱、睡醒以后又哭着要求大人抱；玩累了入睡……如此反复循环。这时宝宝对时间的认知，主要依靠自身的生物钟来完成。

①顺应宝宝的生物钟。出生后不久，宝宝就形成了按时吃奶、睡眠、玩耍等生活规律，妈妈按照宝宝的生理需求来安排吃、喝、拉、撒、睡，不要随意调整他的作息时间，以免打乱生活秩序。否则，宝宝不能对时间建立很好的条件反射，也不可能建立良好的时间观念。

②灌输秩序概念。这个年龄段的宝宝能理解诸如“妈妈先跟我打招呼，然后给我喂奶，再给我洗澡”这类的秩序概念，因此周岁之前是向宝宝灌输秩序概念的最佳时间。如果随意改变计划，秩序被打乱，宝宝就会以发脾气、哭闹的方式进行“抗议”，拒绝合作。为此，在照顾宝宝的时候，不妨给他讲述做事情的过程，如“现在我们穿鞋，然后去公园”；需要做另一件事时，提前给他提醒：“故事讲完后，就是洗澡时间啦。”让宝宝从秩序概念中理解时间概念，一点一点地积累逐渐形成时间概念。

③帮助宝宝用活动区分时间段。1 岁左右，宝宝的睡眠时间逐渐减少，多了许多活动时间。这时可以调整他的作息了，如固定白天玩耍、睡午觉的时间，晚上陪他进行较安静的活动，如看画报、讲故事等，作为睡前的信号。让他初步感知用玩耍、睡眠等活动来区分白天与黑夜。

(2)周岁以后的宝宝：宝宝能用简单的语言表达想法了，对时间的认知有了快速发展，虽然对几点几分的数字化时间仍没有概念，但已经能认识一些特殊活动的时间了，如午餐时间、睡觉时间。他还可能知道 1 周有 7 天，如果父母说这天不用上班，他可能会说这是周末。

①指导宝宝用动作和语言来建立时间概念。例如，早上宝宝起

床后会要穿衣，随后指着毛巾要洗脸、洗手，走到桌边吃早餐，挥手向上班去的爸爸妈妈说再见；晚上累了会走到床边要求睡觉。慢慢地就会发现，宝宝不需要指点就可以自己做一些事情了，表明他已经形成“运动定型”，这将使他养成遵守时间、做事不拖拉的好习惯。

②带宝宝出游前制定出游的过程，并用语言描述给他听。例如，我们到车站乘公交车去公园，然后一同吃午餐，之后一起做游戏……让宝宝理解时间的相对概念：现在、之前、之后等。

③使用形象化计时工具，如计时器、闹钟等。先将时间设定好，时间一到就发出声响，宝宝会作出反应：“哇，时间到了，我要快一点儿。”也可以选用图像化的挂钟，如以十二生肖代表数字的钟，用它来提醒宝宝：“当短针走到‘老虎’的时候，你就要把饭吃完。”这个时候的宝宝思维还停留在具体形象化阶段，将抽象的时间具体为声响与动物，更容易理解，教育效果也会更好。

(3)2～3岁宝宝：宝宝的时间概念基本形成，言谈中越来越多地使用与时间有关的字眼。对时间的认知，局限在与事件的联系上，总是借助于大自然与周围环境的变化、生活中的具体事例为指标，将吃饭、睡觉、看电视、做游戏等视为时间概念的指针，特别是生活作息，在他对时间的理解上起着决定性作用。在宝宝眼中，“早晨”就是起床的时候或天亮的时候，“白天”就是游戏的时间，“下午”就是午睡起来之后。只有到3～4岁时，宝宝才能知道白天、黑夜、早上、晚上，甚至今天、明天等时间概念了。

①尽量用宝宝理解、熟悉或亲身经历过的事物来教他认识时间。如告诉宝宝“下午3点钟我们去动物园”，他可能无法理解，但换成“睡完午觉后我们去动物园”，他就知道是怎么回事了。

②有意识地使用时间词汇。虽然宝宝的时间概念发展大都跟不上他对时间词汇的掌握速度，但学习使用时间词汇能增进他的时间

概念。为此，可以有意识地在他面前使用时间词汇，如“你今年两岁，明年就三岁了。”或教他唱一些和时间有关的儿歌，如“雪花飘，冬天到”。

③制定一个合理的作息时间表，指导宝宝有条不紊地执行。例如，早上7点起床、7点半吃早餐、8点自由活动，中午12点吃午饭、午睡1～2个小时、自由活动，下午6点或6点半吃晚饭，晚上8点半上床睡觉。

④督促宝宝严格遵守时间。无论画图、玩玩具，还是做游戏，都要按时开始，按时结束，从小养成守时、惜时、对时间有紧迫感的习惯，避免日后做事“慢吞吞”、“拖拖拉拉”。

28. 怎样培养宝宝与人相处？

一般来说，宝宝1岁以内时，社交圈子局限于与爸爸妈妈等亲人在一起，宝宝的主要精力也都集中在学习一些基本技能方面，如：抓握和捡起物品、走路、简单游戏等。宝宝2岁时，已经对外界很敏感，并开始喜欢和其他小朋友一起玩耍了，也就是说，宝宝已经踏进了人生真正意义上的社交圈了。和学走路等基本技能一样，宝宝社交能力的发展也面临着从无到有、从不熟练到轻车熟路的过程。宝宝会在不断尝试，不断犯错误的过程中，在爸爸妈妈的帮助下逐步形成良好的社交能力。最明显的就是，这一时期的宝宝开始时可能不愿意与别的小伙伴分享自己的玩具，但随着爸爸妈妈的引导，宝宝会学会关心别人、共享快乐，并找到自己合心合意的好玩伴。在宝宝和其他小朋友做游戏的过程中，注意引导宝宝学会感谢别人、赞扬别人。这样一来，3岁时的宝宝也许就成为了一个会交朋友、善于交流的“小外交家”了。

在宝宝社交能力发育和培育的过程中，往往会出现一种情况，也就是宝宝在熟悉的环境里非常活跃，但在陌生环境中则会显得拘谨甚至胆怯。这是因为宝宝对外部环境缺乏足够认知和心理准备，也就是说宝宝缺乏对环境的适应能力和早期的社交能力。爸爸妈妈们很有必要对症下药，通过适当的行为引导，帮助宝宝提升对陌生环境适应能力，让宝宝早日具备基本的社交能力。

针对孩子以自我为中心的缺点，爸爸妈妈可以从以下几个方面努力：

(1)多与孩子玩一些角色扮演游戏，通过让他扮演不同的角色，体验人与人之间的不同立场、观点与感觉，从而增进人际交往能力。

(2)应该让孩子多接触同龄人。通过与同龄人接触，孩子可以学到团结、竞争等一些基本的社会价值观念。即使孩子与伙伴们争吵起来，他还会通过辩解、说理和冲突，了解伙伴心中的陌生世界，了解自己与别人在感受和处世方法上的差异。他不仅学会了进攻的勇气、让步的涵养，而且还获得了胜利的体验、失败的教训等。

(3)要让孩子学会与亲戚、爸爸妈妈的朋友及同事、邻里之间的交往。这项活动要在孩子是婴幼儿时就加以引导和关注，使孩子在交往中学会尊重、理解、宽容等优秀品格的同时，他还会在不知不觉中增长许多智能，提高自身的判断力、辨别力和灵活性及适应性。

(4)避免自己的家庭变成一个不与外界接触的孤岛，而应该多给孩子创造一个与他人接触的机会和条件，让孩子在与他人相处中感受对方的关心和帮助，同时也学会避免自我中心主义，培养乐于为他人着想的优秀品质。爸爸妈妈要明白，孩子是需要在人群中生活、学习、工作的，要让他从小学会宽容、忍让，懂得理解和尊重，知道倾听和沟通的重要，明白合作和协商的分量，学会让大家认可、让大家接纳。这是孩子迈向成功的很关键的一步，关系到他一生的

发展。

一个充满欲望、爱撒娇、做事任性的孩子，其未来发展是很难想象的。童年的幸福不仅仅是有玩具，有丰足的物质生活，同时也包括人际往来的归属感。

29. 如何给孩子选玩具？

玩具对婴幼儿各阶段的发展有相当深远的影响，家长在给宝宝选购玩具时应该参考以下原则：

(1)适龄性：随着宝宝的成长，选择适合年龄阶段的玩具(避免过难或太易)才能引起宝宝的兴趣。所以，爸爸妈妈购买玩具时要考虑宝宝的年龄。0～1岁：感知触摸型玩具，如色彩鲜艳、音质优美、便于抓握丢掷的玩具，但不要太小以免宝宝误吞。1～2岁：可拖动玩具和可训练双手精细动作的玩具。2～3岁：可激发想象力的玩具，如小餐具、积木、拆装玩具。

(2)安全性：宝宝的自制及判断力较弱，不易区别危险与否，因此选购具有安全标志的玩具是相当重要的。

(3)教育性：宝宝可以从玩具中学到一些东西，如颜色、数字、方位、文字等。

(4)多样性：玩具的功能不止一种，具有变化性，能够灵活改变，将会刺激宝宝的潜能发展。

(5)创造性：宝宝可以从玩具中启发创意，如七巧板、积木、组合玩具等。

(6)兴趣性：玩具的颜色、造型、合潮流、新奇等都能引起宝宝的学习动机。

选购玩具有两个最易犯的误区，应当注意避免。

一是越贵越好。有的家长喜欢买贵的、自动化程度高的玩具。其实，玩具的价值不是用钱衡量的，价格与对智力的开发功效不是成正比的，最终更要看它是否能让宝宝亲身去操作，通过操作来开发智力。

二是一次购回大量的玩具。有的家庭比较富裕，会买很多玩具给宝宝，认为玩具越多对宝宝的智力开发越好。其实，宝宝因为视觉神经发育不健全，玩具一多，观察东西就会不仔细，而且面对众多的玩具因不知如何是好而失去主意，失去挑战的兴趣，以后还易出现精力不集中等现象。

30. 十大常见益智玩具是什么？

(1)响环:3 个月的宝宝就能一只手握着“响环”玩。用手摸摸，体会手上感觉如何；用眼睛看看玩具的各种色彩；用口尝尝玩具的味道；摇动“响环”时的声音又可训练宝宝的听觉。这类最简单的玩具就是宝宝开发智力的第一步。

(2)球:6 个月的宝宝对能动的一切都感兴趣，能滚的彩色球对宝宝最有吸引力，用手一推球就会向前滚，宝宝还会爬着追逐小球，如果妈妈能陪着他一起玩那就更妙了。

(3)积木:8 个月的宝宝已有了不少发现，面对积木，他会开始运用两只手，使两块积木相碰发出响声；一个叠在另一个上面就会比单独一块积木高；而且还可以用积木叠成多种不同的形状。

(4)复合形状盒:这是用来训练宝宝的观察物品形状的玩具，通过这种玩具，宝宝可以认识一种形状的开口只容许同一形状的物品通过；了解生活用品各种不同的形状。

(5)玩沙:所有的宝宝都爱玩沙、玩水。18 个月以后的宝宝已经懂得不能随便把东西都往嘴里塞，这时就可以提供各种小工具，如小铲、小耙、小桶等让他玩沙了，让宝宝把沙堆砌成各种形状，充分发挥他的创造能力。

(6)娃娃:2 岁的宝宝已经开始有个性表现了，能表达自己的喜爱和厌恶。如果有了娃娃玩具，特别是女孩子，会像妈妈对待自己那样对待娃娃了，为娃娃洗脸、穿衣、喂食、赞扬或责备娃娃了。

(7)叠杯:对一个 2 岁的宝宝来说，叠杯玩具是最变幻无穷的游戏，既可叠成高塔，又可缩成一只单杯，还可把小积木或其他小东西藏在叠杯内而寻找一番。通过这类游戏，宝宝能够知道有些东西虽然眼睛看不见，但却是实际存在的。

(8)图画书:2 岁的宝宝已经通过眼、口、手认识了不少物品，如果能在图画书中找到自己认识的物品，是很大的一种乐趣！还可以通过图画书教导宝宝认识更多的事物。这类画要线条简单，色彩鲜明，一眼就能认出是什么来。

(9)玩具车:到了 2 岁末，宝宝已能基本控制自己身体的各部位，可以驾驶“小车”了，可以开快、开慢，也可以骑“大马”了。最好“小车”还能载上一些小玩具，而自己又能充当运输司机。

(10)拉着走的动物玩具:宝宝拉着能走动的“动物”会让他着迷，会理解这一根绳子原来还有这样的牵动力量，这比那些用干电池的电动玩具车更有启智作用。

31. 如何指导宝宝玩玩具?

宝宝爱玩玩具，但一定要会玩玩具。因此，家长应给予指导，让玩具发挥效果。一般指导方法是:

(1)事先指导:玩具一买回来，家长就应该先看说明，弄明白玩具

的玩法，如上发条的玩具，应教会宝宝向哪个方向旋转开关，旋到什么程度为好；电动玩具应教会宝宝使用开关等。

(2)观察指导：宝宝有了新玩具一定乐滋滋地想自己玩，家长应放手让宝宝玩，家长在旁边观察，发现宝宝遇到困难或问题及时给予帮助和指导。当然家长应鼓励宝宝自己动脑筋克服困难，寻找解决问题的办法。有的家长担心宝宝弄坏玩具，不让宝宝操作，由自己操作给宝宝看，这就不是宝宝的玩具而是家长的玩具了。

(3)参与指导：家长和宝宝一起玩玩具，在玩的过程中进行指导、示范，教的过程中家长要在耐心，由易入难，循序渐进，宝宝感到乐趣，学得也快。

32. 如何根据宝宝的性格特点选择玩具？

玩具是宝宝的"教科书"，不仅可以增加宝宝的生活情趣，丰富知识，开拓智力，而且有助于培养宝宝良好的性格。由于遗传因素和后天环境的影响，宝宝在成长中可能养成不良性格和坏脾气，除了日常思想言行教育外，选择适当的玩具寓教于乐，引导宝宝在玩耍中纠正自己的不良性格和坏脾气，也是一种很好的教育方法。

如果宝宝比较好动，整天摸、爬、滚、打，手脚不停，很难安静下来。可以选择一些静态性的智力玩具，像积木和插塑玩具，让宝宝能较长时间地集中注意力，学会控制物体，并进而能控制自己的行动，使好动的个性有所修正。

如果宝宝性格孤僻，沉默寡语，不好动。可以选择些制动玩具，如惯性玩具和声控玩具，让宝宝在追逐汽车、飞机、坦克的过程中，产生愉快和自信的感觉，逐渐形成活泼、开朗的个性。

如果宝宝粗枝大叶，可以选择些制作性玩具，如纸模玩具，让宝

宝在制作过程中，认识事物之间的关系，养成学习的习惯。

如果宝宝不合群，可以选择参与性玩具，如水上玩具，或让宝宝参加集体游戏，使宝宝逐渐了解自己和他人之间的关系。

如果宝宝性情暴躁，做事毛手毛脚，“破坏性”很强，选择一些自制的纸、木、布的玩具，让宝宝自己动手制作各种各样的玩具，慢慢培养宝宝耐心、细致、不急不躁的良好性格，使“火爆筒”的孩子变得心灵手巧。

33. 为什么说游戏是开发儿童智力的最好形式？

谁都不希望自己的孩子输在起跑线上，但让孩子出类拔萃的并不是提前识字，而是游戏、游戏，再游戏！

游戏对孩子来说，是一个积极探索客观世界的过程。孩子摆弄各种自然物和玩具，通过摸索来熟悉各种物质，通过手的操作对客观世界发生作用，引起各种变化。这些信息是静止的旁观所不可能得到的，只有通过游戏才能获得。

在游戏中，孩子们积极地探索着人与人间的关系。他们在自己的认识和表达的水平上，利用玩具模仿周围生活中发生的事情，从中探索着人对待自然界的态度及人们之间各种复杂的相互关系。在模仿过程中，由于成年人的正确指导，孩子们逐步地掌握所在社会的一些行为准则。在游戏中，孩子之间发生着各种各样的关系，要求他们按照一定的行为准则来处理各种矛盾。而这种寓于游戏中的思想品德教育，其效果远远超过一般的说理教育。

生活本身就是游戏，“生活用品是最好、最廉价的游戏道具。”美国佛罗里达州的心理专家、早教专家玛思博士表示，廉价的纸盒并不比昂贵的玩具差，评价玩具好坏的并不是价格，而是用处。锅碗瓢盆

就是最好的音乐道具。宝宝通过敲击可以了解声音的大小、节奏，甚至为自己创作出一段不错的音乐，充满成就感。

此外，把宝宝整个身体放在卷起来的毛巾上，就可以训练他的平衡感；一面镜子和一支口红可以帮助宝宝认识自我。例如，把口红涂在宝宝的鼻尖上，当宝宝在镜中看见自己，并试图抹去口红时，孩子就会意识到原来镜子中的宝宝就是他自己。

每天还可以留一些时间让宝宝按照自己的愿望来玩，让他挑选自己心爱的玩具和游戏。

34. 怎样对婴幼儿进行数学启蒙教育？

对孩子进行数学启蒙比教他识字阅读的确要难一些。因为识字有相应的实物与之对应，如“苹果”二字，有实实在在的一堆苹果放在宝宝的眼前，可看、可拿、可吃；而数就不同了，它不是一个具体的物，而是一个看不到的抽象概念。2～3 岁的幼儿尽管能滚瓜烂熟、倒背如流的数数，但是他并不明白这些“数”是什么，因而教他计算 1＋2 等于多少，只能是徒劳的。要想教宝宝学会计算，首先是教他建立数的概念，然后再教他简单的算法。可以按以下方法进行：

第一步：建立数概念。所谓建立数概念就是要让孩子明白：几个物品就能用数字“几”来表示，如 3 个苹果就用“3”来表示。反过来还要让孩子领悟到 3 可以表示 3 块饼干，3 支铅笔等等的任何 3 个物品。要建立这种数概念，最有效的方法是从形象思维入手，教孩子直接数具体的实物。例如，数一数有几只耳朵、几只眼睛、几个手指头；随手拿一些苹果、围棋子、火柴棒也数一数它的个数；在户外边走边数脚步，还可数路边有几棵大树等。让孩子从看得见摸得着的实物中多数数，他就会从这些无数个实物中抽象出 1、2、3、4、5……的数概念，并能找出数与数之间的关系和规律。

第二步：做口头问答题。由于孩子大量的数实物，他的脑子就会形成物与数相对应的表象，大人问他：树上有2只小鸟，后来又飞来了一只小鸟，现在树上合起来有几只小鸟？那么他的脑子会呈现2只小鸟和一只小鸟合起来的图像，就会说出现在有3只鸟的答案。这个思维的过程，就是慢慢从形象思维转为抽象思维的过程；这个过程经常在脑子里发生，孩子就有了一定的数学抽象能力，在这个基础上你再问孩子：2加1合起来是多少？他自然会说出答案。注意的是刚开始教孩子加法时不宜用“几加几等于多少”的教法，要用“几加几合起来是多少”的说法，这样便于孩子理解，为以后理解“等于多少”的概念作一个铺垫。

因此，在教孩子做具体的数学加减算式以前，一定要多对他进行口头问答题的训练。例如：“妈妈先给宝宝一块巧克力，后来又给了宝宝2块巧克力，现在宝宝手里合起来一共有几块巧克力？”又如：“明明手里牵着3只气球，后来飞走了一只气球，现在明明手里还有几只气球？”等。

第三步：做简单的加减算式。孩子能比较迅速地回答口头应用题以后，可以教他简单的加减算式的计算，应先从5以内的加减开始教。孩子熟练掌握了这些计算以后，再扩大到学习10以内的加减计算。

35. 让孩子快乐自信的六大秘籍是什么？

快乐是智力的加速器，笑容是孩子快乐心情的流露。为了让每个孩子的脸上都洋溢自信、灿烂的笑容，家长们必须掌握以下六大秘籍：

(1)与孩子及时沟通感情:孩子的世界需要家长细心地关注。在家长快乐的导向之下,孩子的心灵其实很容易获得快乐。例如,可以在每一天结束的时候,家长帮助孩子回忆一些快乐的事情,那么他就会以更多自信和喜悦迎接新的一天。

(2)别“压制”孩子的快乐:玩是孩子的天性。孩子需要带着童真的想象力尽情玩耍,他们喜欢抓虫、捏泥巴、看蚂蚁搬家——这些按照他自己的步伐去探索世界的活动,更能给他们带来真正的快乐。

(3)让孩子笑出声来:不管是家长还是孩子,不要把感情放在心里,高兴时就大声笑出来,对家长和孩子的健康都有好处。那么,就让家中充满笑声,并记得经常给孩子一个拥抱。

(4)适时表扬孩子:家长一定要学会欣赏孩子,带着与他一样的兴趣做他喜欢的事,而不是敷衍。并且在他做一些实实在在的事情时,适时给予表扬。如果孩子的热情能通过家长的分享和肯定转化成良好的自尊和自信,这些品质对他的一生都是最宝贵的。

(5)教导孩子关爱他人:尽量给孩子提供关心。例如,让他把家里的旧玩具收集起来送给需要的小朋友、帮妈妈做力所能及的家务等。让他们明白家庭成员之间要相互关心,懂得分享。在帮助他人的过程中,还自己发扬了一种美德,也能享受到意外的快乐。

(6)别对孩子“逼人太甚”:孩子毕竟只是孩子,不能承受批评和责骂之重。如果家长总是对孩子表示不满和批评,甚至拳脚相加,必然会伤害孩子的自尊,使他失去自信。即使孩子有什么过错,家长也都应该无条件地“原谅”。

36. 智障儿早期教育的要点是什么？

对于已被确诊的智障儿，早期教育如果能在3岁以前实施，宝贝今后就有可能进入正常的学习轨道。因此，父母应尽早对宝贝开始针对性的早期特殊教育与训练。这样，有助于宝贝日后能够生活自理，适应社会，成为一个有用的人。

(1)使宝贝的能力发挥到最大限度：父母不要期望对宝贝进行早期教育，他就能恢复正常。正确的目标应当是让宝贝的能力发挥到最大限度，如轻度智力落后接近正常；中度落后提升至轻度落后，重度智力落后能学会生活自理，听懂简单的话，甚至会说几个词和几句话，即使是深重度智力落后的也会有一点进步。

(2)接受宝贝现有的水平并从现有水平教起：如果从一开始就按高一级的水平来教，宝贝底子薄弱，肯定学不好，反而会使父母失去教育的信心。

(3)父母要耐心重复地教：智障儿的学习多半靠机械记忆，所以在教学时要多重复。另外，智障儿往往遗忘得很快，学会的知识很快就会忘记了，有时教他学会说一个字要重复几百遍，父母一定要有耐心。

(4)经常鼓励或称赞宝贝：赞扬可以提高孩子的学习兴趣，对有些宝贝可以用物质奖励，如一块小饼干、玩具等。对有的宝贝还可以用精神奖励，如抱抱他，亲亲他，使他感受到父母很爱他，接受他。

(5)对宝贝的教育要持之以恒：对智障儿的早期教育，最重要的就是要坚持，不能中断，否则会前功尽弃。即使外出不能带他前往时，也要嘱咐家中其他人继续教宝贝，不可间断。

(6)给宝贝自我展示的机会：经常提供一些机会让宝贝能表现一

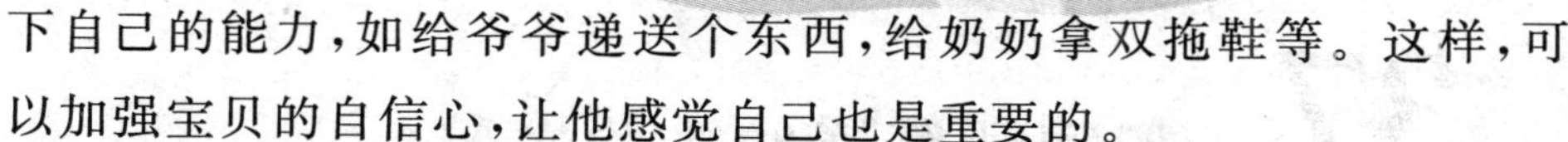

下自己的能力，如给爷爷递送个东西，给奶奶拿双拖鞋等。这样，可以加强宝贝的自信心，让他感觉自己也是重要的。

(7)对宝贝的教育注意寓教于乐：把所教的东西放在每天的生活中。运动、语言、认知能力要在固定时间教，但生活自理、社会行为等，可在日常生活中不失时机地言传身教，如带宝贝上超市时教给他货物的名称、用途、价格等。

(8)每天都要记下宝贝的学习内容和进程：记录下宝贝每天的学习内容与进程，每 3 个月或 5 个月总结一次。可能的话，去请教一位自己或家人熟悉的幼儿园老师进行指点，这对提高教学质量很有好处。

(9)通过游戏促进宝贝的感知觉与动作的发展：感知觉训练包括视、听、触、味、嗅等方面，可让宝贝玩过家家、唱歌跳舞、堆积木，或多进行一些户外活动，增强对大自然的感受力，使宝贝各种感知觉得到良好的刺激，同时四肢协调、手眼协调能力也得到锻炼。

(10)抓住机会并结合具体实物多与宝贝交流：智障儿的语言发育迟缓，同时存在着各种构音与发声障碍和节律异常等。因此，应根据不同情况采取针对性的训练方法。语言是学习得来的，2～3 岁是学习口语的最佳时机，要抓住机会，结合具体实物，多与宝贝交流，以增加词汇量。

(11)注意训练宝贝的生活自理能力：智障儿的生活自理能力差，改变这种状况的有效方法是父母不要事事包办，也不要觉得教育宝贝太麻烦而失去耐心，要把一个个生活技能分解成若干个动作，让宝贝逐步学习掌握。

(12)注意培养宝贝与同伴的交往能力：智障儿与同伴交往会受到限制，父母应当尽量创造条件让宝贝多和正常儿童玩耍，让宝贝在与同伴的交往中模仿正确的行为举止，培养良好的情感和个性品质

37. 如何训练婴幼儿的大脑？

人的大脑功能分两个部分：语言（形象思维）和操作（抽象思维），当我们更多地训练某一个部分，另一个部分就会被抑制。所以，越是说话早的孩子，语言能力发育得相对好一些，则越要多训练不足的另一半：操作能力，以弥补将来可能出现的数学学习问题。朗诵、英语、音乐和绘画都是训练孩子的一半的大脑功能。

对孩子进行早期开发要尊重孩子心理发展的规律，在不同的年龄段有不同的任务和重点，不要揠苗助长。例如，如果在3岁以前过多地教孩子识字和记忆，孩子的动手操作能力和抽象思维能力则受到抑制；在5岁以前，过多的室内课程学习，影响了孩子在户外大肌肉的协调性运动和社交活动，则会严重影响孩子大脑对四肢的控制能力，造成自制力差、自觉性差、多动、过于兴奋、不听话、小动作多等问题。过多的内容灌进孩子的大脑，使孩子在上学后对学习产生厌烦情绪。所以，应注重孩子的能力培养，不要只关注学习内容和结果（认了多少字、会做多少题、会背多少诗等）。能力主要是指：和将来学习能力有关的注意力、自觉性、反应灵敏性、情绪稳定性等，需要注意训练孩子的平衡能力、四肢协调性、手眼协调性、触觉等。

38. 怎样对6个月以内的婴儿进行智力教育？

(1)1～2个月婴儿智力教育的方法

①给小宝宝听各种悦耳的声音，发展听力。

②逗引小宝宝注视人脸或眼前50厘米处的玩具。

③让小宝宝触摸不同光滑程度的实物。

④每天扶小宝宝俯卧抬头片刻。

⑤每天户外活动1小时，还要经常让他在床上踢蹬玩耍。

(2)2～4个月婴儿智力教育方法

①播放音乐给小宝宝听，对小宝宝说话，引逗他发笑。

②经常亲近小宝宝，让他学习辨认亲人的面孔。

③床头悬挂色彩鲜艳的玩具供小宝宝抓玩。

④喂奶时，教小宝宝触摸奶瓶或乳房，发展他手的动作。

⑤每天短时间训练小宝宝的俯卧翻身、抬头，并将他竖抱，用手托住小宝宝的双脚，以锻炼双脚的支撑力。

(3)4～6个月婴儿智力教育方法

①训练宝宝听自己的名字，用图片引发他的注意力。

②夹住宝宝双腋下，教他学跳，训练其翻身。

③把宝宝抱坐在大人腿上喂饭，练习坐的能力。

④让宝宝俯卧床上，后面用手挡住双脚，用玩具逗引他爬、抓物品，发展他眼手协调和爬抓技能。

⑤经常带宝宝外出，接触周围事物和增加他对外界事物的认识面。

39. 怎样对6个月～1岁婴儿进行智力教育？

(1)6～9个月婴儿智力教育方法

①帮助孩子做起坐、挺腰、跪立、跳跃等体操，并扶他学会站。

②让孩子自己拿着东西吃和拿玩具玩。

③每天让孩子独坐车内片刻或坐在桌边吃饭，同时训练他抓、摸等手指动作。

④教孩子做“招手”、“欢迎”、“握手”、“再见”等动作，并作指导

性、感情丰富、健康的谈话。

⑤训练孩子叫“爸爸”、“妈妈”。

⑥用躲藏法逗他大声发笑。

⑦多让孩子听音乐、看表演。

(2)9～12 个月婴儿智力教育方法

①用玩具或推车等辅助方法训练孩子站、蹲、跨步等。

②用彩色积木训练孩子垒的能力。

③训练孩子用小勺吃饭。

④用掷、滚球或将小玩具藏在大玩具中的方法，让孩子做动作促使其智力的发育。

⑤多向孩子提问题，用语言训练他的理解力。

⑥多给孩子说话的机会，耐心纠正他的错误发音，并引导他学习和掌握词汇的能力。

40. 怎样对 1～2 岁幼儿进行智力教育？

(1)当孩子 13～15 个月时

①教孩子双臂伸直，做向左右上下，以及弯腰、下蹲运动，再做摇摆、跳跃运动，训练孩子用脚踢皮球。

②教孩子拼完不同形状的积木，并指导其看画片、认识图中的内容，指出自己的眼、耳、口、鼻。

③训练孩子用语言表达简单的意思。

④教育孩子与其他孩子交往，发展友谊。

⑤教育孩子玩后要把玩具放回原处。

(2)当孩子 15～18 个月时

①训练孩子自己上台阶、跑和跳。

②用玩具训练孩子的思考能力和空间概念。

③给孩子讲简短有趣的故事，教通俗易懂的儿歌。

④让孩子从事简单的劳动，并培养其良好的卫生习惯。

(3)当孩子 18～24 个月时

①让孩子折纸片，穿木珠，摆积木，练画画。

②训练孩子自己戴帽子、扎系裤子。

③教孩子学习鸟飞、兔跳、捉迷藏等活动。

④引导孩子注意大人的言行，诱导他提问和复述，并培养他的情感、兴趣、性格、意志和能力。

⑤利用实物教孩子辨认两三种颜色，并结合图片教认简单的方块字。

41. 怎样对 2～3 岁幼儿进行智力教育？

(1)当孩子满 2 岁后

①引导孩子学习大人的良好行为和生活习惯，培养他的优秀品德。

②训练孩子自己整理玩具、用具及图书，学习料理自己的日常生活。

③引导孩子做富有想象力的游戏，如“过家家”、用积木搭房子等。

④训练孩子的记忆力，引导其回忆过去不久的、有趣的事和人，以及父母亲的名字。

⑤教孩子学习数数、画画等。

(2)当孩子满 3 岁后

①通过散步、游玩让孩子多认识自然界的事物，如鸟、虫、花草及

动物园内的各种动物。

②通过讲故事、念儿歌和玩玩具，触发孩子的想象力、记忆力。

③教给孩子简单的句子或唐诗，引导其复述。

④培养孩子的集体观念，鼓励孩子把自己的玩具拿给别的孩子玩，与别的孩子之间发展友谊。

⑤利用各种实物，如日常生活用品，教给孩子认识和使用。

⑥注意培养孩子坐、站、走、跑的正确姿势。让他练习双腿跳、迈障碍物、扔皮球等动作，以促进运动能力的发展。

七、婴幼儿游戏

1. 0～1 个月小宝宝聪明游戏如何做？

紧握的拳（精细动作）

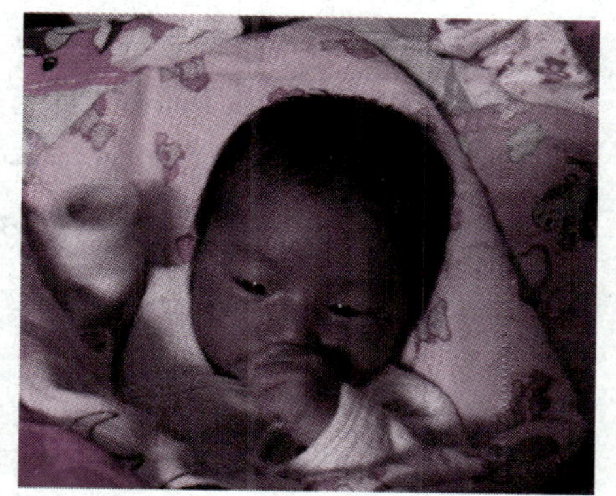

新生儿的双手总是紧紧握着的。如果强行将他的手分开，并将大人的手指横放于宝宝的手心，他会将大人的手指紧紧握住。

运动图案（视觉）

可以在小床上方挂一个会动的玩具，大约离宝宝头部 43 厘米，使用一些色彩鲜艳的卡片或物体，把这些物体水平地挂着，让宝宝躺着时能看到它们。

微笑和说话（听觉、视觉和触觉）

宝宝出生后 10 天左右即可开始进行。当宝宝安静觉醒时，妈妈坐在床边或轻柔地抱起孩子，母子脸相距 20 厘米左右，对他微笑、伸舌头或说话，每次 2～3 分钟，每天坚持做 1～2 次。经反复多次游戏后，宝宝也能模仿妈妈将舌头伸出嘴外或张嘴发音。当给宝宝换尿布或洗澡时，轻柔地抚摸他，并根据生活情境说“妈妈给宝宝洗澡”，“尿湿了”，“换尿布”等话语，目的是使宝宝感知语言，学会倾听，体会母爱，

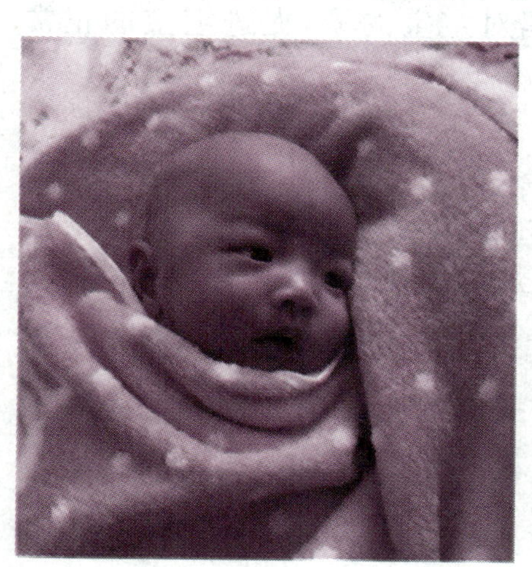

发展听觉、视觉和触觉,激发愉快情绪。

给宝宝唱歌(听觉/语言)

对宝宝唱歌,这样能使他放松。无论唱得好坏,都会使宝宝愉快。一些宝宝喜欢轻哼或抚摸,而另一些宝宝则喜欢欢乐的歌曲与舞蹈。你的宝宝可能在不同的场合喜欢不同类型的歌曲,选择他喜欢的旋律,和宝宝一起随着节拍起舞。

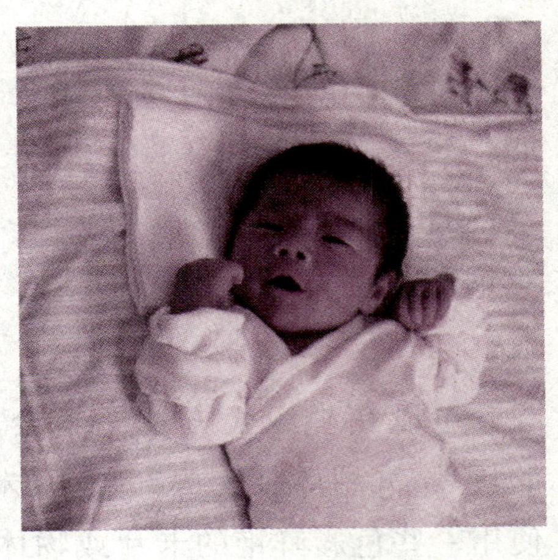

让妈妈摸摸(情绪/社交)

在洗澡前后或换完尿布后,将宝宝平放在床上,边给宝宝说话,边给宝宝从肩到手抚摸双臂,从脚到臀部抚摸双腿,然后从上到下摸摸胸。摸摸宝宝的脸蛋、眉毛、额头、小眼睛、小鼻子。并伴随着"宝宝真乖"、"揪揪小鼻子"等语言。然后把宝宝抱起来,用手抚摸宝宝的背部、颈部和头。按这样的步骤抚摸宝宝的全身,发展宝宝触觉,传递妈妈对宝宝的爱,促进宝宝的正常发展。

爬呀爬(肢体动作)

每天给宝宝洗完澡或做按摩操后,让宝宝俯卧在床上,尽管他还抬不起头来,但是当用手抵住宝宝的小脚板时,他就会向后用劲蹬,以腹部为支点向前爬行。这是宝宝先天具有的爬行反射。利用这一能力可以锻炼宝宝头、颈、背部及四肢肌肉的运动,增强体质。

2. 2个月婴儿适合做哪些游戏？

飞行玩具（肢体动作）

当宝宝躺在地板上、床上或坐在婴儿车上时，大人拿一个会发出有趣声音的玩具在宝宝面前摇摆，让宝宝击打它，宝宝可能更喜欢用脚踢着玩。

蹬"自行车"（肢体动作）

让宝宝面朝天躺在床上，帮助他来回蹬两条腿，就像骑自行车一样。

有趣的抚摸（精细动作，情绪/社交，听觉/语言）

这是一项极有意思的游戏，它可以增进宝宝同父母之间爱的交流。准备一些可以轻抚宝宝的物品，如毛毯、丝绸、羽毛、棉球等。怀里抱着宝宝，一边用这些物品轻轻触摸他的手指和脚趾，一边同他低声说话，他将会感到非常快乐。每次触摸他的手指和脚趾，你可以采用不同的物品，你的宝宝将会非常喜欢这些活动。

虫虫，虫虫飞（视觉，听觉/语言）

抱着宝宝看着他的眼睛，在他眼前慢慢晃动食指，以引起他的注意。当吸引他的注意力时，摇动着手指向左边移动并观察他的眼睛是否也跟着移动，再移到右边，观察他的眼睛是否也跟着移动。可以一边摇动你的手指，一边说："虫虫，虫虫飞。"刚开始，宝宝跟着晃动的手指持续很短的时间，但若每天坚持练习，就会发现他在不断地进步。

睡前的交谈（听觉/语言，情绪/社交）

对宝宝说得越多，他就会越早步入牙牙学语阶段，试着说话。安慰的声音和充满爱意的词语可使宝宝更容易入睡。可以一边抚摸他的头，一边说一些安慰的话，紧紧地搂着他，然后放下他，继续爱抚他，继续讲安慰的话语。

挠痒痒和逗他笑（情绪/社交）

这项游戏能鼓励宝宝笑口常开。抱着宝宝轻轻地前后摇摆，用食指轻轻地抚摸他嘴边的皮肤，当宝宝微笑时，要表扬他，并让他知道这样使你有多开心。不断重复这一游戏。抚摸宝宝的脸3次，然后说“笑一笑”，当抚摸宝宝的脸时，可以说“一、二、三，笑一笑”。

拥抱和触摸（情绪/社交，精细动作，听觉/语言）

给宝宝喂奶时抚摸他是十分重要的。当抱着宝宝时，就可以自然地产生触摸。可以把宝宝的手放在妈妈脸上，让他的手触摸鼻子、嘴、头发和眼睛。还可以轻轻地抚摸他的手，轻拍他的胳膊，同他低声细语。

3. 3个月婴儿适合做哪些游戏？

脚锣（肢体动作）

试着把一只薄金属盘放在3个月大的宝宝脚前，让他用脚踢出声。

宝宝坐起来（肢体动作，听觉/语言）

让宝宝躺在软地板上，妈妈面对着他坐着，轻柔地拉着他的手，将他提起来成坐姿。然后，再缓缓地让他恢复成平躺的姿势。重复上述动作，并说：“宝宝，坐起来；宝宝，躺下去。”

我的双脚（精细动作，视觉，听觉/语言）

鼓励宝宝去注意他的双脚，给他带上彩色脚镯，它们会发出有趣的声音并可通过视觉效果引导宝宝去抓自己的脚。当然要确保这些东西是安全的，而且宝宝不会将握着的东西放进嘴里。

不同质地的手套（精细动作，视觉）

在旧手套的各个部分缝上质地和颜色不同的碎片，如法兰绒布、丝、棉、尼龙布、灯芯绒、天鹅绒，每个手指上的碎片都缝结实，然后让宝宝触摸感知不同质地的布料，看不同的颜色。

婴儿座椅（视觉）

可以把宝宝的婴儿车底座调整到一定角度，让宝宝斜靠在座椅中，这样可以使宝宝的视野开阔许多，能够观察到房间里和周围的景物及发生的事情。但过一会儿就应该让宝宝躺下休息片刻。

碰鼻子（视觉；情绪/社交）

让宝宝面对着坐在妈妈的大腿上，和宝宝玩碰鼻子的游戏。说3次“叶”，当说第一和第二次“叶”时，朝他探探头，说第三次时，与他碰碰鼻子。如果说最后一次“叶”时大点声这个游戏就更有趣了。重复做时，每次要变换音调，即有时用尖的声音，有时用低的声音。可以头两次小声，第三次正常声，让他开心。注意别朝他大声嚷嚷，以免吓着宝宝。

捉迷藏（视觉；智力/逻辑；听觉/语言）

妈妈用手蒙住自己的脸，然后移开，同时说：“藏猫猫。”

在家具或屏风后面，然后突然把头伸出来叫宝宝。

用围巾盖自己的头，再掀起，同时说：“藏猫猫。”

用围巾盖宝宝的头，然后掀起，同时说：“藏猫猫。”然后让宝宝自己掀开围巾。

用玩具和书玩捉迷藏。

把填充玩具放在盒子里，盖上盖，让宝宝打开来去找它。然后把盖再盖上并与玩具说“再见”，让宝宝再打开。可重复做。

把书页来回翻，让画面出现又消失，消失又出现。

4. 4个月婴儿适合做哪些游戏？

我抓到你了（情绪/社交；听觉/语言）

重复性的游戏可以帮助宝宝如何轮流玩游戏。当抱起宝宝时可以对他说，“我抓到你了”，然后用头轻触宝宝的肚子。反复重复这项游戏，他会感到异常的快乐。然后可以对他说：“该轮到你了，快来抓住妈妈！”同时要帮助他，让他用头来轻触你的肚子。

踢你、蹬你（肢体动作）

在宝宝视线以内，将能发出声响的玩具或一个带绳的线球放在宝宝脚前，先用玩具轻敲宝宝双脚使其发出声音，引起宝宝的兴趣，然后逗引宝宝主动用脚蹬、踢。目的是锻炼双腿的运动能力。

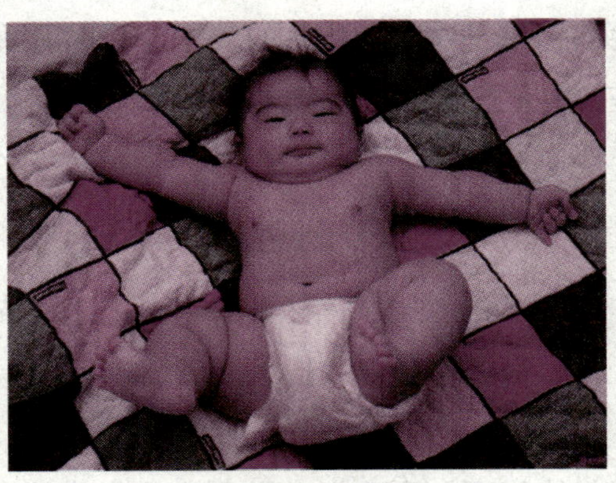

拉坐、拉坐，宝宝快起来（肢体动作）

当宝宝学会灵巧地翻身后，颈部、前臂和腰部肌肉得到锻炼，此时可试着玩拉坐游戏，进一步增强这些部位肌肉的力量。

宝宝取仰卧位，妈妈抓住宝宝双手，将他轻轻拉成坐位，边做边说“宝宝好、宝宝乖，宝宝快快坐起来”。

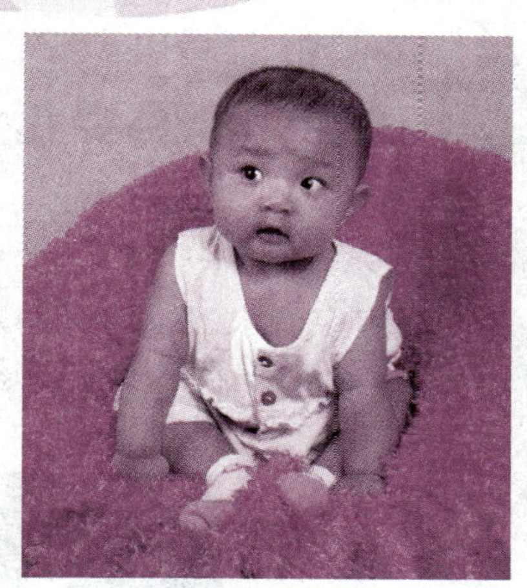

开始练习时妈妈给的力量较大，以后逐渐减小，最后宝宝能握住妈妈的手自己坐起来。

做鬼脸（情绪/社交）

为宝宝表演一些夸张的手势、表情，并配以话语和声音。多重复几回，以便让宝宝能模仿妈妈的动作。

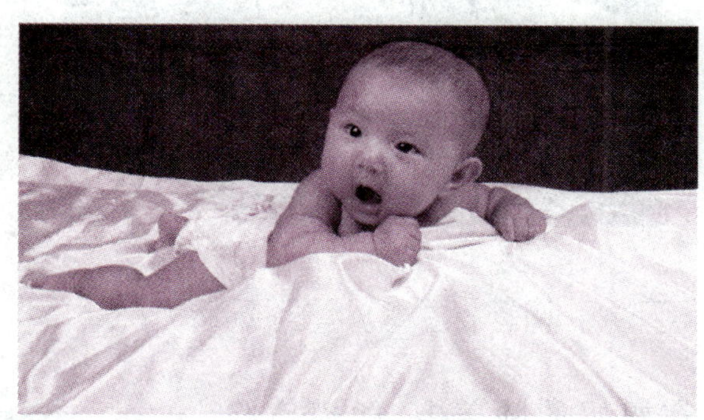

你记得吗？（智力/逻辑，视觉，听觉/语言）

抱着宝宝坐在桌边的椅子上，把他喜欢的玩具放在桌子上，并跟他谈论这个玩具，然后让宝宝背向玩具而面对着妈妈，如果他把头往回转去找玩具，就表扬他，并把玩具给他。

若宝宝在地上爬着玩，就可以让他在地上做这个游戏。让宝宝俯卧，先把玩具放在他面前，然后再放到他旁边，他会肚子贴着地板爬着去找。宝宝一旦开始找，就应帮助宝宝很快地找到，这一点对于增强宝宝的信心非常重要。

5. 5个月婴儿适合做哪些游戏？

戏水（肢体动作，精细动作）

当宝宝玩水、溅水时，也开始认识自己的身体。水除了使身体干净外，戏水也使他感受到了容积（体积）的存在和自己身体的存在。

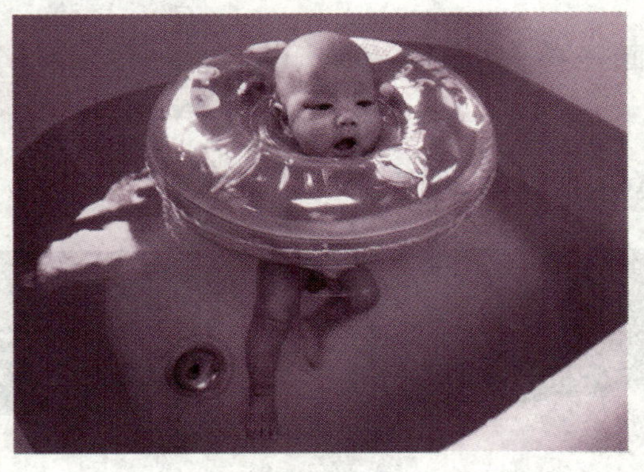

身体游戏（视觉，听觉/语言，精细动作）

把宝宝抱在妈妈的膝盖上，触摸他脸上不同的部位，并告诉他那个部位的名称。如轻轻抚摸他的鼻子，并说，“这是你的（用宝宝的名字）鼻子。”可重复多次。也可拿起他的小手来触摸你的鼻子，并说，“这是妈妈的鼻子。”然后，可以问宝宝：“你的鼻子在哪儿？”并把他的小手放在他的鼻子上，告诉他，“在这呢”。像这样，可以同宝宝一起做“脚在哪儿？”、“耳朵在哪儿？”等游戏。

6. 6个月婴儿适合做哪些游戏？

手和食物（自立）

当宝宝可以很舒服地坐在高椅上的时候，可以给宝宝一些小块食物让他拾起来。宝宝会对小片的新鲜水果和蔬菜感兴趣，拾起它们能使宝宝的手更为灵活。将一些薄脆饼干放在宝宝椅子的托盘上，首先要告诉怎样把它们拾起来再放下，怎样拾起来放进另一只手里。然后伸出手，把手张开，看看他是否会拾起一片食物放进你的手里。

社区活动（情绪/社交，自立）

当外出散步或开车的时候，指给宝宝看他所生活的社区，并告诉宝宝如何才能适应社区生活。和宝宝谈谈他所看到的事物，如消防

车、警车、公共汽车、火车、飞机、救护车、医院、学校、百货商店、图书馆、公园、操场等，就会发现，他已懂得比以前多得多的东西，远远超出妈妈的想象。宝宝也将会知道，在他成长的过程中有许多人可以帮助他。

镜子里的宝宝（认知）

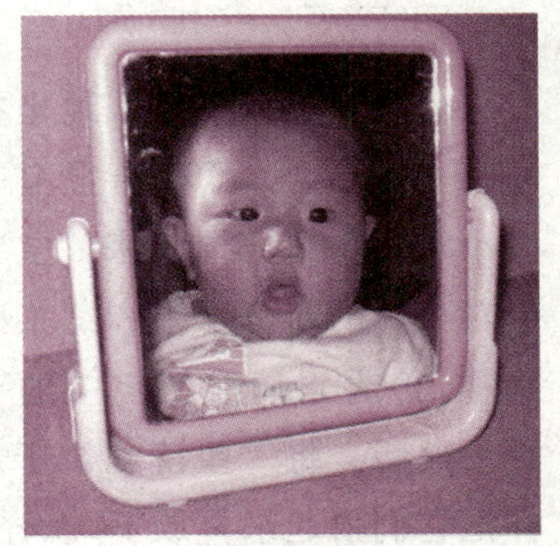

抱宝宝在穿衣镜面前，让他捕捉、拍打镜中人影，用手指着他的脸反复叫他的名字，指着他的五官（不要指镜中的五官）以及头发、小手、小脚，让他熟悉后再用他的手，指点身体各部位，逐渐就会朝着妈妈看或抓镜中的自己。这个游戏可以帮宝宝学习认妈妈、认自己、认五官、认身体、了解实物与镜影的不同。

捉迷藏（情绪/感知）

妈妈在床上盘腿而坐，让宝宝面对面坐在她的腿上，妈妈一手扶着宝宝的髋部，一手扶着他的腋下保持平衡。爸爸在妈妈的背后，让宝宝一只手抓着爸爸的手指，另一只手抓住妈妈的胳膊，爸爸先拉一下被宝宝抓住的手，当宝宝朝这边看时，爸爸却从妈妈背后另一边突

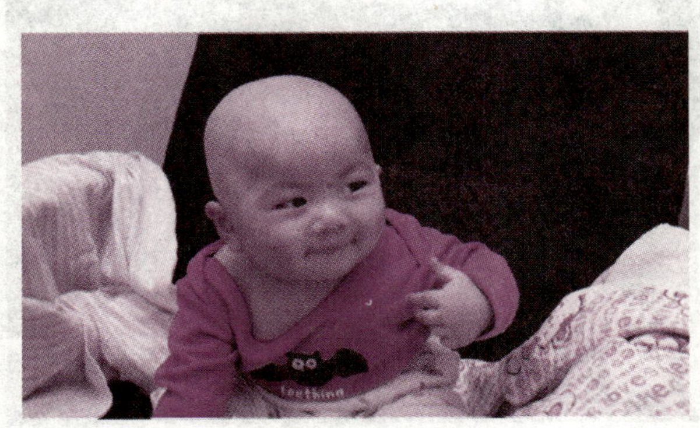

然伸出头来亲热地叫宝宝的名字。这个游戏可让宝宝快乐，增进与父母的感情，发展感知能力。

7. 7个月婴儿适合做哪些游戏？

跷跷板（肢体动作）

首先，坐在直背椅上，交叉两脚，将宝宝放在自己的脚踝上，面朝自己。然后，抓着他的手或将自己的手放在他的胳膊下，随着某种轻快的音乐旋律将腿举起、放下。

质地“小径”（肢体动作；精细动作）

将不同质地的东西散布在地板上，让宝宝爬过去。如把一小块地毯、麻质的擦脚垫、橡胶的擦脚垫、革制擦脚垫等东西排列起来，形成一个有趣的小路，让宝宝沿着“小路”爬，体会不同质地的物质。这些东西用过后放起来收好，过些天可以将它们以不同的顺序排列成另一条小路。

做个牵拉玩具（肢体动作；创新/创造力）

收集一些宝宝喜欢的瓶子和玩具，用绳子把它们系在一起，留出

足够长的一段绳子，让宝宝可以拉着这些玩具玩。一开始可以系两三样东西，教他如何一边拉着玩具玩一边唱歌。以后可逐渐增加玩具的数目。

摇晃不同可摇晃的物品（精细动作；听觉/语言）

对7～8个月的宝宝而言，他很喜欢摇晃和挤压玩具。这时可收集一些在摇晃或挤压时可发出声音的玩具，如可发出音响的塑料充气玩具和装有谷粒或大米的调味品罐，它们发出的声音明显不同，宝宝会很乐意探究其中的差别。但要确保所有的盖子都拧得很紧，以免宝宝吞下容器内的东西。

豆子袋（精细动作）

这个年龄阶段的宝宝一般对掷豆子袋的游戏很感兴趣。宝宝可轻而易举地将它们堆在一起，把它们一个一个地掷到自己头上，感受它们带来的刺激。但必须确保里面的豆子不会漏出。玉米粒是一种很好的填充物。

扔球游戏（精细动作）

准备一个小球及一个空罐头盒（注意要没有锐利的边角），让宝宝坐在地板上，把罐头盒放在他前边。把小球放在他手中，并让他把手悬于罐头盒上方，然后让他张开手，使小球落入罐头盒中。当听到小球撞击罐头盒时，你可口中发出“嘭”的声音。重复若干次，宝宝很快就可以自己扔球了，但需要大人帮他把球捡回来。

炊事玩具(精细动作;智力/逻辑)

宝宝喜欢玩锅碗瓢盆,大人可以教他如何盖盖子。在宝宝能盖好一个盖子后,再给他另一个不同大小的盖子,看宝宝是否知道在瓶上应盖哪一个盖子。还可以把小玩具或零食放在锅中,以便宝宝掀开盖时,能得到一个惊喜。

8. 8个月婴儿适合做哪些游戏?

抓物体(视觉,精细动作)

收集丝巾、小手绢或其他扔向空中能缓缓落下的气球之类的东西。与宝宝一起坐在地板上,把丝巾扔到空中,当它落下时,举起胳膊去抓它。再扔出去,让宝宝抓。让他张开双臂,让丝巾落在他怀里。继续用其他的物品玩。

现在是三(精细动作,智力/逻辑)

与宝宝相对坐在地板上,把两个玩具分别放在他的左右手上,若他能很好地抓住这两个玩具,就给他第三个玩具。开始他会用已拿着玩具的手去抓,但很快知道需先放下手中的那一个再去拿第三个

玩具。告诉宝宝这是第三个。

隐藏的玩具(视觉;智力/逻辑)

把玩具的一部分放在衣物或毯子下,让宝宝去找。这项游戏有助于宝宝理解物体的永存性。

妈妈在哪儿(听觉/语言,情绪/社交)

当房里有妈妈和其他人在场时,让别人抱着宝宝,问"妈妈在哪儿?"如果他转向妈妈并微笑,就说明他已明白了这句话的意思。也可以和宝宝玩"爸爸在哪儿"等。

积极信号(听觉/语言)

当离开宝宝时,一定要吻他,同他道再见。给宝宝发出诸如"拜拜"、"抱抱我"等简单的指令,当宝宝执行了指令时,应表示出高兴的神情,以示鼓励。回来时,同样应给宝宝一个特别的问候。

滚球(精细动作,情绪/社交)

用一块柔软的布做一个球。和宝宝一起面对面坐在地上。首先把球滚给他,然后拉着他的手,告诉他怎样把球再滚给你。他会觉得很有趣。只要稍加鼓励,他就会很快学会将球滚回来。一旦他开始将东西抛出床外,就意味着他已经开始喜欢上这种游戏了。

9. 9个月婴儿适合做哪些游戏？

在哪只手(视觉，智力/逻辑)

把一个有趣的小东西握在手里，张开手给宝宝看。然后再握紧拳并问："××哪儿去了?"使用另一只手重复上述动作。几次后，宝宝就会开始抢你手中的东西。这个游戏能帮助宝宝理解放在容器里的物体不会消失。

去哪儿了？(智力/逻辑)

这个游戏让宝宝知道看不见的物体并不是消失了。带着宝宝坐在地上拿出一个他喜欢的玩具让他玩一会儿，然后让他转过身去。他同意后，就当他的面用衣服盖住那个玩具，当然那件衣服是宝宝容易够到的。再让他转回身，帮助他找到玩具。可以重复做这个游戏，边玩边问："玩具在哪?"并装作很是迷惑不解的样子。做几次后，宝宝就会知道玩具在哪并能把它找出来。可以换成其他玩具或物品重复做这个游戏。

杯子游戏(自立，精细动作)

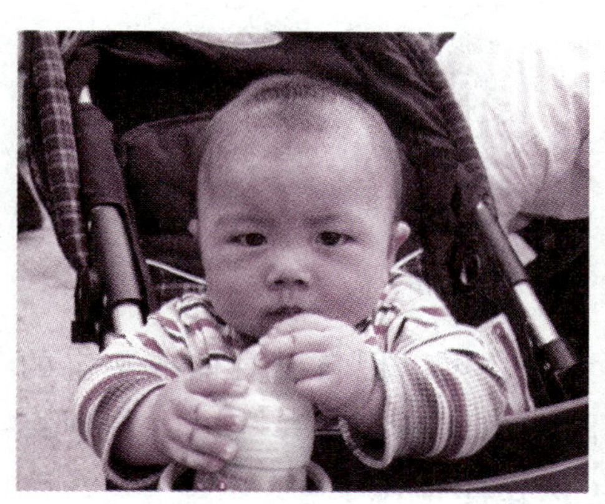

让宝宝坐在一个高椅子上，或者坐在桌边，在他面前放一个小托盘。小手托盘里放一个小杯子。首先，举起杯子假装喝里边的东西，同时说一些像"啊呜、啊呜"或"好喝、好喝"之类的话。然后，把杯子举到宝宝的嘴边，当宝宝假装喝的时候说上述同样的话，最后把杯子放在托盘上，看看宝宝是否会将杯子举到嘴边。

洗澡游戏（自立）

做一个洗宝宝身体不同部位的游戏。在宝宝手里放一块洗澡巾或海绵，说出名称并让他自己象征性地擦洗身体的各个部位。

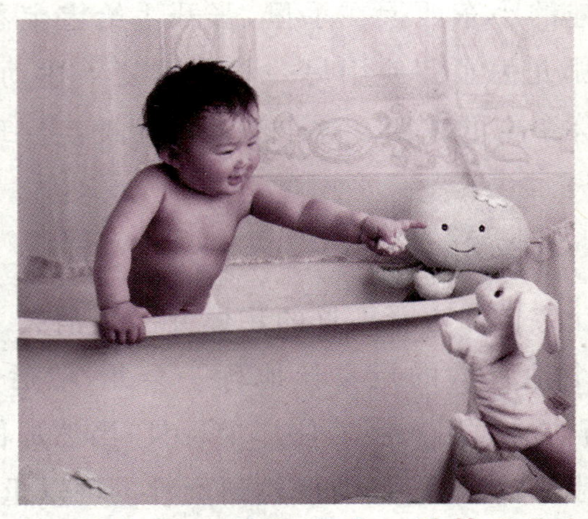

学小鸟（创新/创造力，听觉/语言，肢体动作）

与宝宝坐在一起，将他的胳膊展开，让他的手臂上下扇动学小鸟飞翔，并学小鸟啼叫。然后，停止扇动胳膊，学飞机的“隆隆”声，让宝宝像飞机一样飞翔。在户外，让宝宝观察小鸟和飞机，并反复学它们的声音。

10. 10个月婴儿适合做哪些游戏？

藏猫猫（肢体动作）

将部分身体藏起来，然后让宝宝找。可以用自己身体或宝宝的玩具经常同他玩这种游戏，在必要时可以叫他的名字。但不要把自己完全藏起来，需要让宝宝知道大人还在这儿。

玩器具（精细动作；听觉/语言）

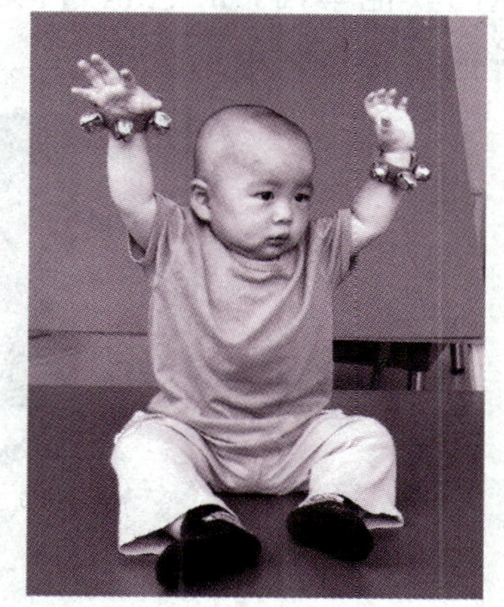

宝宝的协调性已有很大发展，可以去敲击一个鼓或摇晃一个铃。你可以和宝宝做或找一些简单的器具来玩。一个罐子可以当做鼓，一个木勺可以当做鼓槌。一边唱歌或和着自编的节奏，一边轻轻地打着拍子。

倾注技能（精细动作，自立）

和宝宝一起坐在地板上，面前放一些装着干谷物或小饼干的纸杯或轻塑料杯。给他示范怎样把谷物从一个杯子倒进另一个杯子，然后让他自己尝试。不过，他完全能掌握这一技能，也许需要花费很长时间。

11. 11个月婴儿适合做哪些游戏？

电话游戏（听觉/语言，自立）

准备一台玩具电话或把真电话的电线拔掉。让宝宝坐在膝盖上，把电话放在自己耳边，并同他讲话：“喂，××（宝宝的名字）。”然后把电话放到他的耳边，重复同样的句子。这样重复几次后，可以用两三句话的长句同他交谈。在谈话中，要使用宝宝的名字和他能听

懂的其他单词，如“爸爸，再见(拜拜)”等。而后把电话放到他的耳旁看他是否对着电话说话。

讲故事(听觉/语言，情绪/社交)

把宝宝抱到膝盖上，给宝宝讲图画书上的故事。可以这样开头：“从前，有一个……”然后等着看他的反应。故事中的事情或人物应该是宝宝熟悉的。注意句子应简短，并适当停顿。

睡眠故事(自立，听觉/语言)

给宝宝讲一个用他的名字编的故事。故事应描述他白天做的事情，例如：“很久以前，有一个可爱的小宝宝(或宝宝的名字)，他白天玩玩具，有时候他会到外面看看小鸟和绿草。晚饭的时候，他喝牛奶、吃饭菜。每天晚上，爸爸妈妈给他洗澡，然后给他好多好多的吻。妈妈(或爸爸)把他放上小床后，他就闭上眼睛很快睡着了。”在故事中，应尽可能经常地用宝宝的名字。

12. 12个月婴儿适合做哪些游戏？

洗手（自立）

让宝宝坐在厨房或浴室的台子上，让他能够摸到水池，学习开始自己洗手。在洗手时，和他谈谈干净和脏、湿和干、洗完了和没洗完、有泡沫和无泡沫、肥皂和溅水等事情。注意千万不要让宝宝拧动热水龙头，但可以溅一点点热水在他手上，给他一些感性认识。

动物游戏（创新/创造力，肢体动作，听觉/语言）

学马奔驰与吼叫；学青蛙跳与“呱呱呱”叫，学鸭子摇摇摆摆地走和“嘎嘎嘎”地叫；学蛇滑行并“嘶嘶嘶”地叫。

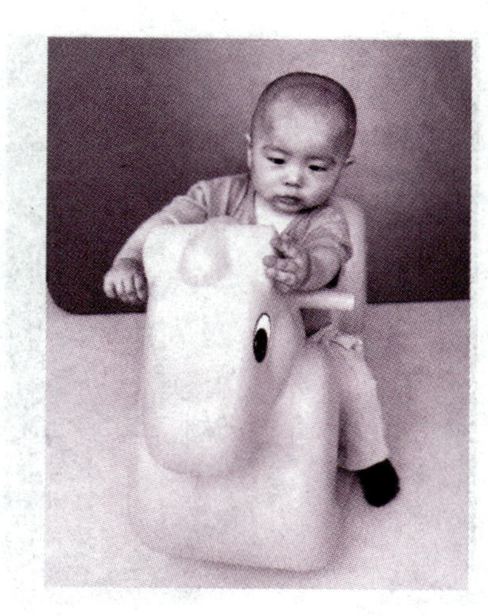

轨道（创新/创造力，肢体动作）

假设自己的腿是轨道，“火车”（宝宝）在上面行驶。开始拉着宝宝在腿上“走”，并学火车“哧哧哧”。然后看宝宝是否自己在腿上爬。如果宝宝做好了，就给予表扬。也可以让宝宝推着玩具在“轨道”上玩。

胡写乱画（精细动作，创新/创造力）

当宝宝悠闲地坐着时，给他几张纸和一根蜡笔，让宝宝在纸面上随便涂画。无论画得怎样，都要给予表扬。

13. 15个月幼儿适合做哪些游戏？

鼓励自己吃饭（自立）

多给宝宝吃一些黏稠的食物，可黏在匙上不易洒出来。这样，宝宝会更乐意自己吃饭。提供一个高椅子让宝宝能够很舒适地坐在上面，地板上铺一块塑料垫或报纸，用来接住掉下的小块食物。请不要去注意脏乱的局面，只要他成功了，就给予表扬。

喂鸟(自立,情绪/社交)

在公园里,宝宝会热衷于把撕碎的食物喂给小幼鸟。平时让宝宝收集一些面包屑或剩饼干,把它们装在一个塑料瓶子里,去公园时带着,宝宝可以用来喂鸟和其他动物。随身带一本有关鸟和动物的书,这样可以看着动物把它的名字和图片指给孩子看看。

玩肥皂泡(精细动作;肢体动作)

现在市场上有一种专门让宝宝用来吹泡泡玩的泡泡枪,这是宝宝非常喜爱的一种玩具,可以有多种玩法。①让宝宝试着用湿手去抓肥皂泡,然后再用干手去抓,看看有什么不同。②让宝宝去踩落在地上的肥皂泡。③用双手去拍肥皂泡。如果有大量的小泡泡,那将更具趣味性。同时播放音乐,让他伴着节拍去拍肥皂泡。④让他用手指戳飘在空中的肥皂泡。如果他手是湿的,也许会在手指上粘上许多小泡泡。

14. 18个月幼儿适合做哪些游戏?

画画走走(肢体动作)

用粉笔在地上画一个大圆圈或椭圆。首先让孩子沿着这条线行

走，精确地在画线上将一只脚放在另一只脚的前面，直到他可以很好地掌握平衡。然后鼓励他端着一杯水走，不让水溅出来，或是身上带着铃铛，不让铃铛发出声音。

也可以让孩子自己操纵着一个带轮子、可以骑的小玩具跑来跑去，以掌握平衡。

形状知觉(视觉;智力/逻辑)

用相同的彩色积木块组成不同的形状，让孩子用相同的色块照着原样拼出来。

读书(听觉/语言，视觉)

每天给宝宝读 30 分钟书，从无字的图书逐渐发展到简单的读物。适合这个年龄段幼儿的图书通常应清楚、实用，而且配有简单的说明或图片。宝宝也喜欢那些有特殊形状的书，喜欢具有各种不同织物手感的书。这些做法有助于增强宝宝感觉的敏感性，并增加不同的阅读体验。

家庭音乐(听觉/语言，肢体动作)

播放一些可以伴有身体姿势的歌曲。通过相应的动作表现出语言的意义，更有助于让宝宝记住词语的意思。

15. 2岁幼儿适合做哪些游戏？

自己做拼图（智力/逻辑，精细动作）

剪下照片中熟悉的人像或动物图片，就可以做一个简单的拼图。应要求宝宝尽可能地把它们拼成原来的样子。

大小和形状（智力/逻辑；精细动作）

用木块、盒子或其他一些东西教宝宝“上”“下”“外”“内”“顶”“底”“大”“小”等概念。可用木块来搭成一个简单的桥或建筑物。

独处（自立）

随着宝宝的成长，他的注意力也发展了。大人不在身边的时候，多数18～23个月大的宝宝可以专心致志地玩，并且自得其乐。当看到宝宝沉迷于某个游戏的时候，让他自己一个人静静地玩，在他没有要求大人帮助时，不要打扰他。如果宝宝自己玩得很高兴，一定要表扬他。

左顾右盼过马路（自立，智力/逻辑）

带着宝宝穿过街道时，要利用这个机会告诉宝宝过马路前要左右看看。告诉他，走在大街上，会有汽车来往，要先看看左边，再看看右边。问他有没有汽车，如果有，就等一等，如果没有，就开步走。

16. 2岁半幼儿适合做哪些游戏？

跟我学（情绪/社交，肢体动作）

在屋里单脚跳、双脚跳、踮脚尖走路，或围着屋子爬，并且让宝宝跟你学。2岁大的宝宝喜欢探索能使身体运动的不同方式。

认识形状（智力/逻辑，精细动作）

把各种长方体、正方体等不同形状的东西放入相应形状的形状分类器或盒子中。

数数（智力/逻辑，听觉/语言）

数停在街边的车辆，数脚步，数花瓣，也可以数盆中的豆粒。这种方法，比单纯在纸上数数有趣得多。

搭积木（创新/创造力，肢体动作）

宝宝特别喜欢搭房子或塔，然后又将它们推倒。

17. 3岁幼儿适合做哪些游戏？

卡片（智力/逻辑，情绪/社交，听觉/语言）

这个年龄的宝宝正适合认卡片。你需收集一些卡片，教给宝宝如何整理、分类、组织这些卡片。这些也都是重要的生活技能。家长还可以通过卡片教宝宝分清颜色和形状。宝宝可以随着所认识的数字增多而用数字分类。

洗盘子（自立，精细动作）

在水槽边放一把椅子，让宝宝站在上面，帮忙洗摔不碎的碟子。把塑料容器、盖子、杯子、无尖角且打不坏的用具和碟子放在水池里，倒入半池温水和一些洗涤液。和他共同洗涤时，告诉他每个物品的名称；告诉他泡沫是从哪儿来的，又怎么消失；告诉他什么是冷水、温水和热水。

18. 1～2岁婴幼儿智力开发游戏有哪些？

变化多端的纸

再普通不过的纸，都可以作为刺激孩子感觉发育的好道具。把打印纸、干净的包装纸、废报纸等铺展开来，宝宝就可以拿着笔在上面随意涂鸦了。还可以教宝宝把这些纸撕成一条一条的抛向空中，或者搓成一个纸团儿当球玩。

效果：涂鸦、撕纸、搓纸等对宝宝小肌肉的发育都是很有益处的。而且，探索纸的各种玩法，对培养宝宝的创造力也是有益的。

小纸花

准备几张吸水性不同的纸(如纸巾、复印纸,最好纸的颜色也不一样)和一盆水。将纸折成小花放进水里。让宝宝注意观察,看哪一朵纸花先沉到水里去,哪一朵纸花很长时间还能在水面上漂着。再把纸捞出来,用手挤一下水分,看看哪张纸出水多。

效果:这能引起宝宝的好奇心,培养探索的兴趣。

书里藏着小动物

找一本宝宝喜欢的小动物的图画书,和宝宝一起看。看一会儿之后,突然把书合上,说:“看,小猫藏起来了。”引起宝宝的好奇。然后接着说:“小猫藏哪儿去了?宝宝把它找出来吧。”引导宝宝去翻书。

效果:只是简单地变换一下阅读方式,就能让宝宝对书的兴趣成倍地增加。

指偶表演

准备几个手指玩偶,和宝宝各戴一个,然后进行对话表演。可以用简单而生动的语言说出来,就像玩偶自己在说话一样。例如:“我是小鸭子。你是谁呀?”引导宝宝说出自己的名字。根据宝宝的语言表达能力,引导他说不同的话。遇到宝宝不会说的词,就教他说。

效果:用这种方式帮助宝宝练习发声,宝宝一定很喜欢。这对培养宝宝的语言表达能力也很有帮助。

拽动绳子

找一根长绳子,将绳子的一头系在玩具上,教宝宝拽着绳子的另一头,拉着玩具在屋子里走几圈。接着,把绳子在椅子腿上绕一下,把绳子的一端递到宝宝手里,对他说:“宝宝,你把玩具拽过来吧。”宝宝就会用力去拽动绳子。如果宝宝想得到玩具，他就要想办法去把绳子解开。

效果：这可以锻炼宝宝的思维和解决问题的能力。

自制玩具

●自制玩具一：钓鱼

适合 1～1 岁半的宝宝。所需材料：硬纸数张（剪成鱼形），回形针数个（做鱼钩），线，小木棍（做钓竿），磁铁（与硬纸贴在一起）。这个游戏能训练宝宝的综合能力，特别是手指协调能力、认知能力等。

●自制玩具二：自制图片

适合 1 岁半～2 岁的宝宝。所需材料：纸、画笔。家长可以制作一些有针对性的图片。例如，画一匹完整的马与一匹缺失了一条腿的马同时放在宝宝的面前，让宝宝指出两幅图的不同。这种针对性强的图片能训练宝宝的观察能力，还可以灌输类别、数字的概念等，对宝宝有启蒙的作用。

19. 2 岁幼儿思维游戏有哪些？

分蔬菜和水果

●游戏目的：促进宝宝分类能力和思维能力的发展。

●游戏内容：家长准备一些蔬菜和水果，并将它们混合在一起。对宝宝说：“妈妈不小心将蔬菜和水果混在一起了，宝宝能帮妈妈把蔬菜和水果分开吗？”当宝宝在分开的过程中，出现错误时，家长可及时指出：“萝卜是蔬菜，还是水果呢？”让宝宝动脑子考虑后，再重新

分。如果孩子还不能分正确，家长可教宝宝“萝卜是蔬菜，应该放在蔬菜这边”。

●游戏指导：①家长所准备的蔬菜和水果都必须是宝宝已经认识的。②游戏结束后，家长可洗净水果，奖励给宝宝吃，以增强宝宝参与游戏的积极性。

找玩具

●游戏目的：①启发宝宝的观察力和思考力。②培养宝宝的方位知觉以及做事专心的习惯。

●游戏内容：把宝宝带到户外，把宝宝的玩具藏起来。在藏之前，先让宝宝看一看、数一数、说一说有哪些玩具。并让宝宝边找边数，家长在一旁启发宝宝：“两个了，还有什么呢？小汽车呢？看看树后面。”当宝宝全部找出来后，给予表扬鼓励。

另外，家长还可以准备一张图。指着图问宝宝：“宝宝，妈妈想考考你，好好看看，这棵树这儿有什么动物呀？”如果宝宝不能全部找出来，家长可启发引导宝宝找，在启发引导时注意用方位词，如：“看看大树上面是什么？”“再看看大树的后面是什么？”等。直到宝宝找到全部动物。

摆盒子

●游戏目的：培养宝宝的大小概念，促进宝宝思维能力的发展。

●游戏内容：家长为宝宝准备一些大小不同的盒子。问宝宝：“宝宝，这是什么？”宝宝回答以后，接着说：“对，这是盒子。哪个盒子最大？哪个盒子最小？”等宝宝指出来以后，再让他把这些盒子从小到大排列起来。

20. 1～2岁宝宝能力训练游戏有哪些？

认知游戏

可以设置不同的宝宝熟悉的图片，随时让宝宝进行操作。在玩的过程中，家长可以让宝宝说出图片的名称、特征、数量，并随时纠正不正确的地方。

找几个宝宝熟悉的玩具，放在一个盒子里，让宝宝伸手进盒子中摸出玩具，并说出玩具的名称、特征、数量等。

手的操作能力游戏

玩镶嵌板——准备一个镶嵌板，让宝宝尝试将形状框，套在对应的形状上，开始可以和宝宝一起玩，当宝宝放不好时，可以用语言提示或握住他的手腕帮帮他，宝宝完成后，及时给予鼓励。

运动发展的游戏走平衡木

在地上画一个“平衡木”，或在安全的前提下，让宝宝走“马路沿”，从用手领着，到独立行走“平衡木”。

老鹰捉小鸡

一个人当老鹰，一个人当小鸡，互相追逐，可以互换角色，以发展走和跑的技能。

精细动作能力的游戏

(1)撕纸：在这个阶段仍然必要。可以买一些皱褶纸，各种颜色的，撕成碎条后让妈妈再把它粘起来。妈

妈粘完后挂在脖子上，说谢谢宝宝给妈妈做这么漂亮的项链！

(2)幸运小星星：对黄豆不放心的妈妈可让宝宝撕各色皱纹纸，揉成小球，装进透明小瓶子，送给爸爸、外婆等心爱的人，告诉宝宝这是他送给亲人的幸运小星星。

(3)乱涂乱画：选择无毒蜡笔。训练宝宝不用笔戳点，而是画出线条。注意不要选择写字板，因为作品不能保留。要树立宝宝的成就感，留下宝宝的作品。

21. 2～3岁幼儿智力开发游戏有哪些？

打电话

带宝宝出去时，装着互相打电话，发出电话铃声，当他应答时，问他窗外看到了什么、问他目的地是哪里，如“你在商店里干什么？你喜欢去商店吗?”这个游戏可增加宝宝词汇量，锻炼对话能力，激发想象性游戏。

“瓜”聚会

将许多以“瓜”结尾的食物摊在厨房桌子上，如：西瓜、南瓜、香瓜、冬瓜、哈密瓜等，与宝宝一起举行一个瓜的聚会，一边品尝食物，一边谈论以瓜结尾的词。下次可以试试别的字。这个游戏可让宝宝知道字和声音的联系。

豆子分类

将许多不同种类干豆(菜豆、蚕豆、黄豆、芸豆或花生豆)放在一个小碗中，教宝宝如何分类。将豆子浸在水里过夜，第二天早上，看

看豆子发生了什么变化，问宝宝哪种豆变化最大，然后将豆子漂洗干净。这个游戏锻炼分类、归类、集中注意力技能；让宝宝更好地认识因果关系。

色彩俱乐部

将一张彩纸粘在桌上，让宝宝从房间里找出同样颜色的东西。为了增加乐趣，还可以设定时间，测试他是否能在规定的时间内完成任务。

划船

从房间里找一些能沉到水中或浮在水面的物体，如铝箔球、石块、木块和海绵。先让宝宝猜猜哪些会沉，哪些会浮。然后试着将石头放在海绵上，或将海绵放在木头上，让他猜会发生什么。还可将会浮的物体当小船，进行一场竞赛。

说出数字

给数字 1 到 5 各做 3 张卡片，将卡片摊在宝宝面前，随手拿起一张，告诉宝宝这是几，如“这是 3”，让宝宝根据数字把卡片分类整理。也可以让宝宝拿一张卡片，说出卡片上的数字。

形状分类

用彩色美术纸剪成三角形、圆形和方形，它们有大有小，颜色为红、黄、蓝三色。给宝宝做以下示范：将这些纸片分成方形、三角形和圆形三堆。然后让他也试着根据形状把这些纸片分类。完成后，再教他如何根据颜色、大小将这些纸片分类。

动物乐园

试着发出各种动物的声音。随便说一种动物，问宝宝这种动物发什么声音，和他一起重复这种声音，并强调第一个字母的发音。例

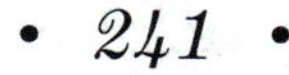

如，“小猫怎么叫的？喵，喵，喵，miao，喵”。

第一次乘火车

将3个鞋盒订在一起，按顺序写上1、2、3，然后让宝宝拿3个玩具动物，假装它们正在排队等着上火车。告诉他谁是第一，谁是第二，谁是第三，让他将动物放入对应的车厢中。游戏中，尽量教他“第一”、“最后”和“中间”这些词。掌握这些概念后，可以再加3个盒子和3个动物，教他第4和第6的概念。

配对动物

在纸上画一些动物（或从杂志上剪一些动物），把它们分成两半，摊在桌上，让宝宝将之合在一起。如果他觉得简单，找一些难的东西来玩。

学推理

和宝宝准备一起吃早点时，在还没有把早饭盒揭开前，可让宝宝猜一猜：“猜猜看，咱们今天早点吃什么？”“你希望是牛奶还是豆浆？”这种方法可提升宝宝的数学逻辑智能。

数数楼梯的台阶

上下楼梯会让宝宝感到疲倦而无味，但倘若这时用一些有趣的方法，不仅能让宝宝智能有所提升，而且宝宝吵闹着要大人抱自己上楼梯的状况也将会大大减少。可带领宝宝一级台阶一级台阶、一层一层地数数楼梯的阶数，在不知不觉攀爬楼梯的过程中，数学逻辑智能也会有所提高。

与人打招呼

教宝宝向遇到的熟人打招呼，向他们问好。打招呼的时候教用不同的礼貌称呼，如“叔叔，阿姨，奶奶”等，还要教宝宝使用礼貌的招呼用语“您好”、“您去上班吗”等。这可提升宝宝的人际智能。

让宝宝进行自我介绍

到别人家做客的时候，让宝宝简单地自我介绍一下，不必说得太多，如果宝宝害羞，只要介绍一下姓名、年龄就可以了。这既能培养宝宝的人际交往能力，也能提升他的内省智能。

让宝宝去问路

可以经常带宝宝上街，在街上时，要鼓励宝宝去问路，这可以提升他的人际智能，因为向陌生人询问道路，可以充分锻炼宝宝的人际交往能力。

认方向

路上教宝宝注意认路、辨别方向，如以建筑物为识别标记等。尤其到十字路口等复杂地形，可让宝宝观察上、下、左、右、前、后各个方向。这可提升宝宝的空间智能，让宝宝熟悉道路。

给宝宝下指令

妈妈可以让宝宝做个小帮手，给他适当地下指令，如“帮妈妈去拿放在里面的那罐牛奶”，或指示他“看看你的背后”、“往左边一点”等。对宝宝说话，妈妈要多用以下字眼：在里面、上面、下面、前面、后面、最上面、最下面等。这能提升宝宝的空间智能。

观察树叶的变化

季节交替，植物的变化最明显。生活中，可以观察树叶一年四季的变化，让宝宝了解季节的概念，同时提升宝宝的视觉空间智能。

描述物品特点

可以拿着一个宝宝感兴趣的物品，为他描述这个物品的一个或多个特点，如谈谈它的颜色（是草地般的绿色）；或是它的形状和大小

（小圆球）；数量的多寡（两个橘子）；或是它的质地（柔软的或是硬的）；或描述它的声音（电视的声音很大，很吵）。也可以让宝宝试着描述一下这个物品的特点。

教宝宝找出相同材质的玩具

可以教宝宝把不同材质的玩具放在一起，如有的是塑料玩具，有的是绒毛玩具，还有的是木头做的玩具等。这可以培养宝宝的触觉感知力和视觉分辨力，让宝宝学会分类。

跑步前进

在起跑前，先定好下一个目标，如前面的那棵树，远处的那个凉亭等。然后开跑，爸爸妈妈最好陪着宝宝一起跑，但爸爸妈妈一定要记住让宝宝得胜。这样他就会喜欢这种智能提升的活动，跑到目标后可以再选一个目标再跑。跑步这种活动，会使宝宝多次深呼吸而增加送往大脑的氧气供应，会使他的头脑更为灵活，大小肌肉更协调，视力和平衡能力等都会得到提升，从而也就提升了宝宝的肢体运动技能。

故意说错一件事情

与宝宝谈心时，故意说错一件大家都知道的事情，或说错一个故事。例如，今天艳阳高照，故意说今天天气不好，看宝宝的反应，这样能提升宝宝的内省智能、逻辑智能。

八、婴幼儿运动训练方案

1. 婴幼儿动作训练应遵循什么原则？

(1)在成熟期或关键期内训练:这是动作训练的第一条原则。行走动作的关键期可能与行走反射的存在有关。这种行走反射是先天就有的,若不利用,到出生第8周时会自行消失。

(2)在认识活动中训练动作:这是动作训练的第二条原则。婴幼儿的动作与对事物的感知和认识是分不开的。通过对事物的各种操作或动作,使婴幼儿认识了事物的软、硬、光滑和粗糙等特性,又在认识事物的操作过程中促进了动作的灵活性、精确性和协调性。在婴儿的小床上方挂上各种彩色的或活动的玩具,不仅丰富了宝宝的视觉世界,而且也诱发他作出看物——伸手抓取的动作。让婴儿玩积木,把小盒子装进大盒子里,拖动活动玩具,叠手绢,折纸,穿塑料管,捏橡皮泥,套塔,投圈,拍球等都可以达到既发展动作又发展思维的目的。

(3)循序渐进:这是动作训练的第三条原则。动作发展的顺序是人类进化的产物,不可能在个体身上逆转或逾越。故动作训练必须以动作发展的年龄为依据,有计划地对婴幼儿加以训练。每日动作训练的活动量要适宜,不能过量,活动时要注意安全,同时也要考虑个体差异。

2. 0～3个月婴儿运动训练方案是什么？

(1)抬头练习

①俯卧抬头。使宝宝俯卧,两臂屈肘于胸前,在小儿头侧引逗宝宝抬头,开始训练每次30秒钟,以后可根据宝宝训练情况逐渐延长至

3分钟左右。

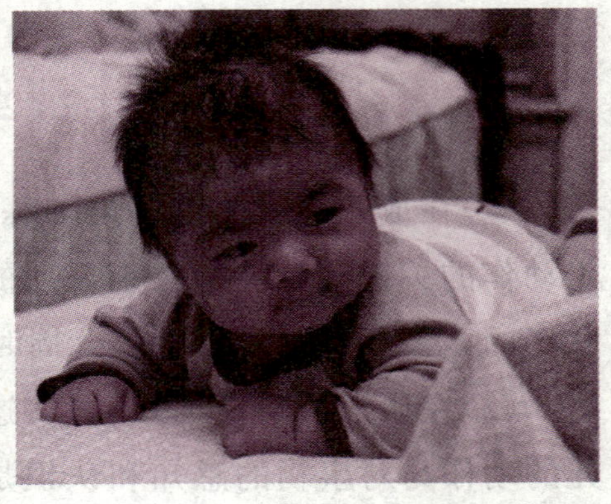

②坐位抬头。将婴儿抱坐在大人一只前臂上，宝宝的头背部贴在大人前胸，用一只手抱住宝宝的胸部，使宝宝面前呈现广阔的空间，能注视到周围更多新奇的东西，这可激发宝宝兴趣，使宝宝主动练习抬头。也可让宝宝胸部贴在大人的胸前和肩部，使宝宝的头位于大人肩部以上，用另一只手托住宝宝的头、颈、背，以防止宝宝头后仰。

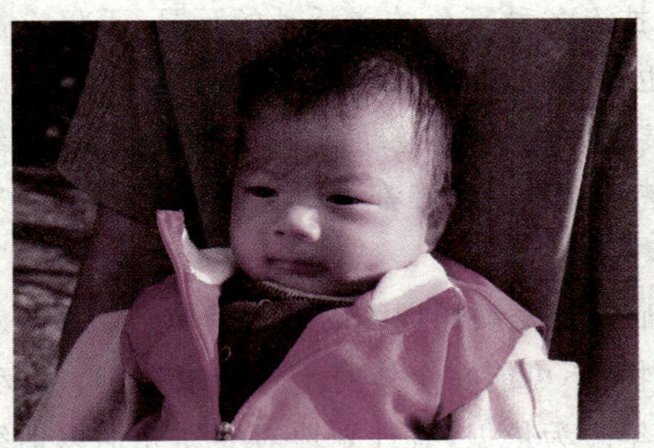

(2)侧翻训练

①转侧练习。用宝宝感兴趣的发声玩具，在宝宝头部左右侧逗引宝宝，使宝宝头部侧转注意玩具。每次训练2～3分钟，每日数次。这可促进颈肌的灵活性和协调性，为侧翻身做准备。

②侧翻练习。宝宝满月后，可开始训练侧翻动作。先用一个发声玩具，吸引宝宝转头注视，然后，大人一手握住宝宝一只手，另一只手将宝宝同侧腿搭在另一条腿上，辅助宝宝向对侧侧翻注视，左右轮流侧翻练习，以帮助宝宝感觉体位的变化，学习侧翻动作。每日2次，

每次侧翻2～3下。

(3)手部动作训练

①手部感知练习。除了前面所述训练宝宝手部触觉的方法外，尚可在宝宝手腕部系上铃铛或红色手帕、鲜艳的手镯，来吸引宝宝对手部的感知，帮助他感知手的存在、体验手的动作。可隔一段时间变更一种系法，看看宝宝注意到这些变化没有。拿下手镯、红绸带让宝宝瞧瞧、摸摸，让他感觉一下这些东西与手部动作的关系。还可让宝宝仰卧，将一块布或手绢盖在他的脸上，也可只盖住宝宝一只眼睛，开始时可抓住宝宝的上臂引导他帮他试着用手移开布，逐渐减少帮助，让他自己将布从脸上移开。

②抓握练习。握着宝宝的手，帮助其触碰、抓握面前悬吊的玩具，吸引他抓握，可促进眼手的协调和视知觉的形成。

3. 4～6个月婴儿运动训练方案是什么？

(1)俯卧支撑练习：将宝宝俯卧，两臂屈肘于胸前，鼓励、诱导宝宝将头、前胸抬高，直至能用一只手支撑身体抬起头、胸。左右手轮流支撑训练，每日数次，每次数分钟。

(2)翻身练习：训练宝宝从仰卧位翻身至俯卧位。宝宝仰卧位，用左手将宝宝的右手向头部方向轻轻拉直，右手轻握宝宝右膝盖内侧。让他左腿弯曲，并利用右手腕背力量使宝宝右腿贴于床垫或地板上，然后轻轻提起宝宝左边腿部，顺势让他右滚，翻成俯卧位。用同样步骤辅助宝宝从左侧翻滚至俯卧位。每日训练2～3次，左右翻身各1～2次。逐渐训练宝宝不需要帮助成功翻身。

(3)练习坐

①拉坐练习。4个月时可开始训练宝宝拉坐。宝宝仰卧位，用双

手拇指插入宝宝手中，让他握着，其他手指则轻轻抓着宝宝的手腕，使其双手伸直前举，手掌向内相对，两手距同肩宽，然后轻轻向前拉起宝宝双手，使宝宝头、肩膀离开床面抬起。此时宝宝会试图屈肘用力坐起来，保持此姿势 5～6 秒钟，再轻轻让宝宝躺下，再重复 2～3 次。应注意：拉坐练习是让宝宝借助家长的轻轻帮助自己用力坐起。如果宝宝被拉坐起来时，手无力屈肘，头部低垂，表示还不宜做这个动作，必须先进行俯卧练习，强化颈背肌肉及上肢肌肉力量，过些时候再进行拉坐练习。

②靠坐练习。5 个月左右时宝宝可训练靠坐。将宝宝放在有扶手的沙发上或有靠背的小椅子上或在宝宝身后放些枕头、棉被让练习靠坐，以后逐渐减少宝宝靠垫的东西，每日 1～2 次，每次 2～3 分钟。

(4)手部动作训练

①伸手够物。通过伸手够物来延伸宝宝的视觉活动范围，使宝宝感觉距离、理解距离，发展手眼协调能力。

②训练抓握。选择大小不一的玩具，来训练宝宝抓握，促进手的灵活性和协调性。

③发展玩法。通过游戏，教宝宝玩不同玩法的玩具，如摇晃、捏、触碰、敲打、掀、推、扔、取等，使他从游戏中学到手的各种技能。

(5)蹬腿练习：宝宝 4 个月时，就可以有目的地训练宝宝腿的支撑。大人采取坐位，双手从宝宝腋下扶抱宝宝，使宝宝的腿支撑身体保持直立的姿势，大人扶抱着宝宝做蹬腿动作。开始可将宝宝抱起，

再落下，让宝宝的脚踏在大人腿上时，再将宝宝抱举起，再落下，来训练宝宝蹬跳。蹬腿练习可促进双下肢骨骼和肌肉的充分发育。需注意的是，举落的动作应轻柔缓慢，力度不宜过大，时间也不应太长，一般每日 2 次，每次 1～3 分钟。

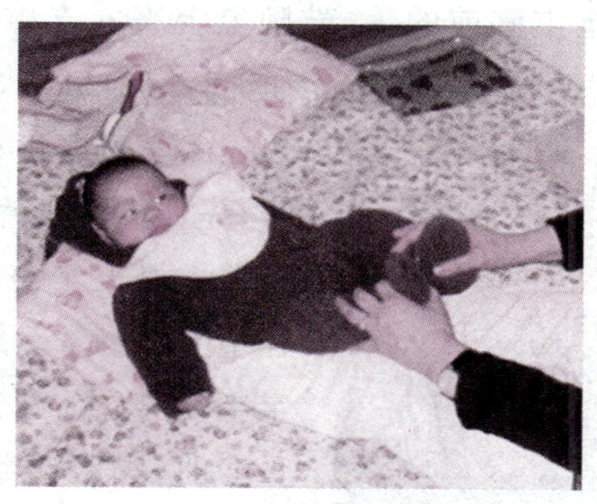

4. 7～9 个月婴儿运动训练方案是什么？

（1）独坐练习：当宝宝能稳定的独坐后可着重训练宝宝的平衡能力。让宝宝独坐在床上或地铺上，训练宝宝坐着转头转身寻找。还可准备一张适中的小凳子，宝宝坐上去时，双脚刚好可触及地面，而且脚掌与小腿、小腿与大腿、大腿与躯干的角度均成直角。家长用手扶住宝宝大腿，不要扶他的背，让他自己寻找平衡点。待孩子坐直后，可试着松开一只手，只用一只手扶住宝宝的一侧大腿，另一只手以玩具吸引宝宝转头转身寻找玩具。左右交替诱使宝宝左右侧转，在学习转侧中寻找平衡点，并且练习用脚来支撑身体。

（2）爬行练习：爬行使宝宝能够主动地移动身体、去探索周围的事物，可大大地提高宝宝的认知范围。爬行动作是依靠颈背部及四肢肌肉的力量和协调动作完成的。在宝宝 7 个月时，已具备翻身、坐

等一系列能力，说明其颈背部及四肢肌肉已较有力量并具备一定的协调性，这时就可以训练爬行。

①爬行预备的动作。家长用一只手抱着宝宝的膝部，另一只手环抱在他胸前，让宝宝双手放在桌上或地上来支撑身体。然后家长可慢慢放松放在宝宝胸前的手，鼓励宝宝直立支撑自己。每日练习1～2次，视宝宝耐受情况，决定练习时间，一般每次3～5分钟。

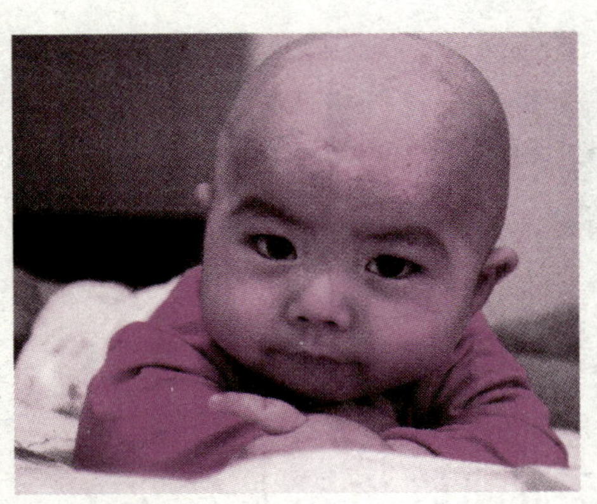

②学习爬行动作。方法：第一步，先让宝宝趴着，两腿伸直，手肘弯曲支撑上半身。家长以右手抓住宝宝双脚掌。第二步，家长抓住宝宝双脚往前画个半弧，使膝盖尽量弯曲，脚跟碰到屁股，如此反复画弧，做屈伸运动3～5次。第三步，最后一次伸腿运动做完后，家长两手分别握住宝宝两大腿后侧，将双腿轮流弯向腋部，做屈伸动作3～5次。第四步，在宝宝前方放个玩具，引诱他爬过去取玩具，家长扶住宝宝的小腿，或用手托住宝宝脚掌，左右交替地弯曲其膝关节，助其向前爬行，重复2～3遍，每日1～2次。

(3)站立训练：训练宝宝站立时，可将其双腿略为分开，以降低重心，使之站得更稳些。每次扶站时间不宜过久。训练时：①可扶着宝宝腋下让他练习站立。②让宝宝扶着小车、床、栏杆及

椅背等练习站立。

(4)手部动作训练

①练习捏取物的准确性。学习拇、食指准确捏取，以加强宝宝手指动作的灵活性和视觉、触觉活动的协调。选择一些小的、可食用物品如米花、小饼干等，让宝宝捏取。教的时候家长可给予示范，如用拇食指捏取饼干放入口中，让宝宝模仿练习。

②双手协调动作。一是双手玩玩具。在宝宝准确抓握的基础上可给宝宝多个玩具，训练他抓住一个玩具后再抓另一个玩具，或向宝宝同一只手上送玩具两次，教宝宝学会将玩具从一只手换到另一只手上后再取第二个玩具。二是双手对击运动。当宝宝两手均有玩具时，可教宝宝两手对击玩具。还可让宝宝两手持细柄玩具如摇铃或汤匙，模仿敲鼓动作，双手轮回敲打面前的小桶或空奶粉罐。三是教宝宝双手协调的撕纸。

③训练宝宝遵循指令有意识地拿起、放下玩具。投掷游戏可增强宝宝上肢的运动能力与手的控制技巧、提高视觉定位能力，激发宝宝积极愉快的情绪。准备一个容器(如纸盒或小桶)和一些彩色塑料小球，先给宝宝做示范说："我们来比赛扔球，"将小球一个个扔进容器里，然后让宝宝模仿。开始时，可将容器和球放在接近孩子身体的地方，随着宝宝能力的提高，可逐渐将纸盒前移。游戏可增进亲子交往，激发宝宝积极愉快的情绪。

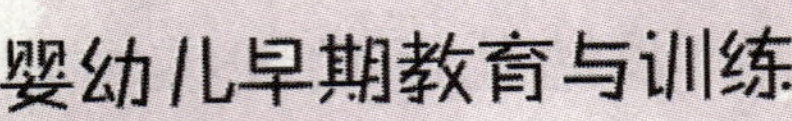

5. 10～12个月婴儿运动训练方案是什么？

(1)站立练习：站立练习时，要注意保护好宝宝，循序渐进，逐渐延长站立时间。

①两手扶站。当宝宝两手扶站较稳时，可训练一手扶站，可让宝宝一只手扶站，另一只手去取玩具。

②练习独站。用双手扶着宝宝的腋下，让宝宝背和臀部靠墙，两足跟稍离墙，双下肢稍分开站稳，然后慢慢放手，并拍手鼓励宝宝独站。

(2)起立练习：教宝宝从俯卧位双手撑起身体，再双腿跪起来，呈爬姿，抓住栏杆站起来。从站位至坐下。宝宝扶站位，用玩具引导宝宝慢慢坐下，教宝宝从站位扶着栏杆慢慢坐下，而不是一下子摔坐下。

(3)站稳练习

①让宝宝先观察一下不倒翁玩具，推一下、站起来的样子，然后对宝宝说："你也像不倒翁一样，把你推一推，你就站起来。"接着让宝宝站好后，用一只手在宝宝躯干一侧轻轻推一下，使他失去平衡，另一只手挡住宝宝另一侧身体，并帮助宝宝恢复到站位。注意应在轻快的游戏气氛中和宝宝进行练习，鼓励表扬宝宝，以训练宝宝平衡感。

②将宝宝扶站好，并把宝宝感兴趣的玩具置于宝宝身体一侧，鼓励他尽可能弯曲身体去拾取玩具，左右侧交替练习，可增强宝宝腰部

肌肉的力量和协调性。

(4)行走练习:应循序渐进。刚开始练习时,一定要注意保护,防止宝宝跌倒,减少他的恐惧心理,使他乐于行走。在学走期间尽量不要靠“学步车”一类工具帮助,以免形成不正确的行走姿势。可拉着宝宝的双手训练其迈步,或让宝宝扶着栏杆或床边迈步走,还可用较长的围巾从宝宝前胸、腋下围过,在孩子后方拉紧围巾,让孩子练习独立走步。会独走数步后,可在宝宝的前方放一个他喜欢的玩具,训练他迈步向前取,或让宝宝靠墙独站稳后,大人后退几步,手中拿玩具,用语言鼓励宝宝独立行走,当快走到大人身边时,大人再后退几步,直到宝宝走不稳时把宝宝抱起来,夸奖他走得好并给他玩具。

(5)手部动作训练

①训练宝宝手的控制能力。在宝宝能够有意识地将物品放下后,训练宝宝将手中的物品投入到一些小的容器中。让宝宝将小木块放到一个小盒子中,将小粒的东西拾起来放进小瓶中。还可给宝宝选择一些带孔洞的玩具,让宝宝将一些东西从孔洞中投入。

②训练宝宝用手的能力。可通过游戏、示范,教宝宝学会手的多种用途。例如,把木块搭起来,打开或盖上盒盖、瓶盖,拉电灯开关线,用笔画线条,用手翻书,按按钮、扔皮球,拾东西,模仿用手推玩具火车,拿勺子在碗中搅拌,用勺吃饭,用手挖抠东西等。

6. 1～1岁半幼儿运动训练方案是什么?

(1)提高运动协调性和平衡能力:继续训练宝宝独立行走的能力和行走的稳定性,以促进运动的协调性和躯体的平衡能力。可和宝宝一起拖拉玩具车,教宝宝拉着小车向前走、侧着走、倒退走等。准备一个较大的皮球,将球滚到宝宝脚边,教他抬脚踢球。

(2)发展宝宝走、蹲、弯腰动作:家长可以将玩具散放在各处,要求宝宝收捡玩具或放在固定的地方。

(3)训练宝宝下床:当宝宝爬到或走到距床沿约 30 厘米处,就训练他调转身体,头朝里脚向床边方向,然后让他倒退着向床边爬行,直至脚踩地。开始应在宝宝背后予以保护,防止宝宝动作不稳仰倒在地。可用同样方法教宝宝从坐在沙床上或椅上转身下地。

(4)训练宝宝手的灵活性和准确性:如教宝宝学习画画、搭积木、用塑料绳将有孔玩具串起来。

7. 1 岁半～2 岁幼儿运动训练方案是什么?

(1)扶栏上、下楼梯:训练宝宝学习上、下楼梯。训练上下楼梯时,开始选择的楼梯不要太多层,以便于宝宝能够较顺利地上完楼梯,体验到成功的快乐。

(2)跑步练习:家长可通过游戏来训练宝宝跑步的灵活性和稳定性,如灵活地向前跑,转弯跑。

(3)提高手的灵活性和稳定性:通过游戏、手工鼓励宝宝做力所能及的事,促进手动作的稳定性、协调性和灵活性。

8. 2～2岁半幼儿运动训练方案是什么？

动作能力的培养。

(1)独自上、下楼梯练习：家长可以用玩具在前面逗引或鼓励宝宝上楼，使其能不依靠家长或栏杆自己上、下楼梯。可选择无扶手、只有3～4层的阶梯练习。

(2)双足跳练习：家长可牵着宝宝两只手，教他蹦跳，逐渐训练宝宝不要扶持，双足能同时抬起跳离地面。但是，不应当让孩子过分迷恋于跳跃(特别是从高处跳下)，因为在这个年龄段宝宝还没有形成脚弓，过多的跳跃有可能形成平足。

(3)继续让宝宝多做动手游戏，发展手部动作：可用积木搭楼房，和玩比赛拾物的游戏，比赛用绳子串珠的数目，学习用筷子来取东西，折纸等，发展手部动作。

(4)2岁后可让幼儿学做主动操。

9. 2岁半～3岁幼儿运动训练方案是什么？

(1)独脚站立练习：两脚可交替训练，使双下肢力量均衡。开始时宝宝可能要扶着人和物才能抬起一只脚，逐渐地训练他不依靠人和物自己能够单足稳定地站立几秒钟，并逐渐训练其单足独站由几秒到10秒时间。可用竞赛的形式鼓励宝宝，使他能够逐渐地较稳定地单脚支撑。

(2)跳高、跳远练习：可在地上放一张纸或划两道线，要求宝宝向前跳时不能踩到纸张或线内，调节纸张或两条线的宽度，训练宝宝向前跳跃的距离。还可训练宝宝跳高，可在地面上设置有一定高度的障碍物，如一本书或一块砖，让宝宝跳越过去，并逐渐地增加难度，如再加一本书或一块砖，变得更高；或两本书或两块砖平放，变得更宽，让宝宝练习。要注意宝宝的安全，给予适当的防护。

(3)发展动作协调能力：泥塑、拼贴画，既可发展宝宝手动作的灵巧性，还可促进宝宝想象力和创造力。教会宝宝搓、揉、压、卷、捏等动作，并在此基础上塑造各种物和人的形象。家长可适当给予指导和帮助，从容易的形象学起，以发展宝宝的想象力、创造力，提高动手创造的能力。三轮童车是这个年龄段宝宝特别喜爱的玩具，骑三轮童车既增强宝宝的体质，又培养宝宝胆大心细、集中注意力的良好习惯，还可以借此训练宝宝动作的协调性、敏捷性和良好的反应能力，并能帮助宝宝理解交通常识。

10. 怎样学做婴儿操？

第一套　适合 1～3 个月的婴儿操

第一节，准备活动(按摩全身)

预备姿势：让婴儿自然放松仰卧。

动作：

①“一、二、三、四”，握住婴儿两手腕，从手腕向上按摩 4 下至肩。

②“五、六、七、八”，握住婴儿两足踝，从足踝向上按摩 4 下至大腿部。

③“二、二、三、四”，自胸部至腹部进行按摩，手法呈环形。

④“五、六、七、八”，动作同“二、二、三、四”。

第二节，伸屈肘关节及两臂上举运动

预备姿势：用两手握住婴儿两手腕部。

动作：

①“一”，两臂侧平举。

②“二”，将两臂肘关节弯曲，双手置于胸前。

③“三”，将两臂上举直伸。

④“四”，还原。

⑤“五、六、七、八”，动作同“一、二、三、四”。

第二个八拍动作同第一个八拍。

第三节，两臂胸前交叉及肩关节运动

预备姿势：同上节。

动作：

①“一、二”，两臂侧平举。

②“三、四”，两臂胸前交叉。

③“五、六”，将左臂弯曲贴近身体，由内向外做回旋动作。

④“七、八”，将右臂弯曲贴近身体，由内向外做回旋动作。

第二个八拍同第一个八拍。

第四节，伸屈踝关节

预备姿势：第一个八拍，用左手握住婴儿左踝部，右手握住左足前掌。第二个八拍，用左手握住婴儿右踝部，右手握住右足前掌。

动作：

①“一、二、三、四”，以左足踝关节为轴，向外旋转4次。

②“五、六、七、八”，以左足踝关节为轴，向内旋转4次。

③“二、二、三、四”，以右足踝关节为轴，向外旋转4次。

④“五、六、七、八”，以右足踝关节为轴，向内旋转4次。

第五节，两腿轮流伸屈及回旋运动

预备姿势：用手握住婴儿踝关节上部。

动作：

①“一、二”，伸屈婴儿左腿关节。

②“三、四”，伸屈婴儿右腿关节。

③“五、六”，将婴儿左膝关节弯曲，左大腿靠近体侧由内向外回旋。

④“七、八”，将婴儿右膝关节弯曲，右大腿靠近体侧由内向外回旋。

第二个八拍动作同第一个八拍。

第六节，屈体运动

预备姿势：将婴儿两下肢伸直平放，双手握住婴儿两膝关节处。

动作：

①“一、二”，将两腿上举与身体成直角。

②“三、四”，还原。

③“五、六、七、八”，动作同“一、二、三、四”。

第二个八拍动作同第一个八拍。

第七节，抬头运动

预备姿势：婴儿俯卧于床上，在婴儿身后用两手扶婴儿两肘。

动作：

①“一、二”，两手位于胸下。“三、四、五、六”使婴儿头逐渐抬起。

②“七、八”，还原。

第二个八拍动作同第一个八拍。

第八节，翻身运动

预备姿势：婴儿仰卧。

动作：

①“一、二、三、四”握住婴儿左上臂轻轻翻向右侧。

②“五、六、七、八”还原。

③“二、二、三、四”握婴儿右上臂轻轻翻向左侧。

④“五、六、七、八”还原。

第二套 适合4～6个月的婴儿操

4～6个月的婴儿要强化室外活动，每日应达到2小时以上。在被动操的基础上可以加主动操。主动操是在家长协助下视宝宝发育情况逐渐学习和完成的，当宝宝不愿做时千万不可勉强，能力达不到时不可“揠苗助长”，总之要有足够的爱心和耐心，还要有科学的方法。具体做法如下：

一般婴儿到6个月以上8节操才可做全，因此必须在做被动操的基础上，一节一节逐步增加，不可性急。宝宝喜欢肢体运动，能促进肢体发育。通过运动可增进食欲，帮助睡眠，还可使宝宝心情开朗。

(1)提拉坐起：让宝宝双手抓住大人两手拇指，抓紧后提拉宝宝双臂帮助他坐起，躺下，重复4次。随着孩子慢慢长大，可练习提单臂坐起。

(2)桥形动作：宝宝仰卧时，大人左手托宝宝腰部，右手按住双踝部使其不离床面。共2拍，重复8次。

(3)扶肘跪立：抓住婴儿双侧肘部，使婴儿从俯卧位起至跪立位。然后再恢复俯卧位，重复4次。

(4)后曲运动：婴儿俯卧位，大人握住婴儿两小腿并提起，使婴儿手掌、面颊接触床面再放平恢复原状，重复4次。

(5)扶肘站立：婴儿俯卧位，握住两肘使婴儿至跪立位，再至站立位，然后在跪立，仰卧躺下，重复4次。

(6)自立前倾动作：婴儿背靠物体站直，大人一手扶腰，一手扶膝，使其前倾捡玩具，然后再回到直立位，重复4次。

(7)跳跃运动：扶住婴儿双侧腋下使其站立，然后将婴儿提离床面再放下，可重复8次。

第三套 适合7～12个月的婴儿操

第一节准备活动,按摩全身

预备姿势:让婴儿自然放松仰卧。

动作:

①"一、二、三、四",双手握住婴儿两手腕,从手腕向上按摩4下至肩。

②"五、六、七、八",双手握住婴儿两足踝,从足踝向上按摩4下至大腿部。

③"二、二、三、四",自胸部至腹部进行按摩,手法呈环形。

④"五、六、七、八",动作同"二、二、三、四"。

第二节,伸屈肘关节及两臂上举运动

预备姿势:两手握住婴儿两手腕部。

动作:

①"一",两臂侧平举

②"二",将两臂肘关节弯曲,双手置于胸前。

③"三",将两臂上举直伸。

④"四",还原。

⑤"五、六、七、八",动作同"一、二、三、四"。

第三节,两臂胸前交叉及肩关节运动

预备姿势:同上节。

动作:

①"一、二",两臂侧平举。

②"三、四",两臂胸前交叉。

③"五、六",将左臂弯曲贴近身体,由内向外做回旋动作。

④"七、八",将右臂弯曲贴近身体,由内向外做回旋动作。

第四节，伸曲踝关节

预备姿势：第一个八拍，用左手握住婴儿左踝部，右手握住左足前掌。第二个八拍，用左手握住婴儿右踝部，右手握住右足前掌。

动作：

①“一、二、三、四”，以左足踝关节为轴，向外旋转4次。

②“五、六、七、八”，以左足踝关节为轴，向内旋转4次。

③“二、二、三、四”，以右足踝关节为轴，向外旋转4次。

④“五、六、七、八”，以右足踝关节为轴，向内旋转4次。

第五节，两腿轮流伸屈及回旋运动

预备姿势：双手握住婴儿踝关节上部。

动作：

①“一、二”，伸屈婴儿左腿关节。

②“三、四”，伸屈婴儿右腿关节。

③“五、六”，将婴儿左膝关节弯曲，左大腿靠近体侧由内向外回旋。

④“七、八”，将婴儿右膝关节弯曲，右大腿靠近体侧由内向外回旋。

第六节，屈体运动

预备姿势：将婴儿两下肢伸直平放，双手握住婴儿两膝关节处。

动作：

①“一、二”，将两腿上举与身体成直角。

②“三、四”，还原。

③“五、六、七、八”，动作同“一、二、三、四”。

第七节，爬行运动

预备姿势：让婴儿俯卧，两臂向前伸，两腿弯曲，准备爬行，在婴儿头前方50～60厘米处放一婴儿喜欢的玩具。

动作：诱导婴儿向前爬行拿玩具，婴儿爬不到时，按节奏用双手托婴儿双脚，辅助爬行。

第八节,站立和走的运动

预备姿势:平卧位时让婴儿两手握住大人拇指,大人两手握住婴儿手腕。

动作:

①"一、二、三、四",把婴儿拉成坐位。

②"五、六、七、八",把婴儿拉成站立。

③"二、二、三、四、五、六、八",拉手向前走。

第九节,拾取运动

预备姿势:让婴儿靠大人胸前站立,大人左手抱婴儿两膝,右手抱婴儿腰腹部,在婴儿脚前 30 厘米左右放一玩具。

动作:

①"一、二",婴儿俯身准备去拾玩具。

②"三、四、五、六",婴儿俯身拾起玩具。

③"七、八",起立还原。

第十节,跳跃运动

预备姿势:婴儿面对大人而立,大人两手扶婴儿两腋下。

动作:有节奏的"嘿嘿"。大人将婴儿轻轻举起跳动。

第十一节,蹲的运动

预备姿势:让婴儿背对大人,大人左手托婴儿臀部,右手抱婴儿腰腹部。

动作:

①"一、二",蹲下,"三、四",还原。

②"五、六、七、八"动作同"一、二、三、四"。